中国法学会研究会支持计划
最高人民法院审判理论研究会主持

中国法院类案检索与
裁判规则专项研究

第三人撤销之诉案件裁判规则

王毓莹　主编

法律出版社
LAW PRESS·CHINA

最高人民法院审判理论研究会
类案同判专项研究首席专家组组长
姜启波

首席专家组成员（以姓氏笔画为序）：

丁文严　王保森　王　锐　王毓莹　牛　凯　代秋影
包献荣　刘俊海　李玉萍　李　明　杨　奕　吴光荣
沈红雨　宋建宝　张勇健　陈　敏　范明志　胡田野
钟　莉　俞秋玮　姜俊禄　唐亚南　曹守晔　韩德强
黎章辉

第三人撤销之诉案件裁判规则

主　编：王毓莹
副主编：姜　源　邹学庚
专家组（以姓氏笔画为序）：

王佳民　王毓莹　石　婕　史智军　朱　君
李　魏　邹学庚　张朝慧　姜　源　詹　伟
魏大勇

中国法院类案检索与裁判规则专项研究说明

最高人民法院“五五改革纲要”提出“完善类案和新类型案件强制检索报告工作机制”,周强首席大法官提出法官办案应当进行案件检索。为配合司法体制综合配套改革,落实周强首席大法官的指示要求,循序推进人民法院类案同判工作,中国应用法学研究所组织了最高人民法院审判理论研究会及其下设18个专业委员会的力量,开展中国法院类案检索与裁判规则专项研究,并循序推出类案检索与裁判规则研究成果。

最高人民法院审判理论研究会及其分会的研究力量主要有最高人民法院法官和地方各级人民法院法官、国家法官学院和大专院校专家教授、国家部委与相关行业的专业人士,这些研究力量具有广泛的代表性,构成了专项研究力量的主体。与此同时,为体现法为公器,应当为全社会所认识,并利用优秀的社会专业人士贡献智力力量,专项研究中也有律师、企业法务参加,为专项研究提供经验与智慧,并参与和见证法律适用的过程。以上研究力量按照专业特长组成若干研究团队开展专项研究,坚持同行同专业同平台研究的基本原则。

专项研究团队借助大数据检索平台,形成同类案件大数据报告,为使用者提供同类案件裁判全景;从检索到的海量类案中,挑选可索引的、优秀的例案,为使用者提供法律适用参考,增加裁判信心,提高裁判公信;从例案中提炼出同类案件的裁判规则,分析裁判规则提要,提供给使用者参考。从司法改革追求的目标看,此项工作能够帮助法官从浩如烟海的同类案件中便捷地找到裁判思路清晰、裁判法理透彻的好判决(即例案),帮助法官直接参考从这些好判决中提炼、固化的裁判规则。如此,方能帮助法官在繁忙工作中实现类案同判。中国法院类案检索与裁判规则专项研究,致力于统一法律适用,实现法院依法独立行使审判权与法官依法独立行使裁判权的统一。这也正是应用法学研究的应有之义。

专项研究的成果体现为电子数据和出版物(每年视法律适用的发展增减),内容庞大,需要大量优秀专业人力长期投入。有关法院裁判案件与裁判内容检索的人工智能并不复杂,算法也比较简单,关键在于"人工",在于要组织投入大量优秀的"人工"建设优质的检索内容。专项研究团队中的专家学者将自己宝贵的时间、智力投入到"人工"建设优质内容的工作中,不仅需要为统一我国法律适用、提升裁判公信力作出贡献的情怀,还需要强烈的历史感、责任感,具备科学的体系思维和强大的理性能力。此次专项研究持续得越久,越能向社会传达更加成熟的司法理性,社会也越能感受到蕴含在优质司法中的理性力量。

愿我们砥砺前行。

编写组

二〇一九年五月十六日

法律法规缩略语对照

一、法律法规

1.《中华人民共和国民法典》,简称《民法典》

2.《中华人民共和国民事诉讼法》,简称《民事诉讼法》

3.《中华人民共和国合同法》(已失效),简称《合同法》

4.《中华人民共和国物权法》(已失效),简称《物权法》

5.《中华人民共和国公司法》,简称《公司法》

6.《中华人民共和国企业破产法》,简称《企业破产法》

7.《中华人民共和国消费者权益保护法》,简称《消费者权益保护法》

8.《中华人民共和国食品安全法》,简称《食品安全法》

9.《中华人民共和国侵权责任法》(已失效),简称《侵权责任法》

二、司法解释及司法文件、相关规范性文件

1. 最高人民法院《关于适用〈中华人民共和国民事诉讼法〉的解释》,简称《民事诉讼法司法解释》

2. 最高人民法院《关于执行和解若干问题的规定》,简称《执行和解若干问题的规定》

3. 最高人民法院《关于民事诉讼证据的若干规定》,简称《证据若干规定》

4. 最高人民法院《关于贯彻执行〈中华人民共和国继承法〉若干问题的意见》(已失效),简称《继承法若干问题的意见》

5. 最高人民法院《关于审理商品房买卖合同纠纷案件适用法律若干问题的解释》,简称《商品房买卖合同司法解释》

6. 最高人民法院《关于人民法院办理执行异议和复议案件若干问题的规定》,简称《执行异议和复议案件若干规定》

7. 最高人民法院《关于适用〈中华人民共和国民事诉讼法〉执行程序若干问题的解释》，简称《民事诉讼法执行程序若干问题的解释》

8. 最高人民法院《关于人民法院执行工作若干问题的规定（试行）》，简称《执行工作若干问题的规定》

9. 最高人民法院《关于民事执行中变更、追加当事人若干问题的规定》，简称《民事执行中变更、追加当事人若干问题的规定》

10. 最高人民法院《关于适用〈中华人民共和国公司法〉若干问题的规定（三）》，简称《公司法司法解释三》

11. 最高人民法院《关于审理涉及农村土地承包纠纷案件适用法律问题的解释》，简称《农村土地承包纠纷案件司法解释》

12. 最高人民法院《关于适用〈中华人民共和国企业破产法〉若干问题的规定（二）》，简称《破产法解释二》

13. 最高人民法院《关于适用〈中华人民共和国合同法〉若干问题的解释（二）》（已失效），简称《合同法解释二》

14. 最高人民法院《关于人民法院办理财产保全案件若干问题的规定》，简称《财产保全若干问题的规定》

15. 最高人民法院《关于建设工程价款优先受偿权问题的批复》（已失效），简称《建设工程价款优先受偿权批复》

16. 最高人民法院《关于审理食品药品纠纷案件适用法律若干问题的规定》，简称《审理食品药品案件若干问题的规定》

17. 最高人民法院《关于执行权合理配置和科学运行的若干意见》，简称《执行权合理配置和科学运行的若干意见》

18. 最高人民法院《关于防范和制裁虚假诉讼的指导意见》，简称《防范和制裁虚假诉讼的指导意见》

19. 最高人民法院《关于印发〈全国法院民商事审判工作会议纪要〉的通知》，简称《九民会议纪要》

20. 最高人民法院《关于印发〈第八次全国法院民事商事审判工作会议（民事部分）纪要〉的通知》，简称《八民会议纪要》

目　　录

第三人撤销之诉案件裁判规则第 1 条:

第三人撤销之诉专属管辖和破产债务人民事案件专属管辖发生冲突时应适用第三人撤销之诉的管辖规定

〔**规则描述**〕:第三人撤销之诉的专属管辖,是指《民事诉讼法》[①]第 56 条(参见 2023 年《民事诉讼法》第 59 条)第 3 款规定的特别的诉讼管辖,即第三人因不能归责于本人的事由未参加原审诉讼,但有证据证明发生法律效力的判决、裁定、调解书的部分或者全部内容错误,损害其民事权益的,其可以自知道或者应当知道其民事权益受到损害之日起 6 个月内,向作出该判决、裁定、调解书的人民法院提起诉讼。破产债务人民事案件专属管辖,是指《企业破产法》第 21 条规定的特殊的诉讼管辖,即债务人的破产申请被人民法院受理后,有关该债务人的民事诉讼,只能向受理破产申请的人民法院提起。为维护作出生效判决、裁定、调解书的人民法院裁判权的权威性,当第三人撤销之诉专属管辖和破产债务人民事案件专属管辖发生冲突时,应适用第三人撤销之诉的管辖规定。破产债务人提起的第三人撤销之诉,应当根据第三人撤销之诉的专属管辖规定,向作出该判决、裁定、调解书的人民法院提起诉讼,而不应当根据涉破产债务人的民事案件专属管辖规定向受理破产申请的人民法院提起诉讼。

一、类案检索大数据报告

时间:2020 年 6 月 9 日之前,案例来源:Alpha 案例库,案件数量:30 件,关键词:第三人撤销之诉、破产、专属管辖。本次检索获取 2020 年 6 月 9 日前共 30 篇裁判文书,经逐案阅读、分析,排除无效案件 12 件,共得到案件 18 件。在第三人撤销之诉专属管辖和破产债务人民事案件专属管辖发生冲突时,认定第三人撤销之诉专属管辖优先的有 12 件,占比为66.67%;认定破产债务人民事案件专属

---

① 因本书写作时所检索数据、引用案例的收集整理工作截止于 2020 年年中,故书中所涉及的法律法规为当时适用的相关规定,为保证表述的统一性,在文中相关论述中亦予以沿用。现行有效规定已有变化调整的,在其第一次出现处以括注的形式说明,便于读者参考对照。各规则最后部分的"高频词条",均为现行有效版本。——编者注

管辖的有6件,占比为33.33%,整体情况如图1-1所示。

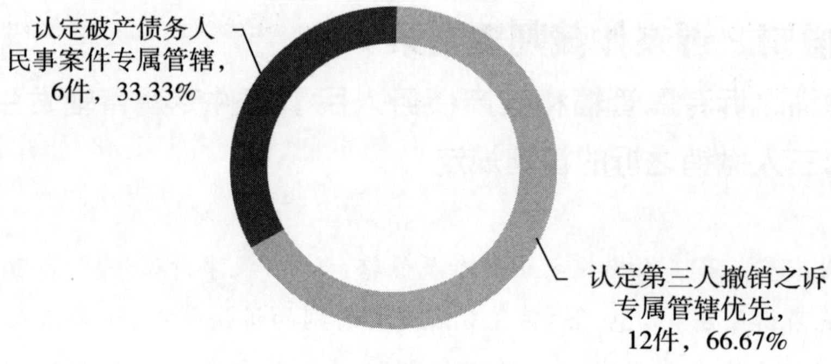

图1-1　类案裁判结果分布

案件年份分布情况如下:2017年案件数量为1件,2018年、2019年案件数量均为4件,2020年案件数量为9件。

从案件地域分布情况来看,当前条件下案件主要集中在黑龙江省、广东省、河南省、福建省,分别占比为27.78%、11.11%、11.11%、11.11%。其中,黑龙江省的案件数量最多,达到5件。

如图1-2所示,案件进入二审程序的一共14件,其中,维持原判的11件,维持率为78.57%。

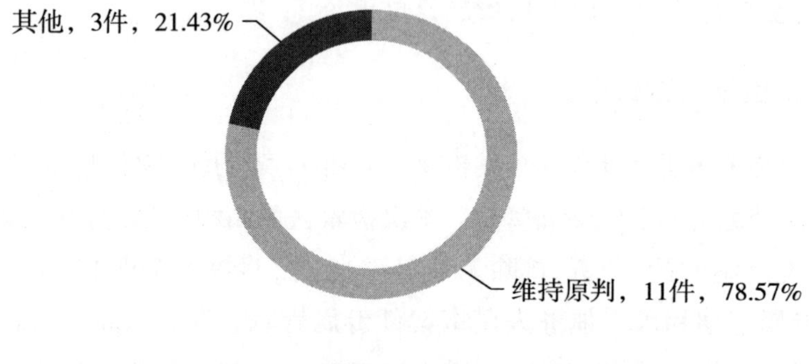

图1-2　案件二审裁判分布情况

二、可供参考的例案

例案一 上海纪阳实业有限公司诉宜兴市铜峰建筑安装工程有限公司第三人撤销之诉案

【法院】

上海市第二中级人民法院

【案号】

(2018)沪02民终1571号

【当事人】

上诉人(原审原告):上海纪阳实业有限公司

被上诉人(原审被告):宜兴市铜峰建筑安装工程有限公司

【基本案情】

2017年6月13日,上海市青浦区人民法院裁定受理上海纪阳实业有限公司(以下简称纪阳公司)破产清算案。2017年7月31日,纪阳公司向上海市青浦区人民法院提起诉讼,请求确认宜兴市铜峰建筑安装工程有限公司(以下简称铜峰公司)名下300万股贵阳银行股份归纪阳公司所有,并判令铜峰公司协助办理上述300万股股份变更登记手续。该案庭前会议阶段,查明江苏省宜兴市人民法院于2017年7月10日出具(2016)苏0282民初12794号民事调解书,载明上海鹏丰纸业有限公司、铜峰公司于2017年7月10日达成协议,确认前述铜峰公司代持的300万股贵阳银行股份的实际所有人为上海鹏丰纸业有限公司。基于此,纪阳公司增加诉讼请求,请求撤销江苏省宜兴市人民法院(2016)苏0282民初12794号民事调解书,并在撤销该民事调解书的基础上对系争股份进行确权。

鉴于此,该案案由变更为第三人撤销之诉。纪阳公司认为,根据破产法的相关规定,上海市青浦区人民法院是受理纪阳公司破产清算的管辖法院,应当优先适用《企业破产法》关于破产债务人民商事案件集中管辖的特别规定。铜峰公司认为,根据第三人撤销之诉的管辖规定,应当由作出调解书的江苏省宜兴市人民法院受理。

裁判结果:上海市青浦区人民法院于2017年12月29日作出(2017)沪0118民初10668号民事裁定,驳回纪阳公司的起诉。纪阳公司提起上诉,上海市第二中级人民法院于2018年2月24日作出(2018)沪02民终1571号民事裁定,驳回上诉,维持原裁定。

【案件争点】

上海市青浦区人民法院能否继续审理该案。

【裁判要旨】

根据《民事诉讼法》第56条第3款的规定,当事人提起第三人撤销之诉的,应向作出该判决、裁定、调解书的人民法院提起。基于民事裁判文书只能由作出该裁判文书的法院或其上级法院进行撤销的固有属性,前述管辖规定不存在例外情形,在产生管辖冲突时应优先适用。

《企业破产法》第21条规定,人民法院受理破产申请后,有关债务人的民事诉讼,只能向受理破产申请的人民法院提起。该条文从有利于推进破产程序的角度明确了涉破产债务人的民事诉讼专属管辖规定,虽规定"只能",但并非不能突破。《破产法解释二》第47条第3款规定,"受理破产申请的人民法院,如对有关债务人的海事纠纷、专利纠纷、证券市场因虚假陈述引发的民事赔偿纠纷等案件不能行使管辖权的,可以依据民事诉讼法第三十七条的规定,由上级人民法院指定管辖"。从该规定可以看出,对破产案件有管辖权的人民法院基于法律对管辖的特别规定或一些特殊原因可以将相关案件交由其他法院管辖,而非必须由其受理。

因此,第三人撤销之诉专属管辖和破产债务人民事案件专属管辖发生冲突时应适用第三人撤诉之诉的管辖规定。就本案而言,纪阳公司增加诉讼请求后,案件主要诉请内容为撤销(2016)苏0282民初12794号民事调解书,并在撤销民事调解书的基础上对系争股份进行确权,故案件案由相应变更为第三人撤销之诉。纪阳公司诉请撤销的是江苏省宜兴市人民法院出具的民事调解书,其应向江苏省宜兴市人民法院提起诉讼。上海市青浦区人民法院虽受理纪阳公司破产清算案,但不能因此获得纪阳公司提起的第三人撤销之诉的管辖权,否则会出现上海市青浦区人民法院审查江苏省宜兴市人民法院出具的民事调解书是否合法有效,是否需要撤销的问题,违反民事诉讼法中关于撤销生效裁判文书主体的相关规定。因此,纪阳公司向上海市青浦区人民法院提起第三人撤销之诉,不符合《民事诉讼法司法解释》第293条(参见2022年《民事诉讼法司法解释》第291条)规定的条件,应当裁定不予受理。鉴于该第三人撤销之诉系案件审理中纪阳公司增加诉讼请求所致,在已经受理的情况下,发现不符合起诉条件的,应当裁定驳回起诉。

例案二 | 四川天府银行股份有限公司都江堰支行、成都天府新区银泰小额贷款有限公司、雅安雅惠商业贸易有限责任公司等第三人撤销之诉案

【法院】

四川省高级人民法院

【案号】

(2019)川民终866号

【当事人】

上诉人(原审被告):四川天府银行股份有限公司都江堰支行

被上诉人(原审原告):成都天府新区银泰小额贷款有限公司

原审被告:雅安雅惠商业贸易有限责任公司

原审被告:李某全

【基本案情】

上诉人四川天府银行股份有限公司都江堰支行(以下简称天府银行都江堰支行)因与被上诉人成都天府新区银泰小额贷款有限公司(以下简称银泰公司)、原审被告雅安雅惠商业贸易有限责任公司(以下简称雅惠公司)、原审被告李某全第三人撤销之诉一案,不服四川省雅安市中级人民法院(2018)川18民撤1号民事判决,向四川省高级人民法院提起上诉。两审法院查明如下事实:

2008年3月,雅惠公司获得有关部门颁发的雅雨区国用(2008)第002号商业用地国有土地使用权属证明,使用权类型为出让,终止日期为2048年3月14日;同月,获发雅雨区国用(2008)第004号商业用地国有土地使用权属证明,使用权类型为出让,终止日期为2048年3月12日。

2014年3月13日,天府银行都江堰支行作为授信人(乙方)与雅惠公司作为受信人(甲方)、李某全作为保证人签订《公司客户额度授信合同》,约定,自2014年3月13日至2015年3月12日,乙方为甲方提供授信额度2400万元,分配结构为商业承兑汇票贴现金额2400万元,最长期限不超过6个月。由李某全(保证人)提供连带责任担保并附注相应最高额抵押合同编号,雅惠公司提供房产土地(抵押物)抵押担保并附注最高额抵押合同编号。同日,天府银行都江堰支行作为抵押权人与雅惠公司作为抵押人签订《最高额抵押合同》,约定雅惠公司以其位于雅安市雨城区(证件号码:雅房权证监证字第××号)为其自2014年3月13日起至2017年3月12日止形成的债务的最高余额300万元对该行提供抵押担保,合同后附雅

房他证他权字第××号他项权证。同日,天府银行都江堰支行作为债权人与李某全作为保证人签订《最高额保证合同》,约定李某全为雅惠公司自2014年3月13日起至2017年3月12日止形成的债务的最高余额2880万元提供连带责任保证担保。

2014年8月15日至2015年1月1日,雅雨区国用(2008)第002号、雅雨区国用(2008)第004号两宗土地使用权先后被四川省南充市中级人民法院和四川省成都市中级人民法院依法进行7次查封。其中,2014年8月15日四川省南充市中级人民法院以(2014)南中法民保字第54、55号民事裁定书进行首查封;四川省成都市中级人民法院应银泰公司申请,于2014年10月30日作出(2014)成民保字第1116-3号民事裁定书裁定查封,案由为借款合同纠纷,查封限额2000万元,查封期限2年。

2014年9月23日,雅惠公司作为出票人与天府银行都江堰支行作为承兑银行签订《银行承兑汇票业务合同》,约定天府银行都江堰支行同意对雅惠公司申请承兑的4张、总金额为3000万元的商业汇票予以承兑,承兑用途为支付货款。同日,该行开具银行承兑汇票4张,金额分别为10万元、990万元、1000万元、1000万元,收款人为雅安市雨城区翻山种植专业合作社,开户行为工行雅安分行。

2014年9月24日,雅惠公司作为出票人与天府银行都江堰支行作为承兑银行签订《银行承兑汇票业务合同》,约定天府银行都江堰支行同意对雅惠公司申请承兑的3张、总金额为3000万元的商业汇票予以承兑,承兑用途为支付货款。同日,该行开具银行承兑汇票3张,每张金额均为1000万元,收款人为雅安市雨城区九重山蔬果专业合作社,开户行为工行雅安分行。

2015年1月28日,天府银行都江堰支行作为质权人与雅惠公司作为出质人签订《应收账款质押合同》,约定雅惠公司以其雅雨区国用(2008)第002号、雅雨区国用(2008)第004号土地及雅房权证监证字第××号房产拆迁已形成及将形成的应收账款对该行提供质押担保。同日,天府银行都江堰支行作为授信人与雅惠公司作为受信人签订《公司客户额度授信合同补充协议》,约定在双方原《公司客户额度授信合同》基础上,增加雅惠公司提供应收账款质押担保,质押合同即前述《应收账款质押合同》。

2015年1月29日,雅惠公司向雅安市雨城区企业拆迁工作组出具《委托付款协议》,委托其将该公司拆迁补偿款2500万元支付给天府银行都江堰支行。同时,天府银行都江堰支行向雅安市雨城区企业拆迁工作组出具《委托付款协助函》,载明雅惠公司于2014年3月在该行取得2400万元综合授信，抵押物为雅雨区国用(2008)第002号、雅雨区国用(2008)第004号土地及雅房权证监证字第××号房产，委托协助将该公司拆迁补偿款中的2500万元优先用于归还该行借款本息，该行将尽快配合相关部门解除抵押，协助完成拆迁。同日，雅安市雨城区经济和商务局分别向雅惠公司、天府银行都江堰支行出具回执，同意配合将相关款项支付到雅惠公司在天府银行都江堰支行开户的账号为65×××44的账户。

2015年3月23日、24日，天府银行都江堰支行为雅惠公司承兑垫款2400万元。其中，依据2014年9月23日汇票分别垫款4万元、396万元、400万元、400万元；依据2014年9月24日汇票分别垫款3次各400万元。

2015年5月26日，天府银行都江堰支行和雅惠公司共同到中国人民银行征信中心办理应收账款抵押登记，登记证明编号0209355100025397××××，该登记对质押财产描述为："雅惠公司因其在雅安雨城区的土地[国有土地使用权证号：雅雨区国用(2008)第002号、雅雨区国用(2008)第004号]及雅安雨城区××组××号的房产(证号：雅房权证监证字第××号，档案保管号：权600××××)拆迁已形成及将形成的应收账款中的2500万元，付款方为雅安市雨城区草坝镇人民政府。"

后雅惠公司未按期归还垫款本息，天府银行都江堰支行向四川省都江堰市人民法院起诉。2015年8月14日，四川省都江堰市人民法院依据天府银行都江堰支行申请，裁定对雅惠公司相关财产及李某全个人所有相关财产予以查封。其中，裁定内容第1、2项涉及雅房权证监证字第××号两处房产，裁定内容第3、4项涉及雅雨区国用(2008)第002号、雅雨区国用(2008)第004号两处土地。天府银行都江堰支行向四川省都江堰市人民法院提供的保全线索显示，雅惠公司所有的土地、房产已被查封。

2015年10月6日，雅惠公司与雅安市雨城区房屋征收补偿办公室签订《恒天汽车项目拆迁收购企业协议书》，约定雅安市雨城区房屋征收补偿办公室拆迁收购雅惠公司土地和房产，补偿和奖励金额共计58,022,140元，其中，地面房屋等构(建)筑补偿17,587,980.40元，土地使用权补偿32,145,310.82元，机械设备补偿375,467.04元，企业经营停产损失2,110,557.648元，相关奖励3,129,583.60元(含购房补贴2,059,011.60元，货币终结面积奖1,010,572元，提前搬迁奖励60,000元)，厂区内花卉树木部分的移植、折损补偿470,224元，企业过渡场地费用补助2,143,016.64元，其余电力线路、网络、电视光纤、化粪池等不可详尽费用一次性补偿60,000元。

2015年10月10日,四川省都江堰市人民法院依据天府银行都江堰支行申请,裁定对雅惠公司在雅安市雨城区房屋征收补偿办公室的拆迁补偿款2500万元予以冻结。同日,雅安市雨城区经济和商务局、雅安市雨城区草坝镇人民政府于该民事裁定书及相应协助执行通知书的送达回证上盖章签收。

2015年10月23日,四川省都江堰市人民法院作出(2014)都江民初字第2523号民事调解书,其调解协议第6项为"原告南商行都江堰支行对被告雅惠公司办理出质登记的应收账款即中国人民银行征信中心动产权属统一登记—初始登记项下(登记证明编号:0209355100025397××××)的已形成及将形成的,付款方为四川省雅安市雨城区草坝镇人民政府,应收账款中的2500万元享有优先受偿权,即当被告雅惠公司不履行对本调解书上述第1项至第3项内容债务时,原告南商行都江堰支行有权以该应收账款优先受偿"。

2016年6月24日,四川省雅安市中级人民法院作出(2016)川18民破2号民事裁定书,受理雅惠公司破产清算案。2017年9月26日,破产管理人编制债权表并提交第二次债权人大会核查,债权表所附文件记载,破产管理人确认银泰公司债权合计26,221,324元;确认天府银行都江堰支行债权合计30,224,115元,确认其享有抵押和质押权利,依据为四川省都江堰市人民法院民事调解书。

银泰公司在参加该次债权人大会后知晓该民事调解书,认为该调解书确认的调解协议中关于天府银行都江堰支行对雅惠公司应收账款2500万元享有质押权及优先受偿权事项,损害了银泰公司作为普通债权人在雅惠公司破产清算程序中公平的受偿权,遂提起本案诉讼。

另查明,成都市金融工作局于2017年10月31日作出《关于同意成都双流银泰小额贷款有限公司名称变更的批复》,同意成都双流银泰小额贷款有限公司名称变更为成都天府新区银泰小额贷款有限公司。成都市工商行政管理局于2017年11月7日核准,并于2017年11月10日颁发名称变更后的营业执照。

成都市工商行政管理局于2017年2月28日发出《准予变更登记通知书》,准予南充市商业银行股份有限公司都江堰支行名称变更为四川天府银行股份有限公司都江堰支行,并于同日向天府银行都江堰支行颁发变更后的营业执照。

2019年2月13日,四川省都江堰市人民法院作出(2015)都江民初字第2523-3号民事裁定书,裁定"将(2015)都江民初字第2523号调解书第一页正文第三行'(2014)都江民初字第2523号'更正为(2015)都江民初字第2523号"。

银泰公司向一审法院起诉请求：(1)撤销四川省都江堰市人民法院(2015)都江民初字第 2523 号民事调解书第 6 项"原告南商行都江堰支行对被告雅惠公司办理出质登记的应收账款即中国人民银行征信中心动产权属统一登记—初始登记项下(登记证明编号:0209355100025397××××)的已形成及将形成的,付款方为四川省雅安市雨城区草坝镇人民政府,应收账款中的 2500 万元享有优先受偿权,即当被告雅惠公司不履行对本调解书上述第 1 项至第 3 项内容债务时,原告南商行都江堰支行有权以该应收账款优先受偿";(2)本案诉讼费由天府银行都江堰支行、雅惠公司、李某全承担。天府银行都江堰支行认为银泰公司在一审中作为原告主体不适格。

裁判结果：一审法院认为,银泰公司具备第三人撤销之诉的原告主体资格,四川省雅安市中级人民法院作为受理债务人破产申请的人民法院,可以受理银泰公司申请撤销四川省都江堰市人民法院作出的民事调解书的案件;并判决撤销了(2015)都江民初字第 2523 号民事调解书确认调解协议第 6 项。二审法院四川省高级人民法院撤销了一审法院的判决,并将本案移送有管辖权的四川省都江堰市人民法院审理。

【案件争点】

四川省雅安市中级人民法院是否有权管辖本案诉讼。

【裁判要旨】

四川省高级人民法院认为,本案的案由是第三人撤销之诉,按照《民事诉讼法》第 56 条"对当事人双方的诉讼标的,第三人认为有独立请求权的,有权提起诉讼。对当事人双方的诉讼标的,第三人虽然没有独立请求权,但案件处理结果同他有法律上的利害关系的,可以申请参加诉讼,或者由人民法院通知他参加诉讼。人民法院判决承担民事责任的第三人,有当事人的诉讼权利义务。前两款规定的第三人,因不能归责于本人的事由未参加诉讼,但有证据证明发生法律效力的判决、裁定、调解书的部分或者全部内容错误,损害其民事权益的,可以自知道或者应当知道其民事权益受到损害之日起六个月内,向作出该判决、裁定、调解书的人民法院提起诉讼。人民法院经审理,诉讼请求成立的,应当改变或者撤销原判决、裁定、调解书;诉讼请求不成立的,驳回诉讼请求"之规定,第三人撤销之诉是专属管辖的案件,应当由作出生效判决、裁定、调解书的法院专属管辖,不适用民事案件地域管辖、级别管辖的规定,也不适用《企业破产法》第 3 条"破产案件由债务人住所地人民法院管辖"以及第 21 条"人民法院受理破产申请后,有关债务人的民事诉讼,只能向受理破产申请的人民法院提起”之规定。四川省都江堰市人民法院受理该案后，根据《企业破产法》第3条、第21条的规定，将该案移送至四川省雅安市中级人民法院审理，属适用法律有误，应当予以纠正；四川省雅安市中级人民法院受理该案违反了《民事诉讼法》第56条关于第三人撤销之诉专属管辖的规定，亦应当予以纠正。

综合上述事实和理由，依照《民事诉讼法》第171条（参见2023年《民事诉讼法》第178条）、《民事诉讼法司法解释》第331条（参见2022年《民事诉讼法司法解释》第229条）规定，四川省高级人民法院裁定如下：(1)撤销四川省雅安市中级人民法院(2018)川18民撤1号民事判决；(2)本案移送有管辖权的四川省都江堰市人民法院审理。

例案三 | 四川托普软件投资股份有限公司、张某彤第三人撤销之诉案

【法院】

广东省高级人民法院

【案号】

(2019)粤民辖终290号

【当事人】

上诉人（原审被告）：四川托普软件投资股份有限公司

被上诉人（原审原告）：张某彤

被上诉人（原审原告）：范某荣

【基本案情】

上诉人四川托普软件投资股份有限公司（以下简称托普公司）因与被上诉人范某荣、张某彤以及原审被告广发银行股份有限公司深圳分行、原审第三人吴某波、蔡某春、谭某雪、武某勇第三人撤销之诉纠纷管辖权异议一案，不服广东省深圳市中级人民法院(2018)粤03民撤5号民事裁定，向广东省高级人民法院提起上诉。广东省高级人民法院依法组成合议庭对本案进行审理。

托普公司上诉称，2017年12月20日，四川省自贡市中级人民法院裁定受理了托普公司重整一案，并于2018年3月15日指定北京金杜（成都）律师事务所担任破产管理人，开展破产重整工作。根据《企业破产法》第21条的规定，人民法院受理破产申请后，有关债务人的民事诉讼，只能向受理破产申请的人民法院提起。

《企业破产法》是特别法，根据“特别法优于一般法”的原则，在其与《民事诉讼法》规定冲突时，应优先适用。广东省深圳市中级人民法院受理本案时间为2018年11月27日，是在四川省自贡市中级人民法院受理上诉人破产重整申请之后，故广东省深圳市中级人民法院对本案不享有管辖权，依法应当将本案移送至四川省自贡市中级人民法院审理。请求：撤销广东省深圳市中级人民法院(2018)粤03民撤5号民事裁定，将本案移送四川省自贡市中级人民法院审理。

裁判结果：一审法院广东省深圳市中级人民法院裁定驳回管辖权异议；二审法院广东省高级人民法院裁定，驳回上诉，维持原裁定。

【案件争点】

在第三人撤销之诉法定管辖与有关破产债务人的民事案件集中管辖发生冲突时，如何确定案件的管辖。

【裁判要旨】

广东省高级人民法院认为，2017年12月20日，四川省自贡市中级人民法院裁定受理托普公司重整一案；2018年11月27日，原审法院受理本案，托普公司为本案被告，受理时间晚于四川省自贡市中级人民法院裁定受理托普公司重整的时间。依据《企业破产法》第21条之规定，属于有关债务人的民事诉讼，人民法院受理破产申请后，应由受理破产申请的法院管辖。本案为第三人撤销之诉，依据《民事诉讼法》第56条第3款之规定，当事人提起第三人撤销之诉的，应向作出该判决、裁定、调解书的人民法院提起。基于民事裁判文书只能由作出该裁判文书的法院或其上级法院进行撤销的固有属性，故第三人撤销之诉专属管辖和破产债务人民事案件集中管辖发生冲突时应适用第三人撤销之诉的管辖规定。原审法院作为作出(2004)深中法民二初字第363号民事判决的法院，对本案具有管辖权。托普公司以其公司进入破产程序，应当优先适用《企业破产法》第21条的规定为由，请求将本案移送四川省自贡市中级人民法院审理的上诉理由与主张，缺乏理据，不予支持。

综上事实和理由，依照《民事诉讼法》第169条第1款、第170条第1款第1项、第171条(分别参见2023年《民事诉讼法》第176条第1款、第177条第1款第1项、第178条)的规定，广东省高级人民法院裁定如下：驳回上诉，维持原裁定。

三、裁判规则提要

(一)第三人撤销之诉专属管辖和破产债务人民事案件专属管辖的冲突

《民事诉讼法》第56条第3款规定：“前两款规定的第三人，因不能归责于本人的事由未参加诉讼，但有证据证明发生法律效力的判决、裁定、调解书的部分或者全部内容错误，损害其民事权益的，可以自知道或者应当知道其民事权益受到损害之日起六个月内，向作出该判决、裁定、调解书的人民法院提起诉讼。人民法院经审理，诉讼请求成立的，应当改变或者撤销原判决、裁定、调解书；诉讼请求不成立的，驳回诉讼请求。”据此，有独立请求权的第三人和无独立请求权的第三人，因不能归责于本人的事由未参加诉讼，但有证据证明发生法律效力的判决、裁定、调解书的部分或者全部内容错误，损害其民事权益的，可以自知道或者应当知道其民事权益受到损害之日起6个月内，向作出该判决、裁定、调解书的人民法院提起诉讼。同时，《企业破产法》第21条规定：“人民法院受理破产申请后，有关债务人的民事诉讼，只能向受理破产申请的人民法院提起。”也就是说，人民法院受理债务人的破产申请后，有关该债务人的民事诉讼只得向受理破产申请的人民法院提起。这就导致，在第三人申请撤销的判决、裁定、调解书不是由受理破产申请的法院作出时，第三人撤销之诉专属管辖和破产债务人民事案件专属管辖将在一定程度上发生管辖权的冲突，这是司法实践中不得不面对的一个重要问题。

（二）《企业破产法》第21条规定的破产债务人民事诉讼专属管辖并非不能突破

我们认为，虽然《企业破产法》第21条从有利于推进破产程序的角度明确了涉破产债务人的民事诉讼专属管辖规定，规定“只能”向受理破产申请的人民法院提起，但并非意味着该条不能有任何突破。《破产法解释二》第47条第3款规定，“受理破产申请的人民法院，如对有关债务人的海事纠纷、专利纠纷、证券市场因虚假陈述引发的民事赔偿纠纷等案件不能行使管辖权的，可以依据民事诉讼法第三十七条的规定，由上级人民法院指定管辖”。从该规定可以看出，基于法律对管辖的特别规定或一些特殊原因，受理破产申请的人民法院可以将相关案件交由其他法院管辖，而非必须由其受理。

（三）第三人撤销之诉专属管辖优先于破产债务人民事案件专属管辖

第三人撤销之诉专属管辖和破产债务人民事案件专属管辖发生冲突时应适用第三人撤销之诉的管辖规定。当第三人申请撤销的生效判决、裁定或调解书并非由受理破产申请的人民法院作出时，如若由受理破产申请的人民法院受理第三人撤销之诉，那么将会出现一个法院撤销另一个法院生效判决、裁定或调解书的情形。如若这两个法院具有审级上的上下级关系，那么在司法裁判权的配置逻辑上，仍存在一定可以融贯的空间。但是，实践中大多数的情况是，上述两个法院不具有审级上的上下级关系，甚至会出现由一个审级较低的法院受理撤销一个审级较高的法院作出的生效判决、裁定或调解书的情形，违反《民事诉讼法》中关于撤销生效裁判文书主体的相关规定，也不利于维护作出生效判决、裁定或调解书法院的威信和其所作出的判决、裁定或调解书的稳定性。鉴于此，我们认为，当第三人撤销之诉专属管辖与破产债务人民事案件专属管辖发生冲突时，应优先适用第三人撤销之诉专属管辖的规定。

四、辅助信息

高频词条：

《民事诉讼法》

第59条 对当事人双方的诉讼标的，第三人认为有独立请求权的，有权提起诉讼。

对当事人双方的诉讼标的，第三人虽然没有独立请求权，但案件处理结果同他有法律上的利害关系的，可以申请参加诉讼，或者由人民法院通知他参加诉讼。人民法院判决承担民事责任的第三人，有当事人的诉讼权利义务。

前两款规定的第三人，因不能归责于本人的事由未参加诉讼，但有证据证明发生法律效力的判决、裁定、调解书的部分或者全部内容错误，损害其民事权益的，可以自知道或者应当知道其民事权益受到损害之日起六个月内，向作出该判决、裁定、调解书的人民法院提起诉讼。人民法院经审理，诉讼请求成立的，应当改变或者撤销原判决、裁定、调解书；诉讼请求不成立的，驳回诉讼请求。

《企业破产法》

第21条 人民法院受理破产申请后，有关债务人的民事诉讼，只能向受理破产申请的人民法院提起。

《民事诉讼法司法解释》

第290条 第三人对已经发生法律效力的判决、裁定、调解书提起撤销之诉的，应当自知道或者应当知道其民事权益受到损害之日起六个月内，向作出生效判决、裁定、调解书的人民法院提出，并应当提供存在下列情形的证据材料：

（一）因不能归责于本人的事由未参加诉讼；

（二）发生法律效力的判决、裁定、调解书的全部或者部分内容错误；

(三)发生法律效力的判决、裁定、调解书内容错误损害其民事权益。

《破产法解释二》

第47条 人民法院受理破产申请后,当事人提起的有关债务人的民事诉讼案件,应当依据企业破产法第二十一条的规定,由受理破产申请的人民法院管辖。

受理破产申请的人民法院管辖的有关债务人的第一审民事案件,可以依据民事诉讼法第三十八条的规定,由上级人民法院提审,或者报请上级人民法院批准后交下级人民法院审理。

受理破产申请的人民法院,如对有关债务人的海事纠纷、专利纠纷、证券市场因虚假陈述引发的民事赔偿纠纷等案件不能行使管辖权的,可以依据民事诉讼法第三十七条的规定,由上级人民法院指定管辖。

第三人撤销之诉案件裁判规则第 2 条：
当事人起诉提供的证据材料能够证明其对诉请撤销的民事判决所涉诉讼标的享有民事权益，而判决内容与其享有的民事权益之间存在权利冲突的情形下，应认定符合提起第三人撤销之诉原告主体及《民事诉讼法司法解释》对第三人撤销之诉起诉条件的相关规定

〔**规则描述**〕：《民事诉讼法司法解释》第 292 条（参见 2022 年《民事诉讼法司法解释》第 290 条）规定了当事人提起第三人撤销之诉时应提供的证据材料，包括了证明程序资格和实体资格的证据材料。该规定表明人民法院对第三人撤销之诉案件起诉受理不同于普通的民事诉讼，在立案阶段需对当事人实体诉请主张是否可能成立进行审查。但应如何把握立案审查与实体审理的界限，实践中比较困惑，标准不统一。我们认为，为了维护当事人的诉权，只要当事人起诉提供的证据材料能够证明其对诉请撤销的民事判决所涉诉讼标的享有民事权益，而判决内容与其享有的民事权益之间存在权利冲突的情形下，应认定符合提起第三人撤销之诉原告主体及《民事诉讼法司法解释》第 292 条第 2、3 项起诉条件。立案审查中无须对当事人提供的相关证据材料本身的真实性、合法性、关联性进行审查，亦无须对当事人提供的相关证据能否足以支持其诉讼请求成立进行审查，否则将会不当剥夺当事人在实体审理环节的诉权。

一、类案检索大数据报告

时间：2020 年 6 月 10 日之前，案例来源：Alpha 案例库，案件数量：70 件，关键词：第三人撤销之诉、立案审查、实体审理。本次检索获取 2020 年 6 月 10 日前共 70 篇裁判文书，经逐案阅读、分析，排除无效案件 21 件，共得到案件 49 件。各级人民法院在把握第三人撤销之诉立案审查的条件时，对当事人提供的证据材料进行了实质审查（不但对当事人提供的相关证据材料能否证明其诉讼请求进行审查，还对证据本身的真实性、合法性、关联性进行了审查）的有 18 件，占比为 36.73%；对当事人提供的证据材料进行了适当审查（仅对当事人提供的相关证据材料能否证明其诉讼请求进行审查）的有 31 件，占比为 63.27%，整体情况如图 2－1 所示。

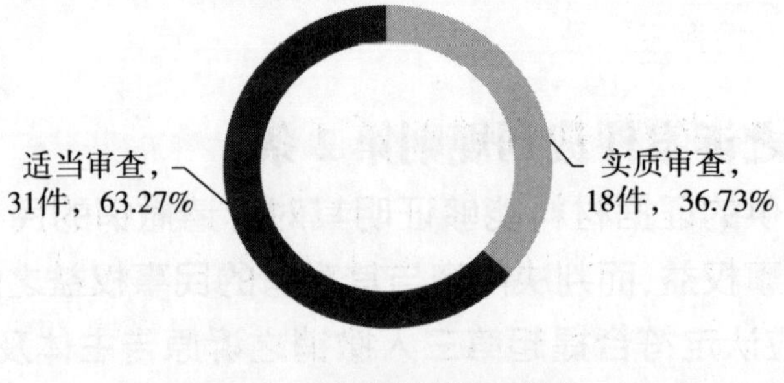

图 2－1　类案裁判结果分布

如图 2－2 所示，从案件地域分布情况来看，当前条件下案件主要集中在北京市、黑龙江省、广东省、湖南省、福建省，分别占比为 28.57%、10.20%、8.16%、8.16%、8.16%。其中，北京市的案件数量最多，达到 14 件。

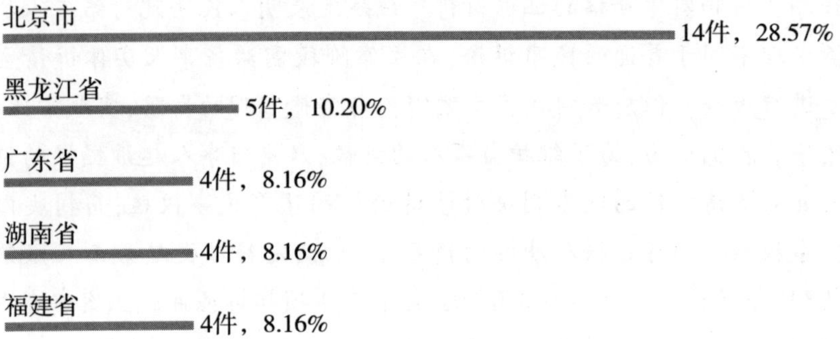

图 2－2　案件主要地域分布情况

如图 2－3 所示，案件进入二审程序的一共 46 件，其中，维持原判的 16 件，维持率为 34.78%；其他部分，主要是指二审法院裁定撤销一审裁定，指令有管辖权的法院管辖的情形，案件数量为 30 件，占比为 65.22%。

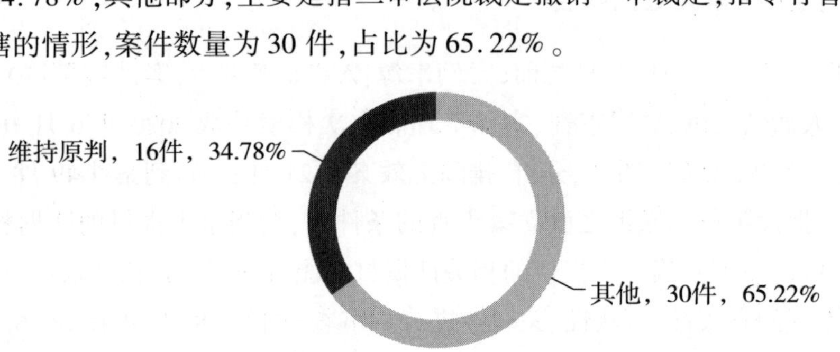

图 2－3　案件二审裁判分布情况

二、可供参考的例案

例案一 | 兰西县农村信用合作联社第三人撤销之诉案

【法院】

最高人民法院

【案号】

(2016)最高法民终571号

【当事人】

上诉人(一审起诉人):兰西县农村信用合作联社

【基本案情】

兰西县农村信用合作联社(以下简称兰西信用社)起诉主张,中国农业银行股份有限公司兰西县支行(以下简称兰西农行)在支付令生效6个月内未申请强制执行,对黑龙江兰西亚麻纺织工业联合总公司(以下简称兰西亚麻纺织公司)的债权已经变成自然权利。抵押权因未在房地产行政主管部门登记而无效,即使有效也已经消灭。兰西信用社已合法善意取得抵押物所有权和抵押土地使用权,依法应受法律保护。黑龙江省高级人民法院(以下简称黑龙江高院)(2015)黑高商终字第163号民事判决(以下简称163号民事判决)判决兰西农行对争议的建筑物和土地享有优先受偿权错误,损害了兰西信用社的合法权益,请求依法予以撤销,确认争议的建筑物及土地使用权归属兰西信用社。兰西信用社起诉时提交了相关法院的执行裁定书及支付令、争议房屋所有权证和土地使用权证复印件、证人证言等证据材料。

裁判结果:黑龙江高院于2016年6月15日作出(2016)黑民撤5号民事裁定:对兰西信用社的起诉不予受理。兰西信用社提起上诉。最高人民法院认为,一审法院对兰西信用社的起诉裁定不予受理,适用法律不当,于2016年9月9日作出(2016)最高法民终571号民事裁定:(1)撤销黑龙江高院(2016)黑民撤5号民事裁定;(2)本案指令黑龙江高院立案受理。

【案件争点】

兰西信用社是否具备提起第三人撤销之诉的原告主体资格。

【裁判要旨】

最高人民法院认为,本案兰西信用社向一审法院起诉主张黑龙江高院(2015)

163号民事判决认定兰西农行有权以兰西亚麻纺织公司用于抵押的机械设备、流动资产、建筑物和土地(133,384平方米)折价、拍卖或变卖的价款优先受偿错误，损害了兰西信用社的合法权益,请求撤销该判决中兰西农行有权以案涉抵押的机械设备、流动资产、建筑物和土地(133,384平方米)折价、拍卖或变卖的价款优先受偿中30,609平方米的部分;确认兰西信用社已善意取得的价值213万元的兰西亚麻纺织公司正面主楼、车间等建筑物及坐落的30,609平方米土地为兰西信用社所有等。根据一审查明的事实,兰西信用社起诉提交的证据能够证明兰西县人民法院于2004年5月10日和2006年2月24日分别作出(2001)兰法执字第11－4号、第11－5号执行裁定,分别将黑龙江高院(2015)163号民事判决中涉及的兰西亚麻纺织公司的部分房屋、设备和土地等执行给兰西信用社,并办理了房屋和土地的产权变更登记手续。兰西信用社在本院二审中提交相关证据证明迄今为止上述土地房屋的权属依然登记在其名下。因此,在兰西农行与兰西亚麻纺织公司借款合同纠纷案件中,兰西信用社对兰西农行主张享有优先受偿权的部分财产享有独立请求权。尽管根据一审法院查明的事实,兰西信用社取得该财产的执行裁定已被撤销,但并没有进行权属变更登记。基于物权登记公示效力,兰西信用社仍为相关房屋土地的权利人。因此,兰西信用社属于有权在该案中对兰西农行行使抵押权的部分财产提起独立诉请的第三人,因而也具备对黑龙江高院(2015)163号民事判决提起第三人撤销之诉的原告主体资格。一审法院未经实体审理即确认兰西信用社对登记在其名下的房屋土地不享有物权权益,进而否定兰西信用社提起本案第三人撤销之诉的原告主体身份,缺乏事实和法律依据。

关于兰西信用社的起诉是否符合《民事诉讼法司法解释》第292条规定的其他条件问题。黑龙江高院于2015年11月24日作出(2015)163号民事判决,兰西信用社于2016年5月16日提起本案第三人撤销之诉。兰西信用社在起诉时提供了其申请参加兰西农行与兰西亚麻纺织公司借款纠纷案件诉讼而未经准许的相关证据。因此,兰西信用社的起诉符合《民事诉讼法司法解释》第292条规定的起诉期限及因不能归责于本人的事由未参加诉讼的条件要求。

根据《民事诉讼法司法解释》第292条的规定,兰西信用社起诉时还应当提供证明发生法律效力的判决全部或部分内容错误损害其民事权益的证据材料。兰西信用社在起诉时提供的相关证据证明黑龙江高院(2015)163号民事判决确认兰西农行有权行使优先受偿权的兰西亚麻纺织公司抵押的机械设备、建筑物、土地中的一部分房屋、土地已经登记在兰西信用社名下。该事实能够证明黑龙江高院

(2015)163号民事判决确定的兰西农行对抵押财产享有的优先受偿权与兰西信用社依据物权登记享有的物权之间存在权利冲突，据此，应认定兰西信用社起诉时提供了能够证明黑龙江高院(2015)163号民事判决可能存在全部或部分内容错误并可能损害其民事权益的证据材料。至于双方的权利如何认定，需经人民法院依法行使审判权，基于对相关证据的质证认证，查明案件事实，并根据相关法律法规规定，对兰西信用社是否享有物权、争议的抵押权是否有效设立等进行审理认定，才能对兰西信用社主张的黑龙江高院(2015)163号民事判决存在错误并损害其民事权益的诉讼请求能否成立作出裁决。虽然根据《民事诉讼法司法解释》第292条的规定，在立案时需对当事人提交的相关证据材料能否证明其诉讼请求成立进行审查，但不能以立案审查替代实体审理。只有在起诉人无证据材料或提交的证据材料明显不能证明生效裁判内容错误并损害其民事权益的情形下，才应依法裁定不予受理。一审法院在当事人对本案涉及的兰西农行的抵押权是否有效设立、兰西信用社对主张的财产是否享有物权存在争议的情形下，未经双方当事人充分行使诉辩权利，在立案审查阶段即对争议的实体权利义务作出裁决，剥夺了兰西信用社的诉权，不符合第三人撤销之诉确立的在立案时进行适当实质审查的立法本意，对此本院予以纠正。

综上所述，兰西信用社提起本案第三人撤销之诉，符合《民事诉讼法》第56条及《民事诉讼法司法解释》第292条规定的起诉条件，一审法院裁定不予受理，适用法律不当，应予纠正。对兰西信用社上诉提出的案涉抵押权无效的主张，属于应经实体审理后裁决的事项，本院不予审理认定。依照《民事诉讼法》第56条第3款、第169条第1款、第170条第1款第2项、第171条，《民事诉讼法司法解释》第292条、第332条(参见2022年《民事诉讼法司法解释》第330条)的规定，裁定如下:(1)撤销黑龙江高院(2016)黑民撤5号民事裁定;(2)本案指令黑龙江高院立案受理。

例案二 | 贵阳农村商业银行股份有限公司小河支行、泸州市永泰建筑工程有限公司第三人撤销之诉案

【法院】

最高人民法院

【案号】

(2017)最高法民终38号

【当事人】

上诉人(原审原告):贵阳农村商业银行股份有限公司小河支行

被上诉人(原审被告):泸州市永泰建筑工程有限公司

被上诉人(原审被告):赫章县顺康房地产开发有限责任公司

【基本案情】

上诉人贵阳农村商业银行股份有限公司小河支行(以下简称小河农商行)因与被上诉人泸州市永泰建筑工程有限公司(以下简称永泰公司)、赫章县顺康房地产开发有限责任公司(以下简称顺康公司)第三人撤销之诉纠纷一案,不服贵州省高级人民法院(以下简称贵州高院)(2016)黔民撤6号民事裁定,向最高人民法提起上诉。最高人民法院于2017年2月7日立案后,依法组成合议庭,开庭进行了审理。两审法院查明如下事实:

2010年12月20日,顺康公司作为甲方,永泰公司作为乙方,签订《建设工程施工总承包协议》,主要约定:"甲方将位于赫章县城关镇原老二中内建筑面积约49,000平方米的赫章县碧水蓝庭小区商住楼发包给乙方进行施工,工程共两期、5栋楼,第一期工程工期为十八个月,第二期工程工期双方待定,工程采用包工包料总承包方式,工程由乙方先全部垫资到工程单体单幢合同的25%后,十天内按乙方已完工程总造价的80%支付工程进度款,每次付款均由施工单位提供工程结算,监理单位审核完毕后十日内支付。"2014年10月20日,永泰公司向贵州高院提起诉讼,请求:(1)判令顺康公司支付工程款30,104,215.71元,违约金5,246,765.79元,共计35,350,981.50元;(2)请求依法将顺康公司位于赫章县城关镇原老二中处赫章县碧水蓝庭小区第1号楼、第2号楼、第4号楼、第5号楼商场拍卖变现支付所欠工程款。2015年4月17日,顺康公司、永泰公司双方自愿达成调解协议,贵州高院作出57号调解书予以确认,调解协议内容:"1.顺康公司支付永泰公司欠付工程款17,667,204元,在2015年5月30日前,支付300万元,2015年9月15日前,支付14,667,204元,如未能按上述约定的期限付款,则构成违约,顺康公司向永泰公司另行支付违约金150万元;2.永泰公司有权申请人民法院对本案案涉工程即赫章县碧水蓝庭小区××、××、××、××号商场依法拍卖或拍卖后的工程价款享有优先受偿权;3.永泰公司放弃其他诉讼请求,永泰公司与顺康公司就本案工程的债权债务全部结清。"之后,由于顺康公司没有按照永泰公司、顺康公司双方在57号调解书中约定的时间支付工程款,永泰公司向贵州高院申请执行。

二审期间,永泰公司提交新证据贵州高院(2016)黔执恢9号执行裁定书,证明

57号调解书已经执行完毕。小河农商行和顺康公司对该证据无异议。该裁定书载明，本院依据已经发生法律效力的贵州高院(2014)黔高民初字第57号民事调解书，在依法执行泸州市永泰建筑工程有限公司申请执行赫章县顺康房地产开发有限责任公司建筑工程施工合同纠纷一案中，本院对赫章县顺康房地产开发有限责任公司所有位于赫章县城关镇赫章二中老校址碧水蓝庭×幢×单元负×层13号(1653.75平方米，证号1301×××6)、×幢×单元×层6号(362.30平方米，证号1301×××0)及×幢×单元负×层12号(1771.18平方米，证号1301×××5)的房屋进行了拍卖、变卖。2016年7月14日，在本院组织的变卖程序中，×幢×单元×层6号(362.30平方米，证号1301×××0)房产被陈某以312万元购得，×幢×单元×层13号(1653.75平方米，证号1301×××6)、×幢×单元×层12号(1771.18平方米，证号1301×××5)在变卖中无人应买，申请执行人泸州市永泰建筑工程有限公司于2016年9月8日书面向本院申请以第三次拍卖的保留价分别作价867.68万元、929.36万元抵偿债务。经审查，该申请不违反法律的规定……裁定如下：(1)解除对赫章县城关镇赫章二中老校址碧水蓝庭×幢×单元×层13号(1653.75平方米，证号1301×××6)、×幢×单元×层6号(362.30平方米，证号1301×××0)及×幢×单元×层12号(1771.18平方米，证号1301×××5)房产的查封。(2)赫章县城关镇赫章二中老校址碧水蓝庭×幢×单元×层6号(362.30平方米，证号1301×××0)房产的所有权归买受人陈某所有，所有权自本裁定送达买受人时起转移。(3)赫章县城关镇赫章二中老校址碧水蓝庭×幢×单元×层13号(1653.75平方米，证号1301×××6)、×幢×单元×层12号(1771.18平方米，证号1301×××5)的房产分别作价867.68万元、929.36万元，交付申请执行人泸州市永泰建筑工程有限公司抵偿债务。所有权自本裁定送达申请执行人时起转移。……(5)终结(2014)黔高民初字第57号案件的执行。

一审卷宗中的贵州高院民事调解笔录[(2014)黔高民初字第57号]载明：经过协商，双方达成协议如下："一、赫章县顺康房地产开发有限责任公司支付泸州市永泰建筑工程有限公司欠付工程款17,667,204元。……另，赫章县顺康房地产开发有限责任公司本案工程项目负责人徐某以个人的名义向泸州市永泰建筑工程有限公司借款人民币14,497,365元，在本调解协议生效后视为已返还。徐某出具的全部相关借据视为作废。该段内容双方同意不载入调解书中。"二审中，顺康公司和永泰公司均不否认上述14,497,365元是包含在17,667,204元之内的，但永泰公司主张该14,497,365元也是工程款，是委托永泰公司支付给其他做附属工程的施工人的工程款。

一审卷宗中贵州高院2015年10月29日给小河农商行的通知载明："贵阳农商行小河支行：本院受理了泸州市永泰建筑有限责任公司申请执行赫章县顺康房地产开发有限责任公司建筑工程施工合同纠纷[(2015)黔高执字第38、43号]案，现我院将对顺康房地产有限责任公司抵押给你行的位于赫章县城关镇二中老校址碧水蓝庭处1301××6、1301××0号房产进行评估、拍卖。如有异议，应当自收到本通知之日起十五日内向本院书面提出。"

57号调解书认定的事实部分载明：2013年12月25日，永泰公司向顺康公司、贵州化兴建设工程监理有限公司发出《赫章县碧水蓝庭小区工程进度及工程款情况报告》，顺康公司对该报告签收并认可。该报告载明："(一)我公司已按照合同要求全部完成1、2、3号楼及附属工程并交付使用。4、5号楼正在进行收尾工程施工。5号楼消防车道和综合楼正在施工中，其他工作均已进入收尾阶段，预计在2014年春节前全部完成合同约定本项目工程内容……至工程全部完工建设单位应当支付施工单位的工程款为7501.76万元。"

裁判结果：一审法院认为，小河农商行对永泰公司与顺康公司之间所争议的诉讼标的即建设工程施工合同关系没有独立请求权，并且小河农商行亦不负有返还或者赔偿义务。虽然双方的债权和抵押权以及建设工程款优先受偿权指向的标的物相同，但在法律关系上并无牵连。因此，小河农商行不是(2014)黔高民初字第57号案件(以下简称57号案件)的第三人，其不符合《民事诉讼法》第56条规定的第三人起诉的主体条件。一审裁定：驳回小河农商行的起诉。二审法院认为，小河农商行具有第三人撤销之诉的原告主体资格，一审裁定适用法律不当，至于小河农商行的诉讼请求能否得到支持，需要经过实体审理作出最终认定，裁定如下：(1)撤销贵州高院(2016)黔民撤6号民事裁定；(2)本案指令贵州高院审理。

【案件争点】

小河农商行是否具有第三人撤销之诉的原告主体资格。

【裁判要旨】

最高人民法院认为，《民事诉讼法》第56条规定，对当事人双方的诉讼标的，第三人认为有独立请求权的，有权提起诉讼。对当事人双方的诉讼标的，第三人虽然没有独立请求权，但案件处理结果同他有法律上的利害关系的，可以申请参加诉讼，或者由人民法院通知他参加诉讼。人民法院判决承担民事责任的第三人，有当事人的诉讼权利义务。前两款规定的第三人，因不能归责于本人的事由未参加诉讼，但有证据证明发生法律效力的判决、裁定、调解书的部分或者全部内容错误，损害其民事权益的，可以自知道或者应当知道其民事权益受到损害之日起6个月内，向作出该判决、裁定、调解书的人民法院提起诉讼。人民法院经审理，诉讼请求成立的，应当改变或者撤销原判决、裁定、调解书；诉讼请求不成立的，驳回诉讼请求。从上述法律规定看，第三人撤销之诉中的"第三人"既包括有独立请求权的第三人，也包括无独立请求权的第三人。无独立请求权的第三人仅是与案件处理结果有法律上的利害关系，法律并未要求其与当事人双方争议的法律关系有牵连。第三人撤销之诉的前提是该第三人因不能归责于本人的事由未参加诉讼，没有被列为生效判决、裁定、调解书的当事人。由于该第三人不是生效判决、裁定、调解书的当事人，不负有返还或者赔偿义务，自属当然。本案中，小河农商行主张其应为57号案件中无独立请求权的第三人，一审裁定仅以小河农商行对该案双方争议的诉讼标的没有独立请求权，并且不负有返还或者赔偿义务，小河农商行的抵押权与永泰公司的建设工程优先受偿权在法律关系上无牵连为由，裁定驳回小河农商行的起诉，法律依据不足。

《民事诉讼法司法解释》第292条规定，第三人对已经发生法律效力的判决、裁定、调解书提起撤销之诉的，应当自知道或者应当知道其民事权益受到损害之日起6个月内，向作出生效判决、裁定、调解书的人民法院提出，并应当提供存在下列情形的证据材料：(1)因不能归责于本人的事由未参加诉讼；(2)发生法律效力的判决、裁定、调解书的全部或者部分内容错误；(3)发生法律效力的判决、裁定、调解书内容错误损害其民事权益。从上述规定来看，第三人撤销之诉的启动有严格的标准和条件，提起撤销之诉的第三人在立案审查阶段即应当提供初步证据证明已经发生法律效力的判决、裁定、调解书存在上述情形。具体到本案中，对小河农商行是否具有第三人撤销之诉的原告主体资格，本院逐一分析如下：(1)小河农商行因不能归责于自身的事由未参加诉讼。《民事诉讼法司法解释》第295条(参见2022年《民事诉讼法司法解释》第293条)规定，《民事诉讼法》第56条第3款规定的因不能归责于本人的事由未参加诉讼，是指没有被列为生效判决、裁定、调解书当事人，且无过错或者无明显过错的情形。包括：①不知道诉讼而未参加的；②申请参加未获准许的；③知道诉讼，但因客观原因无法参加的；④因其他不能归责于本人的事由未参加诉讼的。本案中，没有证据证明小河农商行知悉57号案件的诉讼情况，应属于不知道诉讼而未参加的情形，且小河农商行对未参加57号案件的诉讼无明显过错。永泰公司主张，2015年2月3日，贵州高院到赫章县房产事业局对案涉房屋进行保全,根据相关规定,房管部门应当在一定时间内告知抵押权人抵押物被查封、保全的事项,小河农商行应当知道57号案件的诉讼情况。但永泰公司并未提供证据证明赫章县房产事业局已经就此事项告知过小河农商行,其该项主张依据不足。(2)57号调解书可能存在错误。根据57号调解书查明的事实,2013年12月25日,永泰公司向顺康公司、贵州化兴建设工程监理有限公司发出《赫章县碧水蓝庭小区工程进度及工程款情况报告》,在报告中,永泰公司明确主张"至工程全部完工建设单位应当支付施工单位的工程款为7501.76万元"。同时,57号案件调解笔录记载,双方虽然确认工程欠款为17,667,204元,但同时约定"赫章县顺康房地产开发有限责任公司本案工程项目负责人徐某以个人的名义向泸州市永泰建筑工程有限公司借款人民币14,497,365元,在本调解协议生效后视为已返还"。上述证据已经初步表明57号调解书可能存在将其他债权纳入建设工程价款优先受偿权范围的错误。(3)57号调解书内容错误将直接损害小河农商行的抵押权。建设工程价款优先受偿权是法定优先权,该权利一旦确定,当然优先于银行的抵押权,在建设工程价款优先受偿权与抵押权指向同一标的物,且该标的物拍卖、变卖所得价款不足以清偿工程欠款和抵押权所担保的主债权时,抵押权人的权益必然会因为建设工程价款优先受偿权的有无以及范围大小而受到影响。从现有的证据材料看,57号调解书的执行标的物有三套房屋,其中,在两套房屋上小河农商行设有抵押权,该三套房屋在57号调解书执行过程中三次流拍,后小河农商行设有抵押权的两套房屋一套被变卖,一套直接作价抵偿给永泰公司,而从剩余抵押物的评估价来看,尚不足以清偿小河农商行的全部债权,因此,小河农商行对于57号案件的处理结果有法律上的利害关系。如果57号调解书存在错误,通过当事人约定的方式随意扩大法定优先受偿权的范围,将直接损害小河农商行的抵押权。(4)小河农商行的起诉未超过6个月的法定期限。永泰公司主张,贵州高院于2015年8月17日向其发出《提供被执行人财产状况通知书》,小河农商行至迟也应当在2015年8月28日知晓57号调解书的内容。该推断缺乏依据。永泰公司提供的证据只能证明其收到《提供被执行人财产状况通知书》的时间,至于其是否向贵州高院提供了被执行人财产状况以及提供后是否将此事告知小河农商行,均无证据证明。而根据已经查明的事实,贵州高院于2015年10月29日正式向小河农商行发出执行案涉房屋的通知,小河农商行主张此时才知道57号调解书损害了其权益,具有合理性。其于2016年4月25日提起第三人撤销之诉,未超过6个月的法定期限。

综上所述,小河农商行具有第三人撤销之诉的原告主体资格,一审裁定适用法律不当，应予以纠正。至于小河农商行的诉讼请求能否得到支持，需要经过实体审理作出最终认定。依照《民事诉讼法》第 171 条、《民事诉讼法司法解释》第 332 条的规定，裁定如下：(1)撤销贵州高院(2016)黔民撤 6 号民事裁定；(2)本案指令贵州高院审理。

例案三 ｜ 庄某钊第三人撤销之诉案

【法院】

最高人民法院

【案号】

(2018)最高法民终 182 号

【当事人】

上诉人(一审起诉人)：庄某钊

【基本案情】

上诉人庄某钊因第三人撤销之诉一案，不服浙江省高级人民法院(2017)浙民撤 1 号民事裁定，向最高人民法院提起上诉。庄某钊上诉请求：(1)撤销浙江省高级人民法院(2017)浙民撤 1 号民事裁定；(2)指令浙江省高级人民法院立案受理。

庄某钊上诉称：(1)原审法院办案拖拉。庄某钊于 2017 年 6 月 21 日向原审法院递交了民事起诉状及证据材料，原审法院直至 2017 年 11 月 10 日才作出民事裁定，审理期限超过法律规定期限。(2)原审法院向庄某钊送达的通知与裁定自相矛盾。2017 年 9 月 13 日，原审法院通知庄某钊本案“已立案受理”，而上述裁定却“不予受理”，前后矛盾。(3)原审裁定不予受理本案错误。①立法将民事诉讼立案审查制改为登记制，是重大司法改革之一。庄某钊已依法提供了相关的证据材料，应予立案受理。原审法院不仅未立案登记，也未对相关证据做形式审查，而是对本案在立案时做实体审查，且实体审查错误。②陈某明与舟山市鑫鹏实业投资有限公司(以下简称鑫鹏公司)、中宇建设集团股份有限公司(以下简称中宇公司)建设工程施工合同纠纷一案已发生法律效力，陈某明委托与其有利害关系的另一方当事人周某栋作为代理人，并将其款项汇入周某栋账户，明显可见其相互恶意串通。③庄某钊提交的《债权转让协议》及相关民事判决书，证明陈某明将其对鑫鹏公司享有的部分债权转让给庄某钊。陈某明在浙江省高级人民法院(2016)浙民再 111 号案件中放弃债权，直接影响并侵害了庄某钊的合法民事权益，其放弃行为依法应认定为无效。④鑫鹏公司以已支付民工工资70万元、不应返还质量保修金5,258,643元,并将该两笔款项在三个标段按工程造价比例分摊为由申请再审。鑫鹏公司已支付并可在三个标段分摊的款项是192万元维修款和垫付的70万元民工工资,合计262万元。该262万元,不论按工程造价分摊、按建筑面积分摊、按地上部分的建筑面积分摊,还是按应付工程款9,854,655元以800万元调解给付折算分摊,鑫鹏公司至少应支付陈某明一标段工程款1,632,765元,而不是上述调解书中的66万元。而周某栋案的再审调解书,对上述款项不仅未予以分摊,反而比该案生效判决多了643,137元。由此,案涉调解书内容明显错误。综上,庄某钏提供的证据足以证明当事人恶意串通进行调解,调解书内容错误,且损害了庄某钏的合法民事权益。原审法院应当依法对本案予以立案受理。

裁判结果:原审法院浙江省高级人民法院裁定不予受理。二审法院最高人民法院裁定:(1)撤销浙江省高级人民法院(2017)浙民撤1号民事裁定;(2)本案指令浙江省高级人民法院立案受理。

【案件争点】

庄某钏是否具有第三人撤销之诉的原告主体资格。

【裁判要旨】

最高人民法院认为,根据《民事诉讼法》第56条及《民事诉讼法司法解释》第292条的规定,提起第三人撤销之诉不同于提起普通民事诉讼,第三人撤销之诉需满足以下条件:一是提起诉讼的主体须是对请求撤销案件的诉讼标的有独立请求权,或者该案件处理结果同他有法律上的利害关系;二是在程序上第三人系因不能归责于本人的事由未参加请求撤销案件诉讼,以及其应当自知道或者应当知道其民事权益受到损害之日起6个月内向作出生效法律文书的法院提起诉讼;三是请求撤销的法律文书部分或全部内容错误,且损害了第三人的民事权益。而对于第三人撤销之诉应否受理的审查,根据《民事诉讼法司法解释》第293的条规定,人民法院应当在收到第三人撤销之诉的起诉状和证据材料之日起5日内送交对方当事人,对方当事人收到上述材料后可以提出书面意见;人民法院应当对上述双方当事人提交的材料和意见进行审查,必要时可以询问双方当事人;经审查,符合起诉条件的应当在收到起诉状之日起30日内立案,不符合的裁定不予受理。可见,法律对于第三人撤销之诉的立案审查规定的是实质审查而非普通民事诉讼的形式审查或登记审查。也就是说,人民法院在审查第三人撤销之诉时,既要对第三人与原诉的关系进行审查,也要对第三人未参加原诉的原因、第三人知道生效法律文书损害其民事权益的时间进行审查，还要对生效法律文书的内容是否错误以及是否损害了第三人民事权益等进行初步审查。当然，上述立案阶段对第三人提交的证据材料的审查亦不同于案件进入实体审理程序后的审理，该阶段并不需要对证据进行质证，也无须达到查证属实的程度。据此，庄某钏上诉主张人民法院对第三人撤销之诉的审查应当仅进行立案登记审查，不符合法律规定。

本案中，庄某钏提交的《债权转让协议》，浙江省温州市中级人民法院(2014)浙温民终字第842、843、844号民事判决，浙江省高级人民法院(2016)浙民再111号民事调解书显示，案涉水岸丽都项目工程原由鑫鹏公司发包给中宇公司施工，中宇公司又将该项目分为三个标段分别分包给陈某明、周某栋、王某厂三人施工。后该三人因工程款纠纷分别起诉中宇公司和鑫鹏公司，浙江省温州市中级人民法院经二审后分别作出(2014)浙温民终字第842、843、844号民事判决。鑫鹏公司不服上述判决，向原审法院申请再审，原审法院于2016年1月20日同日裁定提审了该三案。2016年3月11日，陈某明与庄某钏签订了《债权转让协议》，约定陈某明将其对鑫鹏公司享有的部分债权转让给庄某钏。2016年12月23日，原审法院就上述三案同日作出调解书。其中，周某栋案原判决给付款项为5,866,863元及利息，经调解后确定应付款项为651万元；陈某明案中，原判决给付款项2,011,290元及利息，陈某明委托周某栋为其诉讼代理人，经调解后确定的应付款为66万元，该案调解协议确认鑫鹏公司应付陈某明的款项付至周某栋名下账户。据此，陈某明与庄某钏签订《债权转让协议》，系在陈某明与鑫鹏公司、中宇公司建设工程施工合同纠纷案被原审法院提审进入再审程序后，而根据庄某钏提交的其与鑫鹏公司经理及该公司股东林某燕的微信记录，庄某钏在上述《债权转让协议》签订后已将协议项下债权转让事宜通知了林某燕。此后，庄某钏作为鑫鹏公司新的债权人，陈某明与鑫鹏公司再审案的审理结果应与庄某钏有法律上的利害关系。从庄某钏与林某燕的微信记录看，庄某钏提出陈某明与鑫鹏公司再审案调解时应该与其沟通一下，而林某燕称周某栋不同意。此即表明，周某栋代表陈某明与鑫鹏公司调解该案时，双方均已知道案涉债权已经转让给了庄某钏，虽然目前尚无证据证明周某栋与陈某明之间是否存在债权债务关系(而从该微信记录林某燕表述"陈某明欠了2000"似可说明陈某明对周某栋亦负有债务)，但就该调解过程看，周某栋是不愿意庄某钏知道并参与调解的。由此，周某栋、鑫鹏公司均明知陈某明已将该案债权转让给了庄某钏，但双方调解时故意不告知庄某钏。故结合案涉调解协议确定将鑫鹏公司应付陈某明的工程款由2,011,290元减少至66万元，并确定鑫鹏公司将该款直接支付给周某栋从而使庄某钏本应通过该案执行可以实现的债权变得完全不能实现,以及周某栋在其与鑫鹏公司一案中将其对鑫鹏公司的债权数额由5,866,863元增加至651万元等事实,不能排除陈某明、周某栋、鑫鹏公司具有串通调解损害庄某钏民事权益的故意。因此,庄某钏提起本案诉讼,符合法律规定的提起第三人撤销之诉的条件,本案应予受理。原审裁定以庄某钏在起诉时未提交任何证据证明陈某明与鑫鹏公司存在恶意串通,案涉调解书内容错误且侵害其民事权益为由,认定庄某钏的起诉不符合第三人撤销之诉的受理条件,系适用法律不当,本院予以纠正。

综上所述,庄某钏上诉请求由原审法院受理本案,理由成立,本院予以支持。依照《民事诉讼法》第170条、《民事诉讼法司法解释》第332条规定,裁定如下:(1)撤销浙江省高级人民法院(2017)浙民撤1号民事裁定;(2)本案指令浙江省高级人民法院立案受理。

三、裁判规则提要

(一)第三人撤销之诉的立案审查既不同于普通民事诉讼的立案审查,也不同于实体审理

根据《民事诉讼法司法解释》第292条的规定,第三人撤销之诉的起诉条件包括程序条件和实体条件。该规定表明人民法院对第三人撤销之诉案件起诉受理不同于普通的民事诉讼,在立案阶段需对当事人实体诉请主张是否可能成立进行审查,但应如何把握立案审查与实体审理的界限,实践中比较困惑,标准不统一。具体而言,根据《民事诉讼法》第56条及上述规定,提起第三人撤销之诉不同于提起普通民事诉讼,第三人撤销之诉需满足以下三个条件:一是提起诉讼的主体须是原审案件的有独立请求权第三人或无独立请求权第三人;二是在程序上第三人系因不能归责于本人的事由未参加请求撤销案件诉讼,以及其应当自知道或者应当知道其民事权益受到损害之日起6个月内向作出生效法律文书的法院提起诉讼;三是请求撤销的法律文书部分或全部内容错误,且损害了第三人的民事权益。而对于第三人撤销之诉应否受理的审查,根据《民事诉讼法司法解释》第293条的规定,人民法院应当在收到第三人撤销之诉的起诉状和证据材料之日起5日内送交对方当事人,对方当事人收到上述材料后可以提出书面意见;人民法院应当对上述双方当事人提交的材料和意见进行审查,必要时可以询问双方当事人;经审查,符合起诉条件的应当在收到起诉状之日起30日内立案,不符合的裁定不予受理。可见,

第三人撤销之诉的立案审查具有一定实质审查的特点，而非仅是普通民事诉讼的形式审查或登记审查，即人民法院在审查第三人撤销之诉时，既要对第三人与原诉的关系进行审查，也要对第三人未参加原诉的原因、第三人知道生效法律文书损害其民事权益的时间进行审查，还要对生效法律文书的内容是否错误以及是否损害了第三人民事权益等进行初步审查。

值得注意的是，上述立案阶段对第三人提交的证据材料的审查亦不同于案件进入实体审理程序后的审理，该阶段并不需要对证据进行质证，也无须达到查证属实的程度，亦无须对当事人提供的相关证据能否足以支持其诉讼请求成立进行审查，否则将会不当剥夺当事人在实体审理环节的诉权。

（二）有初步证据证明当事人民事权益与生效裁判文书冲突的，应认定符合提起第三人撤销之诉原告主体及《民事诉讼法司法解释》第 292 条第 2、3 项起诉条件

根据《民事诉讼法司法解释》第 292 条第 2、3 项的规定，提起第三人撤销之诉的当事人应当提供证据材料证明发生法律效力的判决、裁定、调解书的全部或者部分内容错误，并且内容错误损害其民事权益。我们认为，虽然根据上述规定，在立案时需对当事人是否提供了证明其主张的相关证据进行审查，但不能以立案审查替代实体审理。在第三人撤销之诉的立案审查环节，无须对当事人提供的证据材料的真实性、合法性、关联性进行实质审查，也无须对当事人提供的证据材料能否支持其诉讼请求进行判断，只要当事人起诉提供的证据材料能够证明其对诉请撤销的民事判决所涉诉讼标的享有民事权益，而判决内容与其享有的民事权益之间存在权利冲突的情形下，应认定符合提起第三人撤销之诉原告主体及《民事诉讼法司法解释》第 292 条第 2、3 项规定的起诉条件。

四、辅助信息

高频词条：

《民事诉讼法》

第 59 条 对当事人双方的诉讼标的，第三人认为有独立请求权的，有权提起诉讼。

对当事人双方的诉讼标的，第三人虽然没有独立请求权，但案件处理结果同他有法律上的利害关系的，可以申请参加诉讼，或者由人民法院通知他参加诉讼。人

民法院判决承担民事责任的第三人,有当事人的诉讼权利义务。

前两款规定的第三人,因不能归责于本人的事由未参加诉讼,但有证据证明发生法律效力的判决、裁定、调解书的部分或者全部内容错误,损害其民事权益的,可以自知道或者应当知道其民事权益受到损害之日起六个月内,向作出该判决、裁定、调解书的人民法院提起诉讼。人民法院经审理,诉讼请求成立的,应当改变或者撤销原判决、裁定、调解书;诉讼请求不成立的,驳回诉讼请求。

《民事诉讼法司法解释》

第290条 第三人对已经发生法律效力的判决、裁定、调解书提起撤销之诉的,应当自知道或者应当知道其民事权益受到损害之日起六个月内,向作出生效判决、裁定、调解书的人民法院提出,并应当提供存在下列情形的证据材料:

(一)因不能归责于本人的事由未参加诉讼;

(二)发生法律效力的判决、裁定、调解书的全部或者部分内容错误;

(三)发生法律效力的判决、裁定、调解书内容错误损害其民事权益。

第291条 人民法院应当在收到起诉状和证据材料之日起五日内送交对方当事人,对方当事人可以自收到起诉状之日起十日内提出书面意见。

人民法院应当对第三人提交的起诉状、证据材料以及对方当事人的书面意见进行审查。必要时,可以询问双方当事人。

经审查,符合起诉条件的,人民法院应当在收到起诉状之日起三十日内立案。不符合起诉条件的,应当在收到起诉状之日起三十日内裁定不予受理。

第三人撤销之诉案件裁判规则第 3 条：
对于已生效的公司对外诉讼的裁判文书，股东不具有提起第三人撤销之诉的主体资格

〔**规则描述**〕：股东和公司之间系天然的利益共同体。公司的对外交易活动、民事诉讼的胜败结果一般都会影响到公司的资产情况，从而间接影响股东的收益。由于公司利益和股东利益具有一致性，公司对外活动应推定为股东整体意志的体现，公司在诉讼活动中的主张也应认定为代表股东的整体利益。因此，虽然公司诉讼的处理结果会间接影响股东的利益，但股东的利益和意见已经在诉讼过程中由公司所代表，则不应再追加股东作为第三人参加公司对外进行的诉讼。对于已生效的公司对外诉讼的裁判文书，股东不具有提起第三人撤销之诉的主体资格。

一、类案检索大数据报告

时间：2020 年 6 月 19 日之前，案例来源：Alpha 案例库，案件数量：342 件，关键词：第三人撤销之诉、股东、主体资格。本次检索获取 2020 年 6 月 19 日前共 342 篇裁判文书，经逐案阅读、分析，排除无效案件 143 件，共得到案件 199 件。支持股东具有对已生效的公司对外诉讼的裁判文书提第三人撤销之诉的主体资格的有 45 件，占比为 22.61%；不支持股东具有对已生效的公司对外诉讼的裁判文书提第三人撤销之诉的主体资格的有 154 件，占比为77.39%，整体情况如图 3－1 所示。

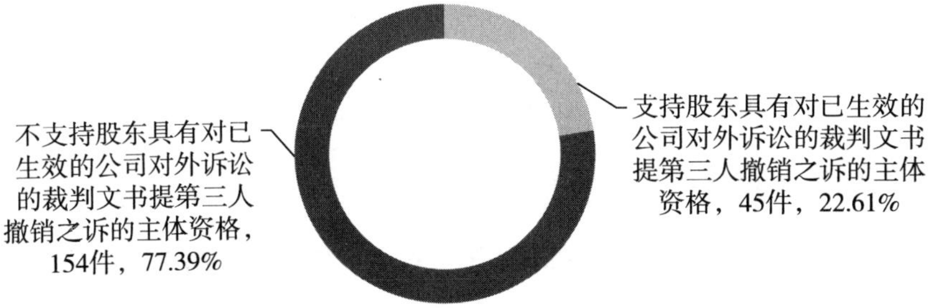

图 3－1　类案裁判结果分布

案件年份分布情况如下:2017 年案件数量为 38 件,2018 年案件数量为 51 件,2019 年案件数量为 48 件。

如图 3 -2 所示,从案件地域分布情况来看,当前条件下案件主要集中在北京市、江苏省、河南省、上海市、河北省,分别占比为 15.08%、9.55%、7.54%、6.03%、5.53%。其中,北京市的案件数量最多,达到 30 件。

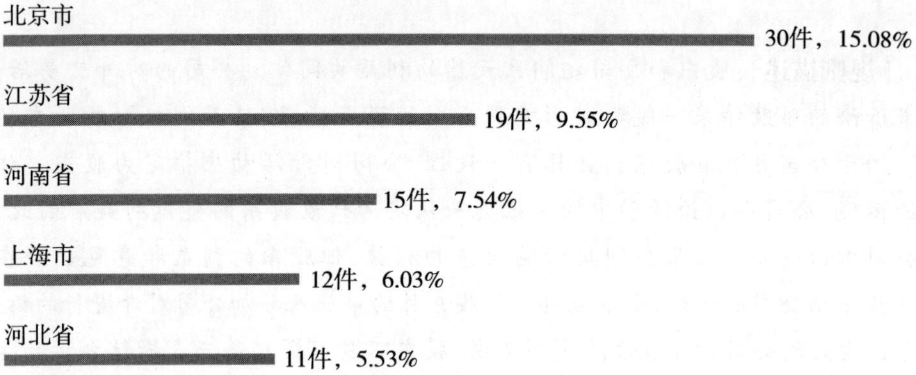

图 3 -2　案件主要地域分布情况

如图 3 -3 所示,案件进入二审程序的一共 125 件,其中,维持原判的 84 件,维持率为 67.20%,改判的 21 件,占比为 16.80%,其他的 20 件,占比为 16.00%。

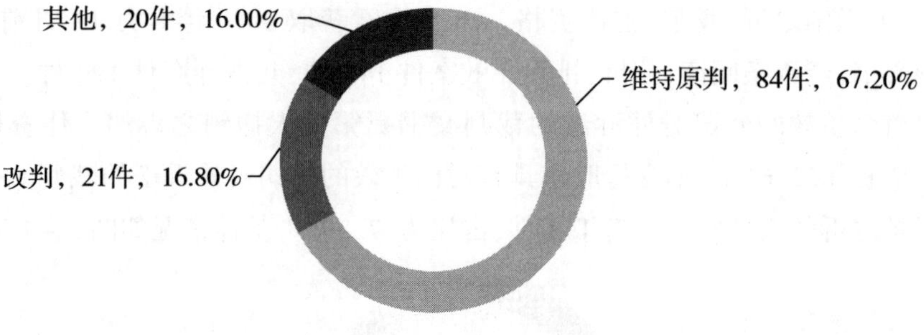

图 3 -3　案件二审裁判分布情况

二、可供参考的例案

例案一 | 高某光诉三亚天通国际酒店有限公司等第三人撤销之诉案

【法院】

最高人民法院

【案号】

(2017)最高法民终63号

【当事人】

上诉人(一审原告)：高某光

被上诉人(一审被告)：三亚天通国际酒店有限公司

被上诉人(一审被告)：海南博超房地产开发有限公司

被上诉人(一审被告)：三亚南海岸旅游服务有限公司

被上诉人(一审被告)：北京天时房地产开发有限公司

【基本案情】

高某光诉称：高某光是持有海南博超房地产开发有限公司(以下简称博超公司)50%股权的股东，博超公司另一股东邹某金通过签订虚假合同进行虚假诉讼转移公司财产，高某光作为该案无独立请求权的第三人，请求撤销海南省高级人民法院(以下简称海南高院)(2012)琼民一初字第3号民事判决(以下简称3号民事判决)。三亚天通国际酒店有限公司(以下简称天通公司)辩称：高某光不属于3号民事判决一案的第三人，不具备提起第三人撤销之诉的主体资格。

一审、二审法院经审理查明：2005年11月3日，高某光和邹某金作为公司股东(发起人)发起成立博超公司，企业类型为有限责任公司，注册资金1000万元，高某光、邹某金各出资500万元，出资比例各占50%，邹某金任该公司执行董事、法定代表人。2006年5月31日至2009年12月29日，北京天时房地产开发有限公司(以下简称天时公司)向博超公司转账汇款15次共计3.88亿元，付款凭证记载用途均为投资款。

2012年3月31日，海南省海口市美兰区人民法院作出(2012)美行初字第1号和第2号行政判决，认为《博超公司章程修正案》属于虚假材料，判决撤销了海南省工商行政管理局分别于2009年10月22日、2010年5月31日为博超公司作出的工商变更登记和向博超公司重新核发《企业法人营业执照》的具体行政行为。海口市中级人民法院(以下简称海口中院)于2012年7月10日作出(2012)海中法行终字第63号、第64号行政判决，判决驳回上诉，维持原判。

2012年8月1日，天通公司以博超公司和三亚南海岸旅游服务有限公司(以下简称南海岸公司)为被告、天时公司为第三人向海南高院起诉，请求判令：(1)碧海华云酒店(现为天通国际酒店)房屋所有权(含房屋占用范围内的土地使用权)归天通公司所有；(2)博超公司和南海岸公司为天通公司办理天通国际酒店房屋及土地使用权的权属过户手续;(3)博超公司向天通公司移交酒店项目工程建设的全部工程资料以及结算资料;(4)博超公司向天通公司支付违约金720万元(暂时计算至起诉之日);(5)本案的全部诉讼费用由博超公司、南海岸公司承担。海南高院2012年8月9日立案,案号为(2012)琼民一初字第3号。在该案审理过程中,查明如下事实:2011年6月16日,博超公司作为甲方,南海岸公司作为乙方,天通公司作为丙方,天时公司作为丁方,四方共同签署了《协议书》,该《协议书》于签署之日生效。《协议书》对位于海南省三亚市三亚湾海坡开发区的碧海华云酒店(现为天通国际酒店)的现状、投资额及酒店产权确认、酒店产权过户手续的办理、工程结算及结算资料的移交、违约责任等方面均作出明确约定。2012年10月25日,海南高院作出3号民事判决:"一、确认碧海华云酒店(即天通国际酒店)的房屋所有权及土地使用权归天通公司所有;二、博超公司、南海岸公司在本判决生效之日起三十日内将碧海华云酒店(即天通国际酒店)的房屋所有权及土地使用权办理至天通公司名下;三、博超公司在本判决生效之日起十日内将碧海华云酒店(即天通国际酒店)项目工程建设的全部工程资料及结算资料移交给天通公司;四、博超公司在本判决生效之日起十日内向天通公司支付违约金人民币720万元。"判决作出后,各方当事人均未提出上诉。

2012年8月28日,高某光以博超公司经营管理发生严重困难,继续存续将会使股东利益遭受重大损失为由起诉请求解散公司。2013年9月12日,海口中院作出(2013)海中法民二初字第5号民事判决,判决解散博超公司。该判决查明事实部分载明:"博超公司在依法设立后,承建了三亚天通国际酒店项目,该酒店目前处于正常经营的状态。"博超公司不服该判决,提出上诉。在二审庭审中,高某光述称:博超公司"实际上由高某光出钱让邹某金负责管理";博超公司述称:"博超公司主要是邹某金的投资,日常经营委托了一个管理公司","博超公司现在正常运营","有许多凭证可以证明,从2006年到2009年博超公司和其他单位以及高某光本人的银行卡都有资金进出"。高某光述称,"这些钱是还款。因为高某光通过其他单位给博超公司注资很多,博超公司转出是因为还款","农机公司是高某光自己的公司,高某光通过农机公司给博超公司打了很多钱"。关于经营天通国际酒店项目,博超公司述称:"该公司除了经营天通国际酒店之外没有其他经营项目。"高某光述称:"因土地当时还在南海岸公司名下。开始是合作,后来博超公司买过来了。"2013年12月19日,海南高院就该案作出(2013)琼民二终字第35号民事判决,判决驳回上诉,维持原判。

2014年9月18日，海口中院指定海南天皓律师事务所担任博超公司管理人，负责博超公司的清算。2015年4月20日，博超公司管理人以天通公司、天时公司、南海岸公司为被告，向海南高院起诉请求：确认博超公司于2011年6月16日签订的《协议书》无效，将位于三亚市三亚湾海坡度假区15,370.84平方米的土地使用权及29,851.55平方米的地上建筑物返还过户登记至博超公司管理人名下(标的约4亿元)。经审理，海南高院认为博超公司尚未注销，博超公司管理人不是适格诉讼主体，遂于2015年6月29日作出(2015)琼民一初字第23号民事裁定，驳回了博超公司管理人的起诉。天时公司、天通公司在2015年5月收到该案诉讼文书后与博超公司管理人联系并向其提供了3号民事判决的复印件。高某光遂据此向海南高院提起本案第三人撤销之诉。

因博超公司管理人以无法取得公司财务公章账目等资料无法开展后续清算工作为由申请终结清算程序，海口中院于2016年3月18日裁定终结博超公司的清算程序。

一审另查明，南海岸公司成立于1997年4月22日，法定代表人为王某国，投资者为田某、庞某，二人认缴出资比例分别为98%和2%。天通公司成立于2009年7月16日，系天时公司指定为碧海华云酒店(现天通国际酒店)建成后经营酒店的项目公司，法定代表人为董某军，投资者为田某、庞某，二人认缴出资比例分别为99.967%和0.033%。

南海岸公司于1997年5月16日取得证号为羊栏国用(1997)字第0011号、面积7858.77平方米的国有土地使用权。博超公司于2006年7月5日取得位于南海岸公司土地南侧面积为7511.07平方米的土地及地上房屋产权。

另据黑龙江省兴隆林区人民检察院作出的黑兴林检反贪保[2015]2号取保候审执行通知书记载：犯罪嫌疑人高某光因涉嫌单位行贿罪被取保候审，期限从2015年4月11日起算。该通知书所载高某光的工作单位为哈尔滨市嘉禾房地产开发有限公司。

2006~2008年，农机公司受高某光所在的黑龙江北鸿房地产开发有限公司委托向博超公司转账汇款4次，共计3200万元。往来凭证记载：2007年9月17日转账汇款400万元，银行摘要为货款；2007年11月1日转账汇款500万元，银行摘要为货款；2008年2月26日转账汇款300万元，银行摘要为货款；2008年4月3日转账汇款2000万元，银行摘要为还款。博超公司曾向农机公司转账汇款5次、代付汇款1次，共计6030万元，银行摘要为往来款。

裁判结果:海南高院于2016年8月23日作出(2015)琼民一初字第43号民事裁定。高某光不服,提出上诉。最高人民法院于2017年6月23日作出(2017)最高法民终63号民事裁定,驳回上诉。

【案件争点】

高某光是否具备提起第三人撤销之诉的原告主体资格。

【裁判要旨】

最高人民法院认为:本案系高某光针对已生效的海南高院3号民事判决而提起的第三人撤销之诉。第三人撤销之诉制度的设置功能,主要是保护受错误生效裁判损害的未参加原诉的第三人的合法权益。由于第三人本人以外的原因未能参加原诉,导致人民法院作出了错误裁判,在这种情形下,法律赋予本应参加原诉的第三人通过另诉的方式撤销原生效裁判的权利。因此,提起第三人撤销之诉的主体必须符合本应作为第三人参加原诉的身份条件。本案中,高某光不符合以第三人身份参加该案诉讼的条件。理由是:首先,高某光对3号民事判决案件的诉讼标的无独立请求权,不属于该案有独立请求权的第三人。有独立请求权的第三人,是指对当事人之间争议的诉讼标的有权以独立的实体权利人的资格提出诉讼请求的主体。在3号民事判决一案中,天通公司基于其与博超公司订立的《协议书》提出各项诉讼请求,海南高院基于《协议书》的约定进行审理并作出判决。高某光只是博超公司的股东之一,并不是《协议书》的合同当事人一方,其无权基于该协议约定提出诉讼请求。其次,高某光不属于3号民事判决案件无独立请求权的第三人。无独立请求权的第三人,是指虽然对当事人双方的诉讼标的没有独立请求权,但案件处理结果同他有法律上的利害关系的主体。第三人同案件处理结果存在的法律上的利害关系,可能是直接的,也可能是间接的。本案中,3号民事判决只确认了博超公司应承担的法律义务,未判决高某光承担民事责任,故高某光与3号民事判决的处理结果并不存在直接的利害关系。关于是否存在间接利害关系的问题。通常来说,股东和公司之间系天然的利益共同体。公司股东对公司财产享有资产收益权,公司的对外交易活动、民事诉讼的胜败结果一般都会影响公司的资产情况,从而间接影响股东的收益权利。从这个角度看,股东与公司进行的民事诉讼的处理结果具有法律上的间接利害关系。但是,由于公司利益和股东利益具有一致性,公司对外活动应推定为股东整体意志的体现,公司在诉讼活动中的主张也应认定为代表股东的整体利益。因此,虽然公司诉讼的处理结果会间接影响股东的利益,但股东的利益和意见已经在诉讼过程中由公司所代表和表达,则不应再追加股东作为第三人参加诉讼。本案中，虽然高某光是博超公司的股东，但博超公司与南海岸公司、天时公司、天通公司的诉讼活动中，股东的意见已为博超公司所代表，则作为股东的高某光不应再以无独立请求权的第三人身份参加该案诉讼。

至于不同股东之间的分歧所导致的利益冲突，属于公司内部法律关系，应由股东与股东之间、股东与公司之间依法处理。《公司法》第20条规定，公司股东应当遵守法律、行政法规和公司章程，依法行使股东权利，不得滥用股东权利损害公司或者其他股东的利益；不得滥用公司法人独立地位和股东有限责任损害公司债权人的利益。公司股东滥用股东权利给公司或者其他股东造成损失的，应当依法承担赔偿责任。本案中，高某光主张邹某金利用博超公司的名义转让博超公司的全部财产，未经股东会同意签订《协议书》，从而损害了股东高某光的权益。根据前述分析，高某光主张的事实涉及股东之间的内部法律关系，可以依法另行处理。

综上所述，高某光不符合以第三人参加3号民事判决案件的身份条件，不具有提起撤销3号民事判决之诉的主体资格。海南高院基于此裁定驳回高某光的起诉是正确的，本院依法予以维持。至于高某光上诉所主张的3号民事判决存在事实认定错误，属于虚假诉讼，天通公司、博超公司、南海岸公司和天时公司存在恶意串通等问题，均属于第三人撤销之诉实体审理的范畴。现因高某光不具有第三人撤销之诉的主体资格，不符合起诉的条件，故本案对前述实体问题无须再做审理。依照《民事诉讼法》第170条第1款第1项、第171条规定，裁定如下：驳回上诉，维持原裁定。

例案二 | 黄某梅与殷某芳、北京京蒲富丽达科贸有限公司第三人撤销之诉案

【法院】

北京市第一中级人民法院

【案号】

(2017)京01民终4276号

【当事人】

上诉人(原审原告)：黄某梅

被上诉人(原审被告)：殷某芳

被上诉人(原审被告)：北京京蒲富丽达科贸有限公司

【基本案情】

上诉人黄某梅因与被上诉人殷某芳、北京京蒲富丽达科贸有限公司(以下简称

京蒲公司）第三人撤销之诉一案，不服北京市海淀区人民法院（2015）海民（商）初字第19301号驳回起诉的民事裁定，向本院提起上诉。本院于2017年5月12日立案后，依法组成合议庭，依据《民事诉讼法》第169条之规定，合议庭经过阅卷、调查和询问当事人后，不开庭审理了本案。

黄某梅上诉请求：请求二审法院撤销一审裁定，指令一审法院审理本案。事实与理由：（1）一审法院错误理解和适用了我国《民事诉讼法》第56条，没有把握该法条的重点。（2）黄某梅的民事权益受到了生效调解书的损害。（3）（2011）海民初字第25872号民事调解书的内容确有错误，该案的关键证据系伪造。（4）（2011）海民初字第25872号和（2011）海民初字第25871号两案有高度关联性和大量疑点。（5）本案一审的庭审程序错误。

京蒲公司辩称：同意一审裁定。（2011）海民初字第25872号民事调解书未对事实进行认定，需要进一步核实。黄某梅所称关于证据造假的问题，目前没有证据证明存在造假。黄某梅的起诉不符合第三人撤销之诉的程序，黄某梅不是适格的第三人，其作为股东的财产与公司财产相互独立，公司并未实际损失黄某梅的利益。综上，请求二审法院维持原裁定。

裁判结果：一审法院裁定认为黄某梅诉讼主体不适格，裁定驳回原告黄某梅的起诉。二审法院维持了一审法院的裁定。

【案件争点】

黄某梅是否具有提起第三人撤销之诉的原告主体资格。

【裁判要旨】

北京市第一中级人民法院认为，从黄某梅在一审起诉的诉讼请求以及主张的事实理由来看，本案系黄某梅依据《民事诉讼法》第56条第3款的规定对北京市海淀区人民法院（2011）海民初字第25872号民事调解书提起的第三人撤销之诉。第三人撤销之诉系我国民事诉讼法规定的一项诉讼制度，从第三人撤销之诉的制度功能来看，旨在保护受错误生效裁判损害的未参加原诉的第三人的权益。由于第三人撤销之诉属于事后救济程序，涉及对生效裁判效力的评价和认定，因此第三人撤销之诉在起诉条件、审查标准等方面不同于第一审普通程序的相关规定，必须满足我国《民事诉讼法》以及相关司法解释关于第三人撤销之诉的各项起诉条件的有关规定。

根据《民事诉讼法》第56条的规定，对当事人双方的诉讼标的，第三人认为有独立请求权的，有权提起诉讼。对当事人双方的诉讼标的，第三人虽然没有独立请求权，但案件处理结果同他有法律上的利害关系的，可以申请参加诉讼，或者由人民法院通知他参加诉讼。人民法院判决承担民事责任的第三人，有当事人的诉讼权利义务。前两款规定的第三人，因不能归责于本人的事由未参加诉讼，但有证据证明发生法律效力的判决、裁定、调解书的部分或者全部内容错误，损害其民事权益的，可以自知道或者应当知道其民事权益受到损害之日起6个月内，向作出该判决、裁定、调解书的人民法院提起诉讼。同时，根据《民事诉讼法司法解释》第292条的规定，第三人对已经发生法律效力的判决、裁定、调解书提起撤销之诉的，应当自知道或者应当知道其民事权益受到损害之日起6个月内，向作出生效判决、裁定、调解书的人民法院提出，并应当提供存在下列情形的证据材料：(1)因不能归责于本人的事由未参加诉讼。(2)发生法律效力的判决、裁定、调解书的全部或者部分内容错误。(3)发生法律效力的判决、裁定、调解书内容错误损害其民事权益。根据上述法律的规定，第三人撤销之诉的起诉条件应当包括：①主体条件。提起第三人撤销之诉的主体限于我国《民事诉讼法》第56条第1、2款规定的第三人，具体包括有独立请求权的第三人和无独立请求权的第三人。提起第三人撤销之诉的主体应当具有原诉讼当中第三人的主体资格和诉讼地位。②程序条件。第三人因不能归责于自己的事由未参加原诉讼，自知道或者应当知道其民事权益受到损害之日起6个月内，向作出生效判决、裁定、调解书的法院起诉。③实体条件。撤销的对象是已经发生法律效力的判决、裁定和调解书，有证据证明发生法律效力的判决、裁定、调解书部分或者全部内容错误，生效的判决、裁定、调解书的错误内容损害了第三人的民事权益。当事人提起第三人撤销之诉的，应当同时满足上述起诉条件。人民法院经审查认为不符合起诉条件的，应当裁定不予受理。立案后，发现第三人撤销之诉不符合起诉条件的，应当裁定驳回起诉。

结合本案的具体情况，各方当事人的争议焦点首先是黄某梅在一审提起的第三人撤销之诉是否符合我国《民事诉讼法》规定的主体条件的问题，即黄某梅在(2011)海民初字第25872号民事案件中是否具有第三人的主体资格和诉讼地位，这是判断黄某梅能否提起本案诉讼的前提和基础，因此也是本案二审审查的重点问题所在。对此问题，本院经审查认为，根据我国《民事诉讼法》的规定，第三人分为有独立请求权第三人和无独立请求权第三人两类。其中，有独立请求权第三人须对原诉讼中当事人双方的诉讼标的具有独立请求权。根据相关学理解释，所谓诉讼标的系指当事人之间发生争议、请求法院裁判的民事法律关系或者民事权利义务关系。根据现有的证据材料，本案所涉及的原诉讼[(2011)海民初字第25872号民事案件]系殷某芳与京蒲公司之间基于债务承担行为所发生的法律纠纷。黄某梅既非原债权债务关系的当事人,亦非债务承担法律关系的当事人,对该债务承担行为所产生的民事法律关系以及具体的权利义务内容没有实体上独立的请求权,因此黄某梅在(2011)海民初字第25872号民事案件中不属于有独立请求权第三人,也不具有有独立请求权第三人的主体资格和诉讼地位。

对于黄某梅在(2011)海民初字第25872号民事案件中是否具有无独立请求权第三人的主体资格和诉讼地位的问题,黄某梅在本案中主张其应属于该案中的无独立请求权第三人。其所依据的事实和理由主要是黄某梅具有京蒲公司合法的股东身份以及京蒲公司与殷某芳达成调解协议并向殷某芳承担债务会侵害黄某梅作为京蒲公司股东的权益。对此问题,本院分析如下:根据我国《民事诉讼法》的规定,无独立请求权第三人是指虽然对当事人双方的诉讼标的没有独立请求权,但是案件的处理结果同他有法律上的利害关系。一般认为,所谓法律上的利害关系是指,作为当事人争议诉讼标的的法律关系与第三人参加的另一法律关系有牵连,在前一法律关系中,当事人是否行使权利、履行义务,对后一法律关系中当事人行使权利、履行义务具有直接或间接的影响。同时,根据法律规定,在第三人撤销之诉当中,无独立请求权的第三人除了与案件的处理结果要有法律上的利害关系以外,原诉讼的判决、裁定、调解书的错误内容还要损害了该第三人的民事权益。由此可以看出,相对于第三人参加诉讼而言,第三人撤销之诉中所谓"第三人"的主体资格标准更为严格,即除了要与案件处理结果有法律上的利害关系以外,还必须具备生效裁判内容错误且损害其民事权益的实体性要件。基于上述分析,在确定第三人撤销之诉中无独立请求权第三人的主体资格和诉讼地位时,需要从两个方面同时进行审查:一方面是关于提起第三人撤销之诉的原告与原诉讼的案件处理结果是否有法律上的利害关系,另一方面是关于原诉讼中的生效判决、裁定、调解书的错误内容是否会损害到提起第三人撤销之诉的原告的民事权益。

关于黄某梅与(2011)海民初字第25872号民事案件的处理结果是否有法律上的利害关系的问题,根据相关学理解释,要具有法律上的利害关系,作为当事人争议诉讼标的的法律关系与第三人参加的另一法律关系应当具有一定的牵连关系,这种所谓的牵连关系在司法实践中一般表现为以下几种情形:一是第三人在原诉讼中有可能被直接判令承担民事责任;二是原诉讼结束后,第三人在后诉中有被追偿的风险和可能;三是原诉讼的裁判结果与第三人参加的后诉之间具有先决关系,第三人参加的后诉要以原诉讼的裁判结果作为基础和依据;四是第三人的实体权利义务关系要受到原诉讼裁判结果的约束。从黄某梅在本案中的主张来看,黄某梅认为(2011)海民初字第25872号民事案件的处理结果与其存在法律上的利害关系主要是基于其作为京蒲公司的合法股东这一事实。本院认为，仅仅依据京蒲公司的股东的身份不足以说明黄某梅与(2011)海民初字第25872号民事案件的处理结果存在法律上的利害关系。理由如下：根据我国公司法的规定，公司是企业法人，有独立的法人财产，享有法人财产权。公司以其全部财产对公司的债务承担责任。有限责任公司的股东以其认缴的出资额为限对公司承担责任。因此，公司的财产权益不同于公司股东的财产权益，公司股东基于对公司的出资行为获得公司的股东权，并且在出资范围内对公司承担有限责任。正常情况下，公司股东的财产独立于公司的财产，除非出现了公司股东抽逃出资或者公司股东的财产与公司的财产发生混同、公司股东需要对公司债务承担连带责任等特殊情形，否则公司股东无须对公司债务承担民事责任。本案中，黄某梅作为京蒲公司的股东，与京蒲公司之间形成了股权法律关系。根据目前的证据材料，没有证据表明黄某梅与京蒲公司之间的股权法律关系与(2011)海民初字第25872号民事案件中作为当事人争议诉讼标的的债务承担法律关系之间存在牵连关系的具体情形，而且也没有证据表明存在黄某梅需要对京蒲公司的债务承担连带责任的情形。因此，根据现有证据不能证明(2011)海民初字第25872号民事案件的处理结果与黄某梅存在法律上的利害关系，黄某梅对此问题的上诉理由不能成立。

关于(2011)海民初字第25872号民事调解书的内容是否损害到黄某梅的民事权益的问题，根据我国民法的有关规定，民事权益主要包括生命权、健康权、姓名权、名誉权、荣誉权、肖像权、隐私权、婚姻自主权、监护权、所有权、用益物权、担保物权、著作权、专利权、商标专用权、发现权、股权、继承权等人身、财产权益。根据黄某梅的陈述和主张，黄某梅认为，(2011)海民初字第25872号民事调解书的内容侵犯了其股东权益和财产权益。关于股东权益的问题，由于(2011)海民初字第25872号民事调解书的内容并不涉及京蒲公司的股权问题，亦不影响黄某梅作为京蒲公司股东的地位以及黄某梅享有的股权份额，因此，目前没有证据表明(2011)海民初字第25872号民事调解书的内容损害了黄某梅的股权权益，对于黄某梅的该项上诉理由本院不予支持。关于财产权益问题，如前所述，京蒲公司作为企业法人，有独立的法人财产，享有法人财产权，京蒲公司的财产独立于黄某梅作为京蒲公司股东的财产。京蒲公司的对外民事行为以及诉讼行为应以公司的全部财产承担责任，并不必然损害作为公司股东的黄某梅的个人财产权益。因此，黄某梅关于(2011)海民初字第25872号民事调解书的内容损害了其个人财产权益的主张不能成立。

综上,黄某梅在(2011)海民初字第25872号民事案件中既不属于有独立请求权第三人,也不属于无独立请求权第三人,黄某梅亦没有向法院提供充分的证据证明(2011)海民初字第25872号民事调解书的内容损害了黄某梅的民事权益。因此,黄某梅在本案中不具备对(2011)海民初字第25872号民事调解书提起第三人撤销之诉的原告主体资格,不符合我国《民事诉讼法》关于第三人撤销之诉的起诉条件,对其起诉应当依法予以驳回。黄某梅的上诉请求和理由不能成立,本院不予支持。一审裁定结果正确,程序合法,依法应予维持。依照《民事诉讼法》第56条、第170条第1款第1项、第171条及《民事诉讼法司法解释》第292条、第293条之规定,裁定如下:驳回上诉,维持原裁定。

例案三 唐某珍、许某文与无锡市舜惠冶金机械有限公司、过某军、无锡市普鑫机械厂、华某季第三人撤销之诉案

【法院】

江苏省高级人民法院

【案号】

(2015)苏民撤终字第00010号

【当事人】

上诉人(原审原告):唐某珍

上诉人(原审原告):许某文

被上诉人(原审被告):无锡市舜惠冶金机械有限公司

被上诉人(原审被告):过某军

被上诉人(原审被告):无锡市普鑫机械厂

被上诉人(原审被告):华某季

【基本案情】

上诉人唐某珍、许某文因与被上诉人无锡市舜惠冶金机械有限公司(以下简称舜惠公司)、过某军、无锡市普鑫机械厂(以下简称普鑫厂)、华某季第三人撤销之诉一案,不服江苏省无锡市中级人民法院(2014)锡民撤初诉字第0001号民事裁定,向江苏省高级人民法院提起上诉。江苏省高级人民法院受理后,依法组成合议庭,于2016年4月28日公开开庭审理了本案。

江苏省无锡市中级人民法院(2014)锡民终字第0824号民事判决查明:舜惠公司于2002年2月登记设立,注册资本1020万元,其中许某洪出资520万元,唐某珍出资300万元,许某根出资200万元。2005年4月15日,许某洪将部分股权转让给唐某珍,变更后许某洪出资300万元,唐某珍出资720万元,法定代表人为唐某珍,许某洪任监事。2008年1月16日,许某洪将其300万元股权转让给了许某文。

许某洪与唐某珍系夫妻关系,与许某文系父子关系。

2002年9月,舜惠公司取得位于无锡市惠山区钱桥街道溪南村33,037.9平方米的土地使用权。

2005年7月12日,许某洪以舜惠公司的名义与过某军签订《房屋买卖协议》,约定舜惠公司将西南车间一幢转让给过某军,同时转让占地面积5473.5平方米;房地产总价为300万元;过某军在协议签订之日付定金50万元,建筑费用一次性包定195万元,由过某军直接支付给建筑单位,在结算中扣除,余款55万元办理房屋过户后支付。

2006年,舜惠公司与普鑫厂签订《土地转让协议》,约定:舜惠公司将上述厂房内的5732.68平方米土地转让给普鑫厂。转让方有许某洪的签名及舜惠公司加盖的企业公章,受让方有过某军的签名及普鑫厂加盖的企业公章。

2008年,舜惠公司领取了包括上述协议约定的厂房在内的全部厂房产权证和土地使用权证后,全部抵押给了工商银行城南支行,抵押期至2013年11月28日。

2011年,普鑫厂、过某军将舜惠公司诉至法院,请求确认双方签订的《房屋买卖协议》《土地转让协议》有效;舜惠公司协助办理厂房产权和土地使用权过户手续。2012年12月14日,江苏省无锡市中级人民法院作出(2012)锡商终字第0496号判决,确认上述两份协议有效,但鉴于涉案房屋所有权和土地使用权均抵押给工商银行城南支行,遂驳回普鑫厂、过某军关于协助办理过户的诉讼请求。

2013年,舜惠公司将普鑫厂及其投资人华某季诉至法院,称普鑫厂未按《房屋买卖协议》约定,支付195万元的厂房建筑费用,舜惠公司已于2013年8月31日发出两份合同解除通知书,请求判决:(1)确认《房屋买卖协议》《土地转让协议》已于2013年8月31日解除;(2)普鑫厂立即将协议约定的厂房、土地交还舜惠公司并支付房屋使用费。

无锡市惠山区人民法院认为:根据普鑫厂提供的建房施工补充协议书、工程结算清单、完工结算协议、发票等证据,结合实际施工人王某华在普鑫厂诉舜惠公司一案二审庭审中的证言,应当认定协议所涉厂房由普鑫厂所建造,且普鑫厂已经向王某华直接支付了工程款。据此作出判决:“驳回舜惠公司的诉讼请求。”

宣判后,舜惠公司不服,提出上诉。江苏省无锡市中级人民法院于2014年7月7日作出(2014)锡民终字第0824号民事判决:“驳回上诉,维持原判。”

2015年4月22日,唐某珍、许某文起诉至一审法院称:两人是舜惠公司的原股东,唐某珍还担任过法定代表人。(2014)锡民终字第0824号民事判决对上述两份协议的认定,严重损害了两人的合法权益,故请求撤销生效的(2014)锡民终字第0824号民事判决。

裁判结果:一原审法院认为,唐某珍、许某文对(2014)锡民终字第0824号一案的诉讼标的既不具有独立请求权,也与生效判决主文无法律上利害关系,故唐某珍、许某文不具备提起第三人撤销之诉的诉讼主体资格,遂裁定驳回唐某珍、许某文的起诉。二审法院维持了一审裁定。

【案件争点】

唐某珍、许某文是否具有提起第三人撤销之诉的原告主体资格。

【裁判要旨】

江苏省高级人民法院认为,所谓有独立请求权的第三人,系指对双方当事人争议的诉讼标的有独立请求权的第三人。唐某珍、许某文虽系舜惠公司的股东,但舜惠公司系独立的企业法人,故对其与普鑫厂之间房屋买卖关系(诉讼标的),唐某珍、许某文并不享有独立的请求权,其不得请求舜惠公司和普鑫厂有所作为或有所不作为。

所谓无独立请求权的第三人,系指对双方当事人争议的诉讼标的虽然没有独立请求权,但案件处理结果与其有法律上利害关系的第三人。所谓有法律上的利害关系,系指该案件的处理结果将会在该第三人与其参加诉讼的原告一方或被告一方之间产生、变更或消灭一定的法律关系。与案件的处理结果有事实上利害关系者,不在此限。本案中,舜惠公司与普鑫厂之间因房屋买卖而产生纠纷的审理结果,虽会影响到舜惠公司的利益状况,从而会间接地影响到作为舜惠公司的原股东唐某珍、许某文的利益状况,但不会在舜惠公司和唐某珍、许某文之间产生、变更或消灭一定的法律关系,故唐某珍、许某文仅与该案的审理结果有事实上(经济上)的利害关系,而非法律上的利害关系,唐某珍、许某文难谓舜惠公司与普鑫厂之间房屋买卖纠纷一案中的无独立请求权的第三人。否则,但凡公司涉诉的案件,其股东均可主张其为第三人,均可提起第三人撤销之诉,一者于法无据,二者诉讼泛滥成灾。

至于上诉人所述的原审程序存在违法之处,纯属其误解,不能成立。综上,唐某珍、许某文的上诉理由不能成立，上诉请求应予驳回。依照《民事诉讼法》第170条第1款第1项之规定，裁定如下：驳回上诉，维持原裁定。

三、裁判规则提要

根据《民事诉讼法》第56条和《民事诉讼法司法解释》第292条的规定，提起第三人撤销之诉需要满足以下三个条件：一是主体条件，提起第三人撤销之诉的主体需是有独立请求权第三人或无独立请求权第三人；二是程序条件，第三人须因不能归责于自己的事由未参加原诉讼，并在知道或者应当知道其民事权益受到损害之日起6个月内，向作出生效判决、裁定、调解书的法院起诉；三是实体条件，撤销的对象是已经发生法律效力的判决、裁定和调解书，并且有证据证明发生法律效力的判决、裁定、调解书部分或者全部内容错误，生效的判决、裁定、调解书的错误内容损害了第三人的民事权益。

第三人撤销之诉制度的设置功能，主要是为了保护受错误生效裁判损害的未参加原诉的第三人的合法权益。因此，提起第三人撤销之诉的主体必须符合本应作为第三人参加原诉的主体条件。对于公司股东而言，其之所以无权对已生效的公司对外诉讼的裁判文书提起第三人撤销之诉，主要是因为其不满足主体条件，也即公司股东不是公司对外诉讼中的第三人。

（一）股东对已生效的公司对外诉讼裁判文书不具有法律上的利害关系

通常情况下，股东不会对公司对外诉讼中的诉讼标的享有独立请求权，因此，股东不是有独立请求权第三人是相对明确的；更容易引发困惑的是，股东是否属于无独立请求权第三人。根据《民事诉讼法》第56条第2款的规定，无独立请求权第三人，是指对当事人双方的诉讼标的，虽然没有独立请求权，但案件处理结果同他有法律上的利害关系的第三人。根据《公司法》的规定，股东基于投资关系对公司财产享有投资权益，而公司对外交易活动和民事诉讼的胜败结果一般都会直接影响公司的财产状况，进而间接影响股东投资权益。从这个角度讲，股东与公司进行的民事诉讼的处理结果至少具有间接的利害关系。

然而，我们认为，这种间接利害关系并非法律上的利害关系。所谓法律上利害关系，是指案件的处理结果将会在该第三人与原、被告一方之间产生、变更或消灭一定法律关系，会直接导致第三人与原告、被告之间权利义务关系发生变化。而公司对外的民事诉讼，一般不会直接影响股东和该案原告、被告之间的法律关系，该民事诉讼仅会导致公司资产的增加或减少,进而间接地影响股东对公司资产的投资收益。而这种间接影响并不会导致股东与该案原、被告之间权利义务关系发生变化,因而股东对此种民事诉讼所具有的利害关系,不是法律上的利害关系,而仅是事实上的利害关系。因此,股东不属于公司对外诉讼中的无独立请求权第三人。

(二)在公司对外诉讼中,股东的利益已为公司所代表

根据《公司法》的相关规定,股东以对公司出资换取公司的股权或股份,基于股权投资关系对公司资产享有收益权,而公司作为独立的法律实体对股东的出资享有所有权。因此,一方面,股东利益与公司利益具有一致性,公司对外活动应推定为股东整体意志的体现,公司在诉讼活动中的主张也应认定为代表股东的整体利益。因此,虽然公司诉讼的处理结果会间接影响股东的利益,但股东的利益和意见已经在诉讼过程中由公司所代表和表达,则不应再追加股东作为第三人参加诉讼。另一方面,公司作为独立的法律实体,对外有独立代表自身诉讼的权利。如若公司对外诉讼损害了股东的合法权益,受损害的股东可以依据《公司法》的相关规定,起诉公司内部人要求承担赔偿责任。

(三)若允许股东对已生效的公司对外诉讼裁判文书,将可能导致滥诉

从司法政策的角度看,倘若不受限制的允许公司股东对已生效的公司对外诉讼的裁判文书提起第三人撤销之诉,那么极有可能导致滥诉。这既不利于涉及公司的生效裁判文书的稳定性,又不利于司法审判资源的合理配置和使用。因此,在司法政策上,也不应允许股东对已生效的公司对外诉讼的裁判文书提起第三人撤销之诉。如若股东认为自身的合法权益受到了已生效的公司对外诉讼的裁判文书的损害,那么其可以依据《公司法》的相关规定,要求实际控制人、控股股东、董事、高级管理人等直接责任人承担侵权损害赔偿责任。

四、辅助信息

高频词条:

《民事诉讼法》

第59条 对当事人双方的诉讼标的,第三人认为有独立请求权的,有权提起诉讼。

对当事人双方的诉讼标的,第三人虽然没有独立请求权,但案件处理结果同他

有法律上的利害关系的，可以申请参加诉讼，或者由人民法院通知他参加诉讼。人民法院判决承担民事责任的第三人，有当事人的诉讼权利义务。

前两款规定的第三人，因不能归责于本人的事由未参加诉讼，但有证据证明发生法律效力的判决、裁定、调解书的部分或者全部内容错误，损害其民事权益的，可以自知道或者应当知道其民事权益受到损害之日起六个月内，向作出该判决、裁定、调解书的人民法院提起诉讼。人民法院经审理，诉讼请求成立的，应当改变或者撤销原判决、裁定、调解书；诉讼请求不成立的，驳回诉讼请求。

《民事诉讼法司法解释》

第290条 第三人对已经发生法律效力的判决、裁定、调解书提起撤销之诉的，应当自知道或者应当知道其民事权益受到损害之日起六个月内，向作出生效判决、裁定、调解书的人民法院提出，并应当提供存在下列情形的证据材料：

（一）因不能归责于本人的事由未参加诉讼；

（二）发生法律效力的判决、裁定、调解书的全部或者部分内容错误；

（三）发生法律效力的判决、裁定、调解书内容错误损害其民事权益。

第291条 人民法院应当在收到起诉状和证据材料之日起五日内送交对方当事人，对方当事人可以自收到起诉状之日起十日内提出书面意见。

人民法院应当对第三人提交的起诉状、证据材料以及对方当事人的书面意见进行审查。必要时，可以询问双方当事人。

经审查，符合起诉条件的，人民法院应当在收到起诉状之日起三十日内立案。不符合起诉条件的，应当在收到起诉状之日起三十日内裁定不予受理。

第三人撤销之诉案件裁判规则第4条：

消费者以产品不符合质量标准为由起诉销售者，产品生产者虽具有一定牵连，但不具有提起第三人撤销之诉的原告主体资格

〔**规则描述**〕：在产品质量不符合标准时，消费者既有权起诉生产者，也有权起诉销售者。在消费者选择起诉销售者的情况下，若判定销售者承担责任，则销售者有可能以此为由向生产者追偿。因此，生产者与该产品质量纠纷案的裁判结果有一定的牵连。司法实践中，生产者常以此为由提起第三人撤销之诉。我们认为，生产者不具有提起第三人撤销之诉的原告主体资格。根据《民事诉讼法》的规定，有权提起第三人撤销之诉的主体是有独立请求权的第三人以及无独立请求权的第三人。有独立请求权的第三人是指对原、被告之间争议的诉讼标的，认为有独立的请求权的人。在产品质量纠纷中，若消费者起诉销售者，则系争诉讼标的是二者之间的合同或侵权法律关系，生产者对于该诉讼标的没有独立的请求权，因此不是有独立请求权的第三人。从案件裁判结果来看，在因产品质量问题判决销售者向消费者承担责任时，生产者可能会面临销售者的追偿，也即生产者与裁判结果之间有一定的牵连关系，但该牵连属于事实上的牵连而非法律上的牵连，因此，生产者也不属于无独立请求权的第三人。综上，生产者不具有提起第三人撤销之诉的主体资格。

一、类案检索大数据报告

时间：2020年6月14日之前，案例来源：Alpha案例库，案件数量：51件，关键词：第三人撤销之诉、生产者、销售者、消费者。本次检索获取2020年6月14日前共51篇裁判文书，经逐案阅读、分析，排除相关性较低的案件后，共得到案件46件，整体情况如图4-1所示。在产品生产者提起第三人撤销之诉时，认定产品生产者具有原告资格的有24件，占比为52.17%；认定产品生产者不具有原告资格的有22件，占比为47.83%。

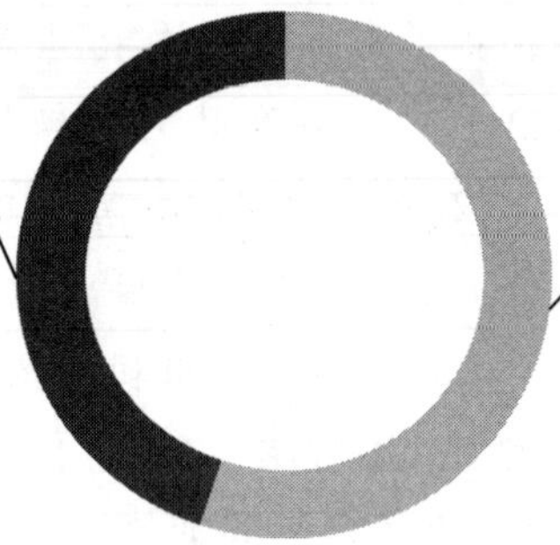

图 4 - 1　生产者是否具备第三人撤销之诉的原告主体资格

案件年份分布情况如下：2017 年案件数量为 20 件，2018 年案件数量为 28 件，2019 年案件数量为 2 件。

从案件地域分布情况来看，当前条件下案件主要集中在广东省，案例达到 42 件，其中，大连富龙食品有限公司与李某学、深圳沃尔玛百货零售有限公司第三人撤销之诉的类案就占据了 36 件。

二、可供参考的例案

例案一　双城雀巢有限公司上诉北京华联综合超市股份有限公司大望路分公司等买卖合同纠纷案

【法院】

北京市第三中级人民法院

【案号】

(2016)京 03 民撤 25 号

【当事人】

上诉人(原审原告)：双城雀巢有限公司

被上诉人(原审被告)：阳某杨

被上诉人(原审被告)：北京华联综合超市股份有限公司大望路分公司

【基本案情】

2014 年 10 月 19 日，阳某杨在北京华联综合超市股份有限公司大望路分公司(以下简称华联大望路店)购买了 4 盒双城雀巢有限公司(以下简称雀巢公司)生产的雀巢能恩 1 婴儿配方奶粉，单价 108 元，共计 432 元。华联大望路店向阳某杨开具了购物小票,购物小票载明了商品的名称为雀巢能恩金盾1奶粉,数量为4盒,单价108元,商品总价432元。涉诉商品的外包装上均标注:雀巢能恩1婴儿配方奶粉专门针对健康的0~12个月宝宝的营养需求,特别添加利用雀巢专利技术萃取的"专佳蛋白",适合婴儿生长发育的需要。

2014年10月21日,阳某杨起诉至北京市朝阳区人民法院称:依据《食品安全国家标准预包装食品标签通则》(GB7718—2011)(以下简称《预包装通则》)的规定,如果在食品标签或食品说明书上特别强调添加了或含有一种或多种有价值、有特性的配料或成分,应标示所强调配料或成分的添加量或在成品中的含量。涉诉商品标注特别添加利用雀巢专利技术萃取的"专佳蛋白",但未标示"专佳蛋白"的添加量,不符合食品安全标准,故要求华联大望路店退还货款432元,支付货款10倍赔偿4320元,并承担该案的诉讼费。

2015年3月11日,北京市朝阳区人民法院作出(2014)朝民(商)初字第43621号民事判决书,认为:作为销售者,华联大望路店应保证所销售的食品符合食品安全标准。根据《食品安全法》的相关规定,食品安全标准包括对于食品安全、营养有关的标签、标识、说明书的要求,而预包装食品包装上应当有标签,专供婴幼儿和其他特定人群的主辅食品,标签应当标明主要营养成分及其含量。故对于婴幼儿食品而言,成分及其含量作为标签的必要组成部分,应属食品安全标准的内容之一。同时,《预包装通则》规定,如果在食品标签或食品说明书上特别强调添加了或含有一种或多种有价值、有特性的配料或成分,应标示所强调配料或成分的添加量或在成品中的含量。《预包装通则》系食品安全国家标准,应严格依照执行。故销售者应保证其售出的婴幼儿食品的外包装标注的成分及其含量符合上述法律规定。本案中,阳某杨购买的涉诉商品外包装上明确标注特别添加"专佳蛋白",但并未标注"专佳蛋白"的添加量或在成品中的含量,因此涉诉商品属于不符合食品安全标准的食品。阳某杨要求华联大望路店退还货款的诉讼请求,符合法律规定,北京市朝阳区人民法院予以支持。据此,判决:(1)华联大望路店于判决生效之日起10日内向阳某杨退还货款432元;(2)华联大望路店于判决生效之日起10日内向阳某杨支付赔偿金4320元。

此后,双方当事人均未提出上诉,现该判决书已生效。

本案诉讼中,为证明其诉求的合理性,雀巢公司提交了商标注册证、发明专利证书、外包装模板、信访回复单、复函、检验报告、标签认可证明、食品生产许可证,阳某杨对此予以否认,并提供发明专利说明书、回复单、处罚决定书、新闻报道、新包装标签等予以反驳。

后雀巢公司向北京市朝阳区人民法院提起第三人撤销之诉，请求撤销（2014）朝民（商）初字第43621号民事判决书。

一审法院认为，首先，根据法律的规定，有权提起撤销之诉的第三人限于《民事诉讼法》规定的因不能归责于本人的事由未参加原审诉讼的有独立请求权第三人和无独立请求权第三人。根据《食品安全法》之规定，生产不符合食品安全标准的食品或者销售明知是不符合食品安全标准的食品，消费者除要求赔偿损失外，还可以向生产者或者销售者要求支付价款10倍的赔偿金。同时，根据《消费者权益保护法》之规定，消费者在购买、使用商品时，其合法权益受到损害的，可以向销售者要求赔偿，销售者赔偿后，属于生产者的责任或者属于向销售者提供商品的其他销售者的责任的，销售者有权向生产者或者其他销售者追偿。本案中，阳某杨起诉华联大望路店系基于买卖合同关系提起诉讼，阳某杨为支付价款的买方，华联大望路店为交付货物的卖方，双方基于购买的食品是否符合食品安全标准而产生争议，阳某杨直接起诉销售者主张赔偿责任，符合上述两部法律的规定，雀巢公司作为商品的生产者并非该案的必要共同诉讼当事人，也并非有独立请求权第三人或无独立请求权第三人。其次，第三人撤销之诉的起诉条件之一为发生法律效力的判决、裁定、调解书的部分或者全部内容错误，损害第三人民事权益，现原审判决结果为华联大望路店向阳某杨承担退款以及支付赔偿金责任，系金钱给付之诉，并未涉及雀巢公司的实体权益，华联大望路店作为销售者在向生产者雀巢公司主张责任时，雀巢公司并未丧失提出抗辩的权利，雀巢公司以第三人身份提起本案撤销之诉的原因是认为阳某杨多次以原审判决书为依据对同款产品提出索赔主张，造成雀巢公司信誉和经济上的损失，属于公司商誉以及潜在的金钱债权，不属于第三人撤销之诉应予解决的范畴。综合以上两点意见，雀巢公司提出的撤销之诉，依据不足，北京市朝阳区人民法院不予支持。依照《民事诉讼法》第56条、第154条第3项（参见2023年《民事诉讼法》第157条第3项），《民事诉讼法司法解释》第300条（参见2022年《民事诉讼法司法解释》第298条）的规定，裁定：驳回雀巢公司的起诉。

雀巢公司不服一审判决，向北京市第三中级人民法院提起上诉，二审法院对一审查明的事实予以确认，认为雀巢公司不符合提起第三人撤销之诉之要件，一审法院裁定驳回雀巢公司之起诉，认定正确。裁定驳回上诉，维持原裁定。

【案件争点】

雀巢公司是否具备第三人撤销之诉的原告主体资格。

【裁判要旨】

关于雀巢公司是否具备第三人撤销之诉的原告主体资格。

《民事诉讼法》第56条规定,有权提起第三人撤销之诉的第三人仅限于上述法律规定的因不能归责于本人的事由未参加原审诉讼的有独立请求权的第三人和无独立请求权的第三人;发生法律效力的判决、裁定、调解书的部分或者全部内容错误,损害第三人利益。(2014)朝民(商)初字第43621号案件的诉讼标的系基于阳某杨与华联大望路店之间的买卖合同关系,但雀巢公司并非买卖合同的相对方,在阳某杨选择向销售者华联大望路店主张权利时,作为生产者的雀巢公司与该案事实上存在一定的牵连关系,但并不存在法律上的直接利害关系。(2014)朝民(商)初字第43621号案件判决华联大望路店承担给付责任,并未涉及雀巢公司的实体权利。事实上,雀巢公司与上述案件的牵连关系体现在华联大望路店会以该判决为依据向生产者雀巢公司追偿,但雀巢公司对于华联大望路店的追偿行为亦可提出相应的抗辩,现雀巢公司是否应承担责任并无法律上的定论,且雀巢公司尚未向华联大望路店给付上述款项,在此情况下雀巢公司的民事权益未受到侵害,不符合提起第三人撤销之诉之主体要件。综上,雀巢公司不符合提起第三人撤销之诉之要件。

例案二　不凡帝范梅勒糖果(中国)有限公司与魏某录、沈阳家乐福商业有限公司、沈阳家乐福商业有限公司金牛店第三人撤销之诉案

【法院】

辽宁省沈阳市中级人民法院

【案号】

(2018)辽01民终83号

【当事人】

上诉人(原审原告):不凡帝范梅勒糖果(中国)有限公司

被上诉人(原审被告):魏某录

被上诉人(原审被告):沈阳家乐福商业有限公司

被上诉人(原审被告):沈阳家乐福商业有限公司金牛店

【基本案情】

魏某录于2016年1月14日在沈阳家乐福商业有限公司金牛店花费0.5元购

买了“珍宝珠”棒棒糖一支，随后魏某录将沈阳家乐福商业有限公司、沈阳家乐福商业有限公司金牛店诉至沈阳市沈河区人民法院（以下简称沈河法院），以该棒棒糖外包装违反《食品安全法》规定为由，要求沈阳家乐福商业有限公司、沈阳家乐福商业有限公司金牛店承担退货、返还0.5元购物款和支付赔偿金500元的民事责任。沈河法院受理后采用小额诉讼简易程序审理，并于2016年11月29日作出(2016)辽0103民初9921号民事判决书，该判决认定糖果公司出品的“珍宝珍”棒棒糖的外包装违反《食品安全法》第67条的规定，从而依据《食品安全法》第148条之规定支持了魏某录的全部诉讼请求。

不凡帝范梅勒糖果（中国）有限公司（以下简称糖果公司）认为上述判决存在事实认定和法律适用两方面的错误，具体如下：第一，事实认定方面：系争棒棒糖的包装符合国家关于食品标签的标准。系争棒棒糖系不规则球形商品，其包装应使用《食品安全法》第67条第3款和国家标准GB7718—2011《食品安全国家标准预包装食品标签通则》第4.3.2条和附录A的规定，因表装展示面积小于10平方厘米而使用建议标示标准（仅需标注产品名称、净含量、生产者或经销商的名称和地址），而非《食品安全法》第67条中规定的一般标示标准。前案判决在未对是否应当使用建议标示标准的情况下，直接将系争棒棒糖包装认定违反《食品安全法》第67条的一般标示标准，属于明显的事实认定错误。第二，法律适用方面：系争棒棒糖不存在食品安全问题，完全符合食品安全标准，不应当按照《食品安全法》第148条第2款计算赔偿金。同时，《食品安全法》第148条第2款中亦强调，“但是，食品的标签、说明书存在不影响食品安全且不会对消费者造成误导的瑕疵的除外”。因此，上述判决沈阳家乐福商业有限公司、沈阳家乐福商业有限公司金牛店向魏某录赔偿500元不但适用法律错误且毫无法律依据。糖果公司认为其作为棒棒糖的生产出品方/制造商，前述判决结果与自身存在法律上的利害关系，并直接损害了公司的合法权益。第三，魏某录不属于消费者。我国《食品安全法》中所称的“消费者”应系为生活消费需要而购买、使用商品或者接受服务的消费者，而非“以营利为目的”购买的人。因此，魏某录不应受到《消费者权益保护法》的保护。

基于上述原因，糖果公司向沈河法院提起了第三人撤销之诉。请求：(1)判令撤销(2016)辽0103民初9921号民事判决书；(2)判令魏某录承担本案全部诉讼费用。一审法院以糖果公司与被撤销之诉无法律上的牵连关系且非适格原告驳回了糖果公司的起诉。糖果公司不服该裁定，向辽宁省沈阳市中级人民法院提起上诉。

【案件争点】

糖果公司是否有行使第三人撤销之诉的主体资格。

【裁判要旨】

第三人撤销之诉制度是保护因客观原因未参加诉讼程序且受到前诉生效裁判损害的第三人的程序及实体权利,故对此类诉讼中无独立请求权第三人的判断标准应予以严格限制,要求其与案件处理结果要有权利义务性关系和法律上的牵连关系。原审案件中,魏某录作为消费者,选择向销售者沈阳家乐福商业有限公司、沈阳家乐福商业有限公司金牛店提起诉讼在程序上不存在任何问题,本案糖果公司作为生产者,并非必须参与诉讼的第三人。且前诉解决的是魏某录与沈阳家乐福商业有限公司、沈阳家乐福商业有限公司金牛店产品责任纠纷,与本案糖果公司之间的法律关系并非同一标的,糖果公司并非前诉纠纷的权利或义务主体,虽然沈阳家乐福商业有限公司、沈阳家乐福商业有限公司金牛店可能就前诉判决向糖果公司主张权利,但其基于的法律关系却并非前诉判决所解决的法律关系,故糖果公司与前诉并没有法律上的牵连关系。仅单纯事实上、经济上的影响并不构成法律上的牵连关系,不能作为确定第三人撤销之诉原告资格的条件。

例案三 | 大连富龙食品有限公司与李某学、深圳沃尔玛百货零售有限公司第三人撤销之诉案

【法院】

广东省深圳市中级人民法院

【案号】

(2018)粤03民终3615号

【当事人】

上诉人(原审原告):大连富龙食品有限公司

被上诉人(原审被告):李某学

被上诉人(原审被告):深圳沃尔玛百货零售有限公司

【基本案情】

2016年5月23日,李某学在深圳沃尔玛百货零售有限公司(以下简称沃尔玛公司)处购买散装玉米煎饼一包,价格为10.4元,涉案产品加贴的标签上仅有包装日期、重量、单价及总价,未标注生产日期、生产批号、保质期等内容。因沃尔玛公

司存在经营明知是不符合食品安全标准的食品的情形，李某学遂向广东省深圳市罗湖区人民法院提起诉讼，请求沃尔玛公司退还货款并支付1000元赔偿金，原审法院于2017年4月10日作出民事判决支持了李某学的诉讼请求。大连富龙食品有限公司(以下简称富龙公司)为该散装玉米煎饼的生产者，认为以上判决侵害了其权益，因此向广东省深圳市罗湖区人民法院提起第三人撤销之诉。

原审法院2017年4月10日作出(2017)粤0303民初1044号民事判决，首先，沃尔玛公司于2017年7月24日要求从富龙公司未结货款中扣除相关款项用于支付该案执行款，富龙公司方知上述案件存在，并于2017年10月25日提起本案诉讼，并未超过法定6个月期限；其次，富龙公司作为该买卖合同纠纷案所涉产品的生产者，与该案判决结果存在法律上的利害关系；最后，现无证据显示富龙公司未能参加该案诉讼是由其自身原因所致。因此，富龙公司提起本案诉讼符合法律规定。但由于其撤销理由缺乏证据支持，原审法院驳回了富龙公司的诉讼请求。

富龙公司不服广东省深圳市罗湖区人民法院(2017)粤0303民撤31号民事判决，向广东省深圳市中级人民法院上诉，请求撤销原审判决，改判支持上诉人的诉讼请求。

二审法院认为李某学与沃尔玛公司之间形成的是消费者权益保护法律关系。《侵权责任法》第43条第1款(参见《民法典》第1203条第1款①)规定，因产品存在缺陷造成损害的，被侵权人可以向产品的生产者请求赔偿，也可以向产品的销售者请求赔偿。《审理食品药品案件若干问题的规定》第2条第1款规定，因食品、药品存在质量问题造成消费者损害，消费者可以分别起诉或者同时起诉销售者和生产者。据此，生产者并非消费者权益保护案件的必要诉讼主体。其是否参加诉讼，取决于消费者是否对其主张权利，或人民法院在必要情况下是否追加其参加诉讼。而作为消费者的李某学并未向富龙公司主张权利，一审法院也并未追加富龙公司参加诉讼，故富龙公司并非该案的必然诉讼参与主体，不属于该案有独立请求权的第三人。并且，富龙公司与李某学之间是生产者与消费者之间的消费者权益保护法律关系；富龙公司与沃尔玛公司之间是生产者与经营者之间的购销合同法律关系。即使上述判决认定涉案商品是不符合食品安全标准的产品，该事实也仅是富龙公司与沃尔玛公司的购销合同关系中的瑕疵担保责任之诉辩事实。即富龙公司

---

① 《民法典》第1203条第1款规定，因产品存在缺陷造成他人损害的，被侵权人可以向产品的生产者请求赔偿，也可以向产品的销售者请求赔偿。

承担生产者责任的依据是沃尔玛公司因涉案商品不符合食品安全标准而向富龙公司主张的瑕疵担保责任或违约责任,沃尔玛公司的该项请求权属于债权请求权。而上文已论述,该债权请求权是否行使取决于沃尔玛公司。即使沃尔玛公司在向富龙公司支付的预付款中扣划了该部分款项,也是基于其与富龙公司之间的购销合同约定,并非李某学与沃尔玛公司的消费者权益纠纷判决。富龙公司亦对沃尔玛公司的扣款行为享有相应的抗辩权利。综上,富龙公司作为李某学并未主张赔偿权利的生产者,既不属于生效判决的法定第三人,亦未因该判决导致其民事权益直接受损,故其不是提起第三人撤销之诉的适格主体,对其起诉,应予驳回。原审判决认为富龙公司具有提起第三人撤销之诉的主体适格,法律适用有误。遂二审法院裁判撤销广东省深圳市罗湖区人民法院(2017)粤0303民撤31号民事判决,并驳回富龙公司的起诉。

【案件争点】

富龙公司是否有行使第三人撤销之诉的主体资格。

【裁判要旨】

《民事诉讼法》第56条第3款对第三人撤销之诉的程序进行了规定,明确了有权提起第三人撤销之诉的原告为法律规定的"第三人"的范围,即其对诉讼标的要么具有独立请求权,要么具有法律上的利害关系。《民事诉讼法司法解释》第292条对第三人提起撤销之诉的情形进行了进一步细化,其中第3项规定:"发生法律效力的判决、裁定、调解书内容错误损害其民事权益。"据此,对提起第三人撤销之诉的适格主体判断,既要符合程序性条件(是生效判决的有独立请求权第三人或者无独立请求权第三人),又要符合实体性条件(该第三人因客观原因没有参加诉讼且生效判决损害了其民事权益)。两个条件缺一不可。上述司法解释中规定的"民事权益",应当理解为生效判决直接确定的实体性固有权益。第三人对生效判决当事人享有的一般性债权,不属于上述"民事权益"的范围。因为第三人的实体权益不是其本人或生效判决当事人通过行使双方之间的债权请求权而发生的可能性改变,而应当是基于生效判决发生的确定性改变。如第三人或生效判决当事人不行使债权请求权,第三人的实体权益不会因生效判决确定的事实而发生变动。故第三人的实体权益是否受到影响,与生效判决并不存在法律上的必然因果关系。因此,第三人对生效判决当事人仅享有一般性债权的,应当排除在第三人撤销之诉的范围之外。

三、裁判规则提要

(一)提出第三人撤销之诉的原告主体资格

根据《民事诉讼法》第 56 条的规定，有权提起第三人撤销之诉的应当是有独立请求权的第三人或者无独立请求权的第三人。前者在诉讼中具有同原告相当的诉讼地位，是指对原告、被告所争议的诉讼标的享有部分或者全部的独立请求权。后者是指对争议的诉讼标的没有独立的请求权，但是与案件判决结果存在法律上的利害关系。在产品质量诉讼中，消费者可以选择向生产者或者销售者起诉。因此，生产者并非该诉讼的必要共同诉讼人，对于该诉讼标的也不具有独立的请求权。因此，生产者不属于有独立请求权的第三人。但生产者是否属于无独立请求权的第三人，需要对生产者与判决结果之间的牵连进行定性，以确定其为事实上的牵连还是法律上的牵连。

(二)生产者与生效判决之间是否存在法律上的利害关系

所谓法律上的利害关系，是指作为当事人之间争议的法律关系，与第三人参加的另一法律关系有牵连，即另一法律关系中权利的行使或义务的履行，对当事人之间争议的法律关系的权利的行使、义务的履行有直接、间接的影响。[①] 在产品质量纠纷中，若由于生产者的过错，导致销售者败诉需要对消费者承担责任时，销售者承担责任后可以对生产者进行追偿。但是，该牵连只属于事实上的牵连而非法律上的牵连，理由如下：

第一，该产品质量纠纷的裁判结果不涉及生产者。消费者以销售者为被告，向法院提起诉讼，其依据是消费者与销售者之间的产品买卖合同关系或侵权关系。裁判结果也仅涉及销售者，而不会涉及生产者，不会直接导致生产者自身法律上权利义务关系的任何变化。若销售者欲向生产者追偿，其追偿依据则为生产者与销售者之间达成的产品购销合同，与销售者和消费者之间达成的法律关系无关，二者之间不存在法律上的牵连关系。

第二，销售者对生效判决的履行不必然导致生产者责任的承担。销售者向生产者追偿的基础是二者之间存在产品购销合同。在产品质量出现问题时，生产者依据法律和合同规定需要对销售者承担瑕疵担保义务，该义务的存在不以生效判

---

① 参见宋朝武等编：《民事诉讼法学》，高等教育出版社 2018 年版，第 121 页。

决为前置要件。而且,法律规定销售者对于生产者享有追偿权的同时,并未剥夺生产者的抗辩权,生产者并非完全处于被动地位。而销售者是否行使该追偿权也具有不确定性。因此,不能基于销售者需要向消费者承担责任,而直接认定生产者也必须对销售者承担责任,从而认为生产者与前述生效裁判具有法律上的利害关系。

第三,生产者提起第三人撤销之诉需要满足"发生法律效力的判决、裁定、调解书内容错误损害其民事权益"的起诉条件。"民事权益",应当理解为生效判决直接确定的实体性固有权益。综上所述,生产者是否承担责任不仅与原生效判决有关,还取决于销售者是否对其行使债权请求权,以及其自身是否存在相应的抗辩权。因此,生产者的权益改变是一种或然性改变而非确定性改变,与生效判决并不存在法律上的必然的因果关系。

综上,该类案件中的生产者应当排除在第三人撤销之诉的主体范围之外。

四、辅助信息

高频词条:

《民事诉讼法》

第59条 对当事人双方的诉讼标的,第三人认为有独立请求权的,有权提起诉讼。

对当事人双方的诉讼标的,第三人虽然没有独立请求权,但案件处理结果同他有法律上的利害关系的,可以申请参加诉讼,或者由人民法院通知他参加诉讼。人民法院判决承担民事责任的第三人,有当事人的诉讼权利义务。

前两款规定的第三人,因不能归责于本人的事由未参加诉讼,但有证据证明发生法律效力的判决、裁定、调解书的部分或者全部内容错误,损害其民事权益的,可以自知道或者应当知道其民事权益受到损害之日起六个月内,向作出该判决、裁定、调解书的人民法院提起诉讼。人民法院经审理,诉讼请求成立的,应当改变或者撤销原判决、裁定、调解书;诉讼请求不成立的,驳回诉讼请求。

《民事诉讼法司法解释》

第290条 第三人对已经发生法律效力的判决、裁定、调解书提起撤销之诉的,应当自知道或者应当知道其民事权益受到损害之日起六个月内,向作出生效判决、裁定、调解书的人民法院提出,并应当提供存在下列情形的证据材料:

……

(三)发生法律效力的判决、裁定、调解书内容错误损害其民事权益。

《消费者权益保护法》

第40条 消费者在购买、使用商品时，其合法权益受到损害的，可以向销售者要求赔偿。销售者赔偿后，属于生产者的责任或者属于向销售者提供商品的其他销售者的责任的，销售者有权向生产者或者其他销售者追偿。

消费者或者其他受害人因商品缺陷造成人身、财产损害的，可以向销售者要求赔偿，也可以向生产者要求赔偿。属于生产者责任的，销售者赔偿后，有权向生产者追偿。属于销售者责任的，生产者赔偿后，有权向销售者追偿。

消费者在接受服务时，其合法权益受到损害的，可以向服务者要求赔偿。

《食品安全法》

第148条 消费者因不符合食品安全标准的食品受到损害的，可以向经营者要求赔偿损失，也可以向生产者要求赔偿损失。接到消费者赔偿要求的生产经营者，应当实行首负责任制，先行赔付，不得推诿；属于生产者责任的，经营者赔偿后有权向生产者追偿；属于经营者责任的，生产者赔偿后有权向经营者追偿。

生产不符合食品安全标准的食品或者经营明知是不符合食品安全标准的食品，消费者除要求赔偿损失外，还可以向生产者或者经营者要求支付价款十倍或者损失三倍的赔偿金；增加赔偿的金额不足一千元的，为一千元。但是，食品的标签、说明书存在不影响食品安全且不会对消费者造成误导的瑕疵的除外。

《民法典》

第1203条 因产品存在缺陷造成他人损害的，被侵权人可以向产品的生产者请求赔偿，也可以向产品的销售者请求赔偿。

产品缺陷由生产者造成的，销售者赔偿后，有权向生产者追偿。因销售者的过错使产品存在缺陷的，生产者赔偿后，有权向销售者追偿。

《审理食品药品案件若干问题的规定》

第2条 因食品、药品存在质量问题造成消费者损害，消费者可以分别起诉或者同时起诉销售者和生产者。

消费者仅起诉销售者或者生产者的，必要时人民法院可以追加相关当事人参加诉讼。

第三人撤销之诉案件裁判规则第5条：

民事调解书对未参加本案诉讼的继承人的财产份额作出处理，损害该继承人民事权益的，该继承人有权提起第三人撤销之诉

〔**规则描述**〕：在审判实践尤其是家事纠纷中，经常出现当事人为获得更多的财产利益，故意隐瞒、阻止其他继承人参与遗产分配，私下达成遗产分配协议，并诉至法院，经法院调解得到具有法律效力的民事调解书的情形。此种情形，一方面未能遵循被继承人的意思表达，另一方面也阻碍了其他未参加本案诉讼的继承人取得应有的遗产份额，损害了这些继承人的民事权益。实际上，基于继承人享有的继承权，继承人对于遗产分配标的往往具有独立请求权。因此，为了保护继承人的合法权益，以及对未参加诉讼而民事权益受到侵害的继承人提供救济，在民事审判中，如若民事调解书对于未参加本案诉讼的继承人的财产份额作出处理，损害了该继承人的合法权益，应认为该继承人符合第三人撤销之诉的主体要件。在其满足因不能归责于本人的事由未参加诉讼，有证据证明发生法律效力的调解书的部分或者全部内容错误，损害其民事权益，自知道或者应当知道其民事权益受到损害之日起6个月内提起诉讼等要件的基础上，可以提起第三人撤销之诉，撤销已发生法律效力的民事调解书，以维护其合法权益。

一、类案检索大数据报告

时间：2020年6月10日之前，案例来源：Alpha案例库，案件数量：269件，关键词：第三人撤销之诉、民事调解书、未参加诉讼、继承人、财产。本次检索获取2020年6月10日前共269篇裁判文书，经逐案阅读、分析，排除无效案件159件，共得到案件110件，整体情况如图5－1所示。在民事调解书对未参加本案诉讼的继承人的财产份额作出处理，损害该继承人民事权益时，认定该继承人有权提起第三人撤销之诉的有63件，占比为57.27%；认定该继承人无权提起第三人撤销之诉的有5件，占比为4.55%；判决结果与此相关度较低的有42件，占比为38.18%。

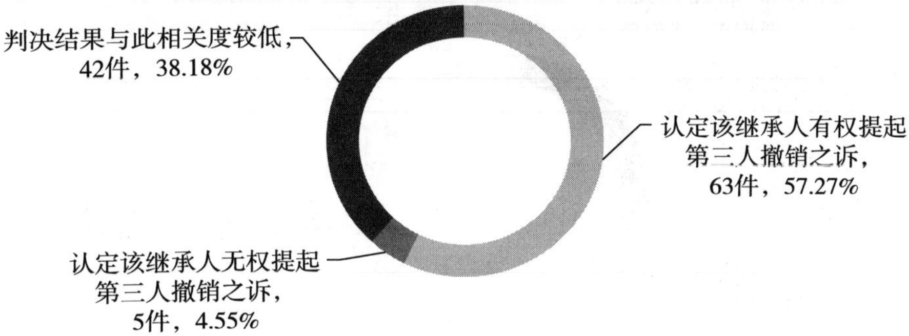

图5－1　类案裁判结果分布

案件年份分布情况如下:2017年案件数量为16件,2018年案件数量为30件,2019年案件数量为31件。

如图5－2所示,从案件地域分布情况来看,当前条件下案件主要集中在北京市、广东省、上海市、江苏省与黑龙江省,分别占比为31.82%、11.82%、7.27%、4.55%、4.55%。其中,北京市的案件数量最多,达到35件。

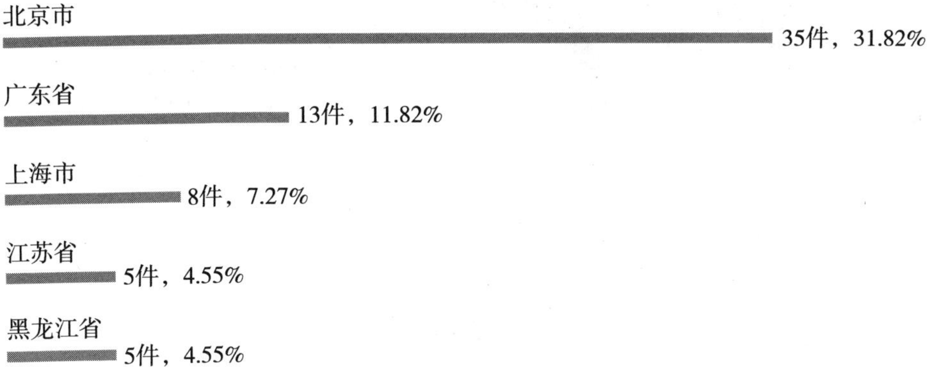

图5－2　案件主要地域分布情况

如图5－3所示,从案件案由分类情况可以看出,当前条件下案件的案由以婚姻家庭、继承纠纷类,合同、无因管理、不当得利纠纷类,物权纠纷类,适用特殊程序案件案由类为主,分别占比为61.43%、11.43%、10.00%、8.57%。

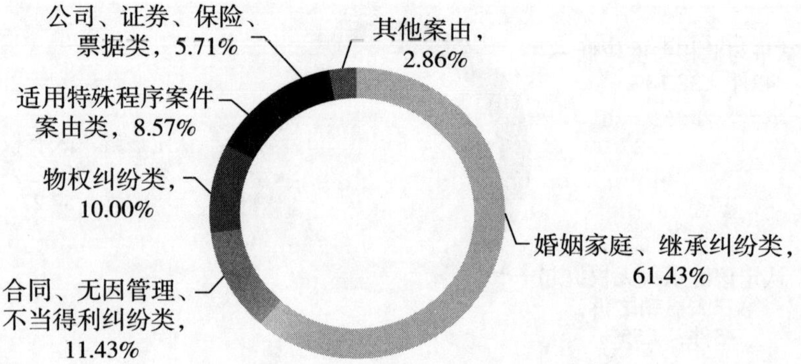

图 5－3　案件案由分类情况

如图 5－4 所示，有效案件适用的审理程序相对比较分散，适用一审程序审理的有 37 件，占比为 33.64%；适用二审程序审理的有 45 件，占比为 40.91%；适用再审程序审理的有 4 件，占比为 3.64%；适用其他程序审理的有 24 件，占比为 21.82%。

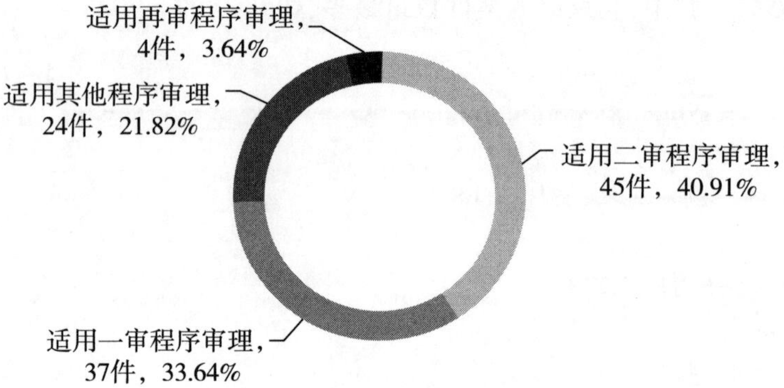

图 5－4　适用审理程序情况

二、可供参考的例案

例案一 | 邝某坚诉邝某湖及邝某兴等第三人撤销之诉案

【法院】

广东省广州市从化区人民法院

【案号】

(2014)穗从法民一撤字第 1 号

【当事人】

原告：邝某坚

被告：邝某湖

被告：邝某华

被告：邝某萍

被告：邝某宜1

被告：邝某宜2

第三人：邝某兴

【基本案情】

本案被继承人殷某兰共有两段婚姻。1969年，殷某兰与向阳村五社社员邝某松结婚，婚后生育儿子邝某坚及女儿邝某兴，后邝某松于1976年去世。1977年，殷某兰与向阳村七社社员邝某湖登记结婚，婚后生育邝某华、邝某萍、邝某宜1、邝某宜2。

1993年，殷某兰与邝某湖在从化市街口街镇北路向阳新村××号之××建设了6层楼房一栋，并登记在被告邝某湖名下。在房屋建设过程中，原告邝某坚出资出力，且其名下名为“龙仔”的土地补偿款和返还地款也全部由邝某湖领取并用于房屋建设。

2009年4月30日，殷某兰立下公证遗嘱，将位于从化市街口街镇北路向阳新村××号之××的6层楼房土地权属所占的50%产权和50%土地使用权在其去世后由原告邝某坚继承，从化市公证处对该遗嘱出具了（2009）粤从证内字第266号公证书。

2011年10月21日，殷某兰病故，被告邝某湖等人控制了全部财产，拒不分割。原告邝某坚于2013年9月30日向法院起诉［案号：（2013）穗从法房初字第441号］，但2013年11月6日开庭期间被告向法院提交了（2013）穗从法房初字第292号民事调解书，其中约定邝某湖将位于从化市街口街镇北路向阳新村××号之××的房屋全部归邝某华、邝某萍、邝某宜1、邝某宜2四人所有。

原告认为，五被告在明知该房是被告邝某湖和殷某兰夫妻共同财产的前提下，为剥夺原告的合法权益，恶意串通，欺骗法院，制造了（2013）穗从法房初字第292号的虚假诉讼。该诉讼遗漏了必须参加诉讼的当事人，严重侵犯了原告的合法权益，故诉至法院，请求法院判令依法撤销广东省从化市人民法院于2013年8月2日作出的（2013）穗从法房初字第292号民事调解书，对本案重新审理，公正裁判。

【案件争点】

原告是否可以提起第三人撤销之诉。

【裁判要旨】

法院认为,依据2012年修订的《民事诉讼法》第56条的规定,第三人提起撤销之诉应当满足以下条件:(1)有权提起撤销之诉的主体应是对原案诉讼标的有独立请求权的第三人或者案件处理结果与其有法律上利害关系的无独立请求权的第三人。(2)因不能归责于本人的事由未参加诉讼。(3)有证据证明发生法律效力的判决、裁定、调解书的部分或者全部内容错误,损害其民事权益。(4)第三人应自知道或者应当知道其民事权益受到损害之日起6个月内提起诉讼。本案为第三人撤销之诉。原告诉讼请求应当同时满足前述4个条件,否则不被支持。

第一,关于原告诉讼主体资格问题。提起第三人撤销之诉的主体限于在被申请案中有独立请求权的第三人和无独立请求权的第三人。在(2013)穗从法房初字第292号案中,双方当事人的诉讼标的系针对从化市街口街镇北路向阳新村××号之××的6层楼房的物权确认法律关系。邝某坚作为殷某兰的法定继承人和遗嘱继承人,对(2013)穗从法房初字第292号案的诉讼标的具有部分独立请求权。故邝某坚具有诉讼主体资格,有权提起本案第三人撤销之诉。

第二,关于因不能归责于本人的事由未参加诉讼问题。在(2013)穗从法房初字第292号案中,邝某坚并非该案当事人,该案中涉及的2012年10月30日五被告所签订协议并未涉及邝某坚。因此,法院据以认定,邝某坚因不能归责于本人的事由未参加(2013)穗从法房初字第292号案诉讼。

第三,有证据证明发生法律效力的判决、裁定、调解书的部分或者全部内容错误,损害其民事权益。首先,邝某坚在本案诉讼中提交了殷某兰所立公证遗嘱,该遗嘱将涉案楼房确认为殷某兰与被告邝某湖的夫妻共同财产,并公证将涉案楼房属于殷某兰部分即涉案楼房土地使用权的1/2以及房产的1/2由邝某坚继承。其次,在(2013)穗从法房初字第292号案中,五被告确认涉案楼房1至6层为五被告与殷某兰共同共有财产。最后,涉案楼房的土地现已办理了国有土地使用证,1至3层已经办理了房屋所有权证。无论涉案楼房是五被告与殷某兰6人共同共有财产,还是殷某兰与被告邝某湖的夫妻共同财产,均涉及对殷某兰财产份额之处理,而原告邝某坚、第三人邝某兴均为殷某兰法定继承人,且原告邝某坚又为殷桂兰遗嘱继承人,原告邝某坚有权依继承法继承殷某兰之遗产,故(2013)穗从法房初字第292号民事调解书将殷某兰财产份额部分予以处理损害了原告邝某坚的民事权益。

第四，第三人应自知道或者应当知道其民事权益受到损害之日起6个月内提起诉讼。(2013)穗从法房初字第292号民事调解书落款日期为2013年8月2日，本案原告邝某坚于2013年12月27日提起第三人撤销之诉，符合6个月的起诉期间要求。

综上，鉴于(2013)穗从法房初字第292号民事调解书未对涉案楼房中殷某兰份额部分予以明确，故撤销(2013)穗从法房初字第292号民事调解书。

例案二 | 施某珍与黄某第三人撤销之诉案

【法院】

江苏省苏州市中级人民法院

【案号】

(2018)苏05民终749号

【当事人】

上诉人(原审被告)：施某珍

被上诉人(原审原告)：黄某

【基本案情】

黄某男与黄某系父子关系，黄某母亲顾某林已于1996年12月4日死亡。苏州市吴中区木渎镇东街吴家浜二楼二底楼房(以下简称涉案房屋)于1988年4月7日由原吴县城乡建设局填发房屋所有权证，载明所有权人为黄某男，所有权性质为私有产权。2001年6月14日，原吴县市国土管理局填发集体土地使用证，载明土地使用者为黄某，土地所有者为吴县村民委员会，坐落于吴县，用途为住宅用地，使用权类型为批准拨用宅基地。2017年5月27日，苏州市吴中区木渎镇灵岩村村民委员会出具证明，主要内容为：黄某男、顾某林于1974年元旦结婚，当年生育独子黄某，并于1983年9月在木渎灵岩村吴家浜A号翻建二楼二底楼房一幢(现改为木渎灵岩村吴家浜8号)。

2006年1月16日，施某珍向一审法院起诉黄某男，要求黄某男归还借款62,000元。该案经一审法院调解，双方当事人达成如下协议：(1)双方确认黄某男向施某珍借款62,000元，黄某男定于2006年4月30日归还20,000元，同年8月31日归还20,000元，12月31日归还22,000元，至此全部清结。(2)案件受理费2370元，其他诉讼费200元，合计2570元，由黄某男于2006年12月31日直接支付给施某珍。(3)如黄某男不能即时兑现上述第1项、第2项内容,则将其位于苏州市吴中区木渎镇东街吴家浜B号二楼二底楼房一幢及附属场地以64,570元的价格抵付给施某珍,并协助施某珍办理房地产过户手续;施某珍有权选择以金钱或上述房产抵付方式就全部未归还金额向法院申请执行。一审法院于当天作出(2006)吴民一初字第0232号民事调解书对上述调解协议予以确认。2007年3月5日,施某珍向一审法院申请执行,要求黄某男归还借款62,000元及案件受理费等。后因黄某男除吴中区木渎镇灵岩村二楼二底房屋外无其他可供执行的财产,且不能对农村宅基地房屋进行变现处置,施某珍也同意本案终结执行,故一审法院于2007年3月15日作出(2007)吴执字第0289号民事裁定书,对一审法院(2006)吴民一初字第0232号民事调解书终结执行。

黄某认为,上述调解书侵犯其合法权益,诉至法院,请求撤销苏州市吴中区人民法院作出(2006)吴民一初字第0232号民事调解书第3项内容。

【案件争点】

1. 黄某是否有权提起第三人撤销之诉。

2. 黄某起诉是否超过6个月法定期间。

【裁判要旨】

法院认为,《民事诉讼法》第56条第3款规定了第三人撤销之诉。即属该条前2款规定的第三人,因不能归责于本人的事由未参加诉讼,但有证据证明发生法律效力的判决、裁定、调解书的部分或者全部内容错误,损害其民事权益的,可以自知道或者应当知道其民事权益受到损害之日起6个月内,向作出该判决、裁定、调解书的人民法院提起诉讼。人民法院经审理,诉讼请求成立的,应当改变或者撤销原判决、裁定、调解书;诉讼请求不成立的,驳回诉讼请求。第三人撤销之诉是为了保护受错误生效裁判损害的未参加原诉的第三人的权益。

就本案当事人争议调解书而言,施某珍与黄某男在(2006)吴民一初字第0232号民间借贷纠纷案中达成调解协议,该民事调解书第3项约定:如黄某男不能即时兑现上述第1项、第2项内容,则将其位于苏州市吴中区木渎镇东街吴家浜B号二楼二底楼房一幢(约128平方米)及附属场地(约50平方米)以64,570元的价格抵付给施某珍,并协助施某珍办理房地产过户手续。该项内容处分的涉案房屋因系农村宅基地房屋,虽于1988年4月7日登记在黄某男名下,但属代表登记,非黄某男个人财产。该房屋系黄某男与黄某母亲顾某林婚后建造的,黄某母亲于1996年12月4日去世后,黄某对其母亲在该房产内的财产份额享有继承权。同时,涉案房屋所属宅基地使用权于2001年6月14日登记在黄某名下。故黄某对涉案房屋享有相应的权益。而施某珍与黄某男民间借贷纠纷一案中处分了涉案房产，使该案的处理结果与黄某具有了法律上的利害关系，且黄某未参加诉讼也不存在可归责于其的事由，故黄某有权提起第三人撤销之诉。

施某珍抗辩黄某起诉已经超过6个月法定期间，就此，施某珍应承担相应的举证责任。施某珍从黄某与黄某男的父子关系推断黄某早就知道黄某男将涉案房屋抵付给施某珍的事实，并认为其他亲戚应当告知黄某该事实，但其对此并未提供证据证明。黄某称其直到2016年11月19日才知道调解书内容，黄某男称其从未将调解的事情告知黄某，而施某珍也承认2016年11月19日之前黄某没有来过，直到当天才向黄某出具民事调解书。由此法院采信黄某意见，即其是于2016年11月19日才知道涉案调解书内容。现黄某于2017年5月16日向一审法院提起第三人撤销之诉，未过6个月起诉期间。

综上，一审法院(2006)吴民一初字第0232号民事调解书部分内容错误，损害了黄某的民事权益，黄某要求撤销上述民事调解书第3项内容的诉讼请求，符合法律规定，应予支持。综上，法院判决撤销苏州市吴中区人民法院作出的(2006)吴民一初字第0232号民事调解书第3项。

例案三 | 吴某祖与华某海、华某英等第三人撤销之诉案

【法院】

江苏省无锡市中级人民法院

【案号】

(2017)苏02民终3907号

【当事人】

上诉人(原审被告)：华某海

上诉人(原审被告)：华某英

上诉人(原审被告)：华某莺

被上诉人(原审原告)：吴某祖

【基本案情】

吴某祖系被继承人刘某五的外甥，华某海、华某英、华某莺系刘某五的孙子、孙女。无锡市东顾巷村南华巷××号房屋系刘某五与丈夫华某保的共同财产，华某

保于1963年8月10日去世,刘某五于2005年2月8日去世。华某保与刘某五婚后生育一子华某义,华某义婚后育有儿子华某海,女儿华某英、华某莺,华某义于1985年11月4日去世。1999年11月23日,刘某五立下(1999)锡郊证民内字第788号遗赠公证书,明确将无锡市东顾巷村南华巷××号房屋中属于刘某五的一半份额及依法继承其丈夫华某保的遗产份额赠与吴某祖,刘某五的后事由吴某祖负责料理。2011年无锡市滨湖区东顾巷村南华巷××号房屋拆迁,华某海与无锡市康源房屋拆迁有限公司签订了无锡市市区集体土地住宅房屋产权调换协议书,该房拆迁产权调换安置地为无锡市××湖家园小区××室。2016年3月,华某海以华某英、华某莺为被告向法院提起法定继承诉讼,诉讼中兄妹3人达成了调解协议,并于2016年5月5日取得了(2016)苏0211民初1895号民事调解书,调解书明确位于无锡市××湖家园小区××室房屋由华某海继承。

吴某祖认为,上述调解书将其原本享有份额的房产在其不知情的情况下归华某海一人所有,侵犯了其合法权益,故请求法院撤销(2016)苏0211民初1895号民事调解书的全部内容。

【案件争点】

1. 本案是否符合提起第三人撤销之诉的法定条件。

2. (2016)苏0211民初1895号民事调解书是否确有错误应予撤销。

【裁判要旨】

关于争议焦点一,法院认为,根据《民事诉讼法》第56条的规定,第三人因不能归责于本人的事由未参加诉讼,但有证据证明发生法律效力的判决、裁定、调解书的部分或者全部内容错误,损害其民事权益的,可以自知道或者应当知道其民事权益受到损害之日起6个月内,向作出该判决、裁定、调解书的人民法院提起诉讼。人民法院经审理,诉讼请求成立的,应当改变或者撤销原判决、裁定、调解书;诉讼请求不成立的,驳回诉讼请求。在华某海与华某英、华某莺继承纠纷一案中,法院审理时并未通知吴某祖参与诉讼。吴某祖虽在本案审理中提供的部分证据材料显示是在该继承纠纷案件审理前形成,但仅凭该事实尚无法认定吴某祖当时已知晓华某海提起了继承诉讼。目前也无其他证据反映吴某祖当时是明知有该继承诉讼而不提出参与。因此,法院认定吴某祖是因不能归责于本人的事由未参加(2016)苏0211民初1895号案件诉讼符合法律规定。另吴某祖为证明(2016)苏0211民初1895号民事调解书确有错误,损害了其民事权益,提供了遗赠公证书。仅从对该遗赠公证书的形式审查来看,刘某五的遗产分割与吴某祖存在直接的利害关系,吴某祖也是基于该遗赠认为(2016)苏0211民初1895号民事调解书损害了其权益，要求予以撤销，故本案符合法律规定的提起第三人撤销之诉的条件。

关于争议焦点二，法院认为，本案中，对吴某祖提供的遗赠公证书，华某海、华某英、华某莺虽对真实性存有异议，但经法院向公证机关核实调查，该遗赠公证书的内容与公证机关留档的内容一致，华某海、华某英、华某莺目前也无充分的证据推翻公证文书，故就该遗赠的真实性可予以确认。根据遗赠内容，吴某祖对无锡市东顾巷村南华巷××号房屋享有份额，该房拆迁产权安置无锡市××湖家园小区××室，(2016)苏0211民初1895号民事调解书将上述13××室房产确认归华某海一人所有存在错误，损害了吴某祖的民事权益，应予撤销。

三、裁判规则提要

在审判实践中，经常出现民事调解书对未参加本案诉讼的继承人的财产份额作出处理，损害该继承人民事权益的情形。此时，对该未参加原案诉讼的继承人采用何种救济方式，在实务界和学术界都存在较大的争议。

在以合同纠纷、物权纠纷等为案由的案件中，由于未参加原案诉讼的继承人享有部分财产份额的继承权，故对原案的争议标的存在独立的请求权，此时该继承人因不能归责于本人的事由未参加诉讼，且有证据证明发生法律效力的调解书的部分或者全部内容错误，损害其民事权益的，能够提起第三人撤销之诉，撤销原案当事人达成的民事调解书。在此种情形下，该未参加原案诉讼的继承人可以提起第三人撤销之诉以维护其合法权益的救济方式并无争议。但是，在诸如以遗产继承诉讼等为案由的案件中，继承人为必要共同诉讼人，在遗漏部分继承人的情形下，可否允许该未参加原案诉讼的继承人提起第三人撤销之诉以保护其合法权益，也即原审被遗漏的必要共同诉讼人能否提起第三人撤销之诉成为争议点。

对此，审判实践中存在两种做法。第一种做法认为该未参加原审诉讼的继承人本应作为必要共同诉讼人参加原审诉讼，却因不能归责于本人的事由未参加诉讼，该继承人的地位并不是原审诉讼的第三人，即不满足提起第三人撤销之诉的主体资格。对于在遗漏了必要共同诉讼人的情况下取得的具有法律效力的民事调解书，该未参加诉讼的继承人不能提起第三人撤销之诉，但可以依据《民事诉讼法》第200条(参见2023年《民事诉讼法》第211条)以及《民事诉讼法司法解释》第422条(参见2022年《民事诉讼法司法解释》第420条)的规定，自知道或者应当知道其民事权益受到损害之日起6个月内申请再审。第二种做法则是在衡量制度立法目的、实质正义等因素的基础上,赋予原审被遗漏的必要共同诉讼人成为第三人撤销之诉的主体资格,使未参加原审诉讼的继承人能够提起第三人撤销之诉,撤销内容存在错误并损害其民事权益的民事调解书。目前,第二种做法在审判实践中较为常见。

实际上,对于上述第二种做法,不仅使权益受侵害的案外人能够得到有效救济,更大程度发挥第三人撤销之诉的制度功能,也能通过对《民事诉讼法》第 56 条第 3 款的文义解释和目的解释取得适法性。第三人撤销之诉的设立目的在于,针对当事人通过恶意诉讼侵害案外人合法权益日益增多的情况,增加对案外被侵害人的救济渠道。在结合立法目的的基础上,可以对"第三人"做扩大解释,解释为在法律上有利害关系的案外人。原审被遗漏的必要共同诉讼人虽为原审实体上的当事人,但因其未参加诉讼,并非形式上的当事人,因此属于案外人的范畴,有提起第三人撤销之诉的资格。[①] 对此,全国人大常委会法制工作委员会编写的《中华人民共和国民事诉讼法释义》也明确指出,第三人撤销之诉的撤销事由包括原审遗漏了必要的共同诉讼当事人,其利益受损害的情况。[②]

综上,本着发挥第三人撤销之诉制度功能,更好地保护案外人合法权益的目的,在民事调解书对未参加本案诉讼的继承人的财产份额作出处理,损害该继承人民事权益的情形下,应认为该继承人有权提起第三人撤销之诉。

四、辅助信息

高频词条:

《民事诉讼法》

第 59 条 对当事人双方的诉讼标的,第三人认为有独立请求权的,有权提起诉讼。

对当事人双方的诉讼标的,第三人虽然没有独立请求权,但案件处理结果同他有法律上的利害关系的,可以申请参加诉讼,或者由人民法院通知他参加诉讼。人民法院判决承担民事责任的第三人,有当事人的诉讼权利义务。

前两款规定的第三人,因不能归责于本人的事由未参加诉讼,但有证据证明发生法律效力的判决、裁定、调解书的部分或者全部内容错误,损害其民事权益的,可以自知道或者应当知道其民事权益受到损害之日起六个月内,向作出该判决、裁

① 熊跃敏、梁喆妮:《原审被遗漏的必要共同诉讼人能否提起第三人撤销之诉——基于民事诉讼法第 56 条第 3 款的法解释学分析》,载《法治现代化研究》2019 年第 6 期。

② 王胜明主编:《中华人民共和国民事诉讼法释义》,法律出版社 2012 年版,第 122 页。

定、调解书的人民法院提起诉讼。人民法院经审理，诉讼请求成立的，应当改变或者撤销原判决、裁定、调解书；诉讼请求不成立的，驳回诉讼请求。

《民事诉讼法司法解释》

第290条 第三人对已经发生法律效力的判决、裁定、调解书提起撤销之诉的，应当自知道或者应当知道其民事权益受到损害之日起六个月内，向作出生效判决、裁定、调解书的人民法院提出，并应当提供存在下列情形的证据材料：

（一）因不能归责于本人的事由未参加诉讼；

（二）发生法律效力的判决、裁定、调解书的全部或者部分内容错误；

（三）发生法律效力的判决、裁定、调解书内容错误损害其民事权益。

《民法典》

第1127条 遗产按照下列顺序继承：

（一）第一顺序：配偶、子女、父母；

（二）第二顺序：兄弟姐妹、祖父母、外祖父母。

继承开始后，由第一顺序继承人继承，第二顺序继承人不继承；没有第一顺序继承人继承的，由第二顺序继承人继承。

本编所称子女，包括婚生子女、非婚生子女、养子女和有扶养关系的继子女。

本编所称父母，包括生父母、养父母和有扶养关系的继父母。

本编所称兄弟姐妹，包括同父母的兄弟姐妹、同父异母或者同母异父的兄弟姐妹、养兄弟姐妹、有扶养关系的继兄弟姐妹。

第三人撤销之诉案件裁判规则第 6 条：
因债务人与他人的权利义务被生效裁判文书确定，导致债权人本来可以对《合同法》第 74 条[①]规定的债务人的行为享有撤销权而不能行使的，债权人可以提起第三人撤销之诉

〔**规则描述**〕:《合同法》第 74 条(参见《民法典》第 538～540 条)对债权人撤销权进行了规定，债务人放弃其到期债权或者无偿转让财产，对债权人造成损害的，或者债务人以明显不合理的低价转让财产，对债权人造成损害，并且受让人知道该情形的，债权人可以请求人民法院撤销债务人的行为。一般情况下，考虑到第三人撤销之诉为特殊救济程序，为防止其滥用诉权，普通债权人不具有提起第三人撤销之诉的主体资格。但在审判实践中，债务人逃避债务、与他人恶意串通转移财产、通过恶意诉讼等手段侵害债权人合法权益的现象日益增多，故有必要将享有撤销权的债权人纳入《民事诉讼法》第 56 条规定的第三人的范围。由此，当债权人因债务人与他人的权利义务被生效裁判文书确定，导致其本来可以对《合同法》第 74 条规定的债务人的行为享有撤销权而不能行使时，债权人可以提起第三人撤销之诉，以维护其合法权益。

一、类案检索大数据报告

时间:2020 年 6 月 13 日之前，案例来源:Alpha 案例库，案件数量:164 件，关键词:第三人撤销之诉、第 74 条、撤销权。本次检索获取 2020 年 6 月 13 日前共 164 篇裁判文书，经逐案阅读、分析，排除无效案件 132 件，共得到案件 32 件，整体情况如图 6－1 所示。在因债务人与他人的权利义务被生效裁判文书确定，导致债权人本来可以对《合同法》第 74 条规定的债务人的行为享有撤销权而不能行使的情况下，认定债权人可以提起第三人撤销之诉有 18 件，占比为 56.25%；认定债权人不可提起第三人撤销之诉的有 4 件，占比为 12.50%；判决结果与此相关度较低的有 10 件，占比为 31.25%。

---

① 因本规则所引用案例均以《合同法》(已废止)第 74 条为关键词，故论述中仍使用《合同法》第 74 条，而非《民法典》的相应规定。

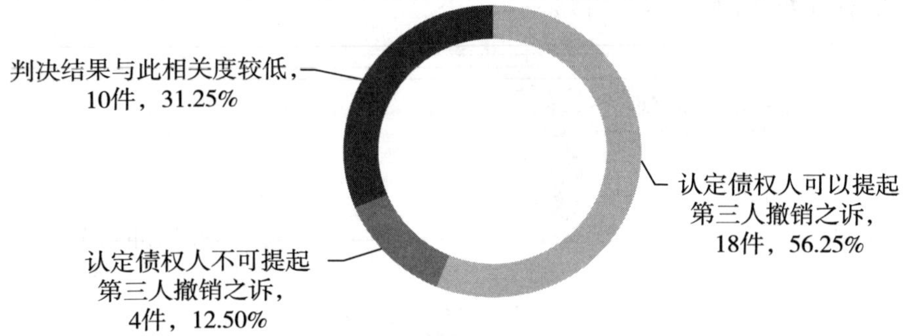

图6－1　类案裁判结果分布

案件年份分布情况如下：2017年案件数量为2件，2018年案件数量为7件，2019年案件数量为9件。

如图6－2所示，从案件地域分布情况来看，当前条件下案件主要集中在江苏省、浙江省、云南省和陕西省，分别占比为15.63%、15.63%、9.38%、9.38%。其中，江苏省和浙江省的案件数量最多，达到5件。

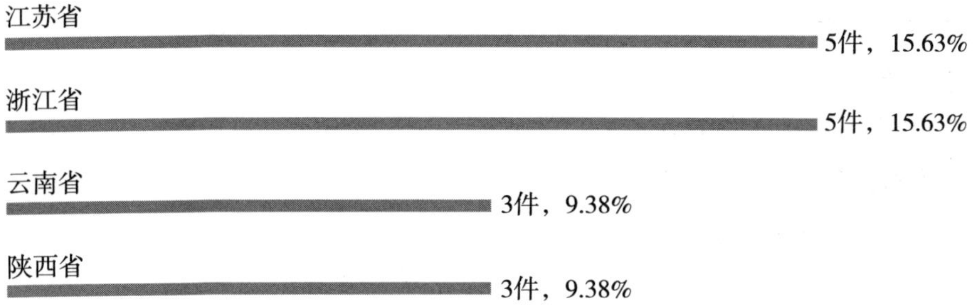

图6－2　案件主要地域分布情况

如图6－3所示，有效案件适用的审理程序相对比较分散，适用一审程序审理的有8件，占比为25.00%；适用二审程序审理的有22件，占比为68.75%；适用再审程序审理的有1件，占比为3.13%；适用其他程序审理的有1件，占比为3.13%。

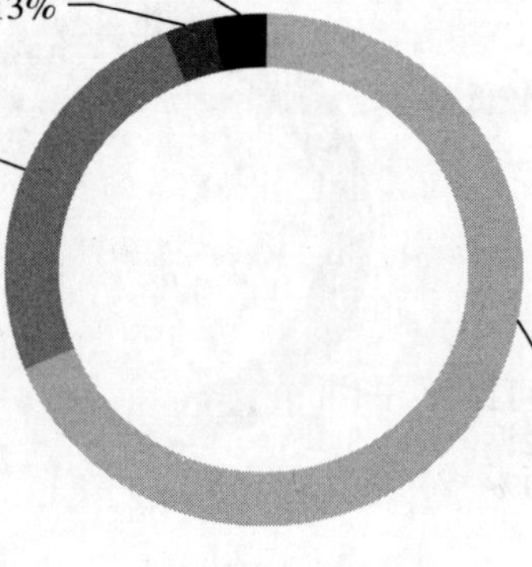

图6-3　适用审理程序情况

二、可供参考的例案

例案一 | 鲁某英、鞍山市中小企业信用担保中心第三人撤销之诉案

【法院】

最高人民法院

【案号】

(2017)最高法民终626号

【当事人】

上诉人(原审被告):鲁某英

被上诉人(原审原告):鞍山市中小企业信用担保中心

被上诉人(原审被告):汪某

【基本案情】

2009年,鞍山市中小企业信用担保中心(以下简称担保中心)为汪某经营的鞍山金桥生猪良种繁育养殖厂(以下简称金桥养殖厂)在台安县农村信用合作联社黄沙坨信用社(简称黄沙坨信用社)的300万元贷款提供了担保。因汪某到期未能偿还贷款,担保中心于2010年4月承担担保责任而代偿了2,973,97.54元。

2010年12月3日,鲁某英与汪某签订《资产转让合同书》1份,约定汪某将金桥养殖厂转让给鲁某英,价格为450万元,合同签订时支付1,632,573元,余款约定在2011年12月1日前给付完毕。

2012年3月，担保中心到鞍山市铁东区人民法院起诉汪某及工商登记已经变更为鲁某英的鞍山金红生猪良种繁育养殖厂(以下简称金红养殖厂)等。铁东区法院作出(2012)铁东民三初字第239号民事判决，判决汪某给付担保中心代偿款2,973,197.54元等，驳回担保中心其他诉讼请求。担保中心在得知鲁某英受让金桥养殖厂没有支付全部转让款，尚欠汪某2,867,427元后，于2013年8月19日申请强制执行时请求铁东法院除了强制执行汪某的财产等之外，执行汪某对鲁某英的到期债权。

2013年12月鲁某英主动将30万元转让款交到铁东法院代汪某偿还给担保中心。至今，汪某除铁东区法院依法扣押冻结的2万元银行存款外，没有履行铁东区法院判决确定的给付义务，担保中心及铁东区法院也未查到汪某还有其他可供执行的财产，担保中心有超过300余万元经济损失未得到清偿。

担保中心于2015年3月30日获悉：汪某因鲁某英拖欠金桥养殖厂转让款纠纷起诉到鞍山市中级人民法院，该院于2014年5月7日作出(2013)鞍民三初字第66号民事判决，判决鲁某英将金红养殖厂的资产归还汪某，赔偿汪某实际损失及违约金1,632,573元。鲁某英不服，上诉至辽宁省高级人民法院。在上诉审理期间，汪某与鲁某英达成和解协议，汪某放弃了鞍山市中级人民法院判决中其应得的利益至少超过270余万元。担保中心认为，汪某与鲁某英的调解行为导致其损失不能得到赔偿，严重损害了其合法权益，故提起诉讼请求撤销辽宁高院183号民事调解书。

【案件争点】

1. 担保中心是否具备提起本案第三人撤销之诉的主体资格。

2. 183号民事调解书是否存在错误并损害担保中心民事权益而应予撤销。

【裁判要旨】

1. 关于担保中心是否具备提起本案第三人撤销之诉的主体资格

根据《民事诉讼法》第56条的规定，因不能归责于本人的事由未参加诉讼的第三人，包括有独立请求权和无独立请求权第三人，有证据证明发生法律效力的判决、裁定、调解书的部分或全部内容错误，损害其民事权益的，有权提起第三人撤销之诉。《民事诉讼法》第56条及《民事诉讼法司法解释》对于如何界定案件处理结果同其有法律上的利害关系的无独立请求权第三人以及可以通过第三人撤销之诉救济的民事权益范围没有进一步作出具体规定。

本案中，虽然担保中心与汪某之间基于贷款代偿形成的债权债务关系，与汪某和鲁某英之间因转让原金桥养殖厂形成的买卖合同关系属两个不同法律关系，但是，汪某系为创办原金桥养殖厂与担保中心形成案涉债权债务关系，与黄沙坨信用社签订借款合同的主体亦为原金桥养殖厂，故汪某和鲁某英转让原金桥养殖厂与担保中心对汪某债权的形成存在关联关系。在汪某与鲁某英因养殖厂转让发生纠纷提起诉讼时，担保中心对汪某的债权已经生效民事判决确认并已进入执行程序。汪某与鲁某英因养殖厂资产转让合同权利义务的变化与对汪某财产的执行存在直接牵连关系，并可能影响担保中心的利益。

《合同法》第74条规定，债务人以明显不合理的低价转让财产，对债权人造成损害，并且受让人知道该情形的，债权人也可以请求人民法院撤销债务人的行为。因本案汪某和鲁某英系在诉讼中达成以3,132,573元交易价转让原金桥养殖厂的协议，该协议经人民法院作出183号民事调解书予以确认并已发生法律效力。虽然担保中心与汪某之间属于债权债务关系，但基于担保中心对汪某债权形成与汪某转让的养殖厂之间的关联关系，法院对汪某因养殖厂转让形成的到期债权在诉讼和执行程序中采取的保全和执行措施使汪某与鲁某英买卖合同纠纷案件处理结果对担保中心利益的影响，以及担保中心主张受损害的民事权益因183号民事调解书而存在根据《合同法》第74条提起撤销权诉讼障碍等本案基本事实，可以认定汪某和鲁某英买卖合同纠纷案件处理结果与担保中心具有法律上的利害关系，担保中心有权提起本案第三人撤销之诉。

2. 183号民事调解书是否存在错误并损害担保中心民事权益应予撤销

民事诉讼中双方当事人在自愿的基础上有权通过调解处分其民事权益，但调解协议的内容不得违反法律规定。根据《民事诉讼法司法解释》第296条（参见2022年《民事诉讼法司法解释》第294条）的规定，调解书的部分或全部内容错误，是指调解书中处理当事人民事权利义务的结果错误。《合同法解释二》第19条（参见《民法典》第338条、第339条）规定："对于合同法第七十四条规定的'明显不合理的低价'，人民法院应当以交易当地一般经营者的判断，并参考交易当时交易地的物价部门指导价或者市场交易价，结合其他相关因素综合考虑予以确认。转让价格达不到交易时交易地的指导价或者市场交易价百分之七十的，一般可以视为明显不合理的低价……"

在本案中，首先，汪某与鲁某英达成调解协议确定的交易价及放弃的权益不具有合理性，存在规避执行生效民事判决确定其对担保中心应履行的义务的目的。汪某和鲁某英签订《资产转让合同书》后，汪某已将养殖厂全部资产交付鲁某英，但鲁某英仅支付了首期转让款，没有按合同约定时间支付余款。在双方资产转让合同中对鲁某英应承担的违约责任有明确约定，且鞍山市中级人民法院一审作出的66号民事判决已认定鲁某英违约并基本支持了汪某诉讼请求的情形下，汪某在该案二审期间与鲁某英达成调解协议，不仅放弃继续追究鲁某英违约责任，约定原金桥养殖厂归属鲁某英所有，且在转让交易价格上作出未达到原交易价70%的大幅让利，其行为明显不符合常理。汪某和鲁某英均承认双方达成调解协议后，鲁某英通过直接给付汪某现金或将转让款转入汪某指定的案外人银行账户的方式支付给汪某100万元。双方调解时，因汪某没有履行铁东区法院239号民事判决确定的偿还担保中心欠款义务，该案已进入执行程序并正在执行中。汪某和鲁某英在二审期间均称汪某的银行账户当时已被法院查封。故汪某与鲁某英达成调解协议后转让款的支付方式表明至少汪某存在避开担保中心和法院执行的故意。

其次，汪某和鲁某英的调解行为损害了担保中心的合法民事权益。担保中心对汪某的债权已经铁东区法院239号民事判决确定，并经担保中心申请已进入执行程序，对汪某和鲁某英之间因原金桥养殖厂资产转让合同的履行而形成的到期债权采取了保全措施。而汪某和鲁某英在诉讼过程中以未达到原合同转让价70%的交易价将原金桥养殖厂转让给鲁某英，并将转让款通过直接支付给汪某现金及汪某指定的案外人的方式履行了调解协议。汪某收到转让款后并未用于清偿拖欠的担保中心债务。

最后，鲁某英对汪某为规避执行以明显不合理低价达成调解协议以及因此会给担保中心造成损害应属于明知。因金红养殖厂为铁东区法院239号民事判决所涉保证合同纠纷案件中的当事人，该案执行程序中铁东区法院已查封冻结金红养殖厂相关财产并送达了协助执行通知书，也向鲁某英调查了其与汪某的债权债务情况，故鲁某英对汪某与担保中心之间债权债务关系及铁东区法院239号民事判决内容属于明知，对汪某没有履行该生效判决确定的应对担保中心履行的义务亦应属于明知。鲁某英在与汪某买卖合同纠纷案件二审上诉中作出陈述表明鲁某英对汪某取得其支付的转让款后是否能够用于清偿担保中心的欠款应有预见。故鲁某英对汪某在鞍山市中级人民法院一审胜诉的情况下作出大幅不合理让利与其达成协议，采取的将款项通过给付现金及转入案外人账户的履行方式明显表现出的规避执行的目的，以及因此会损害担保中心债权利益应该能够预见。

综上所述，汪某为规避执行以明显不合理低价达成调解协议将原金桥养殖厂转让给鲁某英，并因此给担保中心的民事权益造成损害，鲁某英对此应属于明知。

根据《合同法》第74条的规定,担保中心有权撤销汪某的转让行为,故本案应认定汪某与鲁某英达成的调解协议内容违法。一审判决认定183号民事调解书内容错误并损害了担保中心的民事权益,依法应予以撤销,有事实和法律依据。

例案二 | 永安市燕诚房地产开发有限公司、郑某南第三人撤销之诉案

【法院】

最高人民法院

【案号】

(2017)最高法民终885号

【当事人】

上诉人(一审原告):永安市燕诚房地产开发有限公司

被上诉人(一审原告):郑某南

被上诉人(一审被告):远东(厦门)房地产发展有限公司

一审第三人:高某珍

【基本案情】

永安市燕诚房地产开发有限公司(以下简称燕诚公司)系远东(厦门)房地产发展有限公司(以下简称远东公司)的破产债权人。

关于(2003)闽民初字第2号郑某南与远东公司借款纠纷一案(以下简称2号案件),2003年6月2日,福建省高级人民法院作出(2003)闽民初字第2号民事调解书(以下简称2号民事调解书),确认远东公司向郑某南返还借款本息1.2亿余元。

2003年7月,雷某思不服2号民事调解书,向福建省人民检察院申诉,该院向福建省高级人民法院发出《检察建议书》,福建省高级人民法院以郑某南与远东公司法定代表人张某月涉嫌恶意串通,侵占远东公司财产,进而损害香港远东公司合法权益为由,将有关犯罪线索移送福建省公安厅侦查。

2015年4月8日,郑某南将前述债权转让给高某珍。

2015年12月21日,厦门市中级人民法院裁定受理他人对远东公司的破产清算申请。

2016年8月10日,远东公司破产管理人编制的《债权表》记载,债权人高某珍的债权合计301,589,908.12元,债权人燕诚公司的债权390万元。

2016年9月12日,燕诚公司向福建省高级人民法院起诉请求撤销2号民事调

解书。福建省高级人民法院认为虽然燕诚公司是远东公司破产案件的债权申报人，但其对2号案件所涉债权债务没有独立请求权，不具备提起第三人撤销之诉的主体资格，且超期提出诉讼，故作出(2016)闽民撤6号民事裁定，驳回燕诚公司起诉。

燕诚公司不服，向最高人民法院上诉，请求撤销(2016)闽民撤6号民事裁定，指令福建省高级人民法院实体审理。

【案件争点】

1. 燕诚公司是否具有提起本案诉讼的主体资格。
2. 是否有证据证明2号民事调解书确认的债权存在虚假。
3. 燕诚公司的起诉是否超过法定期间。
4. 一审法院审理本案是否存在程序错误。

【裁判要旨】

法院认为，本案属于第三人认为当事人恶意串通进行诉讼、损害其利益而提起的第三人撤销之诉。

根据《民事诉讼法》第56条的规定，提起第三人撤销之诉应当符合以下条件：一是主体方面，只能是《民事诉讼法》第56条第1、2款分别规定的，对当事人双方诉讼标的有独立请求权的第三人，或者虽然没有独立请求权但案件处理结果同他有法律上的利害关系的第三人；二是实体方面，有证据证明发生法律效力的判决、裁定、调解书部分或者全部内容错误，损害第三人的民事权益；三是程序方面，第三人因不能归责于本人的事由未参加诉讼，且自知道或者应当知道其民事权益受到损害之日起6个月内，向作出生效判决、裁定、调解书的人民法院提起诉讼。

在本案中，燕诚公司向人民法院提起诉讼，请求保护的民事权利系债权。由债权的相对性所决定，在一般情况下，作为普通债权人的第三人不具有基于其债权提起第三人撤销之诉的事由。但根据《合同法》第74条第1款的规定，如果生效裁判所确认的债务人的相关财产处分行为符合《合同法》第74条所规定的撤销权的条件，则依法享有撤销权的债权人就与该生效裁判案件的处理结果具有法律上的利害关系，从而具备了以无独立请求权第三人的身份提起第三人撤销之诉的原告主体资格。本案中，燕诚公司举示的证据显示，福建省人民检察院曾于2003年8月19日发出闽民建(2003)2号《检察建议书》，建议福建省高级人民法院对2号民事调解书依法再审。福建省高级人民法院于2003年10月24日发出(2003)闽民监字第149号《犯罪线索移送函》,认为郑某南与张某月涉嫌恶意串通,侵占远东公司的财产,进而损害香港远东公司的合法权益,依法将有关犯罪线索移送福建省公安厅进行侦查。由此,燕诚公司已就2号案件为虚假诉讼、2号民事调解书确认的债权存在虚假的问题提供了相应的证据材料。其所主张的远东公司在民事诉讼程序中以达成调解协议方式承认郑某南的虚假债权并制定还款计划的情形,属于《合同法》第74条第1款规定的无偿转让财产损害债权人利益的行为之列,燕诚公司对于2号案件的处理结果,有法律上的利害关系,特别是在远东公司为人民法院宣告破产、其财产已经不足以清偿全部债务的情况下,燕诚公司的债权必然会因为郑某南债权的有无以及数额的大小而受到直接影响。燕诚公司作为远东公司的债权人,依据《合同法》第74条规定享有撤销权,具备提起本案第三人撤销之诉的主体资格。

根据《民事诉讼法》第56条第3款的规定,第三人"可以自知道或者应当知道其民事权益受到损害之日起六个月内",向人民法院提起诉讼。该6个月起诉期间的起算点,为当事人知道或者应当知道其民事权益受到损害之日。本案中,在远东公司因不能足额清偿所欠全部债务而进入破产程序,燕诚公司、郑某南债权的受让人高某珍均系其破产债权人,且高某珍依据2号民事调解书申报债权的情况下,燕诚公司破产债权的实现程度会因高某珍破产债权所依据的2号民事调解书而受到损害,故应认定燕诚公司在获知远东公司进入破产程序的信息后才会知道或者应当知道其民事权益受到损害。而燕诚公司举示的《远东(厦门)房地产发展有限公司破产一案告知函》显示,燕诚公司于2016年3月15日签收破产管理人制作的有关债权人申报材料,其于2016年9月12日向福建省高级人民法院提交诉状请求撤销2号民事调解书,未超过6个月的起诉期间。虽然燕诚公司时任总经理雷某思于2003年7月就2号案件向福建省高级人民法院和福建省人民检察院提出申诉,但其系以香港远东公司股东、董事及远东公司董事、总经理的身份为保护远东公司的利益而非燕诚公司的债权提出的申诉,且此时燕诚公司是否因2号民事调解书而遭受损害并不确定,也就不存在其是否知道或者应当知道,进而依照《民事诉讼法》第56条第3款的规定起算6个月起诉期间的问题。

鉴于第三人撤销之诉案件涉及对生效裁判的判定,关系到原生效裁判的当事人以及第三人的权利义务,《民事诉讼法司法解释》第294条(参见2022年《民事诉讼法司法解释》第292条)专门规定,人民法院对第三人撤销之诉案件,应当组成合议庭开庭审理。由此,第三人撤销之诉案件立案后,不适用书面审理,受案法院应当组成合议庭开庭进行审理。对方当事人就第三人的诉讼主体资格及其他起诉条件提出异议的，亦需经合议庭开庭审理后依法予以判定。一审法院受理本案后，未依法开庭审理即驳回燕诚公司的起诉，程序错误，应予纠正。

综上，燕诚公司提起本案第三人撤销之诉，符合《民事诉讼法》第56条规定的起诉条件，裁定撤销福建省高级人民法院(2016)闽民撤6号民事裁定。

例案三　张某达与徐某、新沂市草桥镇坝头村村民委员会、第三人张某付第三人撤销之诉案

【法院】

江苏省新沂市人民法院

【案号】

(2019)苏0381民撤2号

【当事人】

原告：张某达

被告：徐某

被告：新沂市草桥镇坝头村村民委员会

第三人：张某付

【基本案情】

2011年，张某付以做生意为由，向张某达借款60,000元，并出具借条。到期后，经多次催要，不予还款。因此，张某达于2013年7月12日诉至新沂市人民法院要求张某付偿还借款本金60,000元及利息。经审理，新沂市人民法院作出(2013)新瓦民初字第0437号民事判决书，判决张某付偿还张某达借款本金60,000元及利息。张某付上诉后，因张某付经徐州市中级人民法院合法传唤后既未到庭参加诉讼，也未提供不到庭应诉的合法、正当理由，故徐州市中级人民法院作出(2014)徐民终字第384号民事裁定，该案按张某付撤回上诉处理。之后，张某达以张某付未履行(2013)新瓦民初字第0437号民事判决书所确定的义务为由，于2014年向新沂市人民法院申请强制执行，后无果。

2018年7月20日，徐某以张某付于2018年5月26日将其对新沂市草桥镇坝头村村民委员会(以下简称坝头村委会)享有的到期债权288,083.8元向其转让为由向新沂市人民法院提起诉讼，要求坝头村委会偿还债权转让款288,083.8元。

经调解，达成(2018)苏0381民初6079号民事调解书，约定坝头村委会自愿偿还徐某债权受让款(该款是由张某付债权转让给徐某)110,000元，其余诉讼请求原告自愿放弃。张某达认为，该调解书严重损害其合法权益，故提起诉讼，请求撤销(2018)苏0381民初6079号民事调解书。

【案件争点】

1. 本案是否超过6个月法定期间。

2. 张某付是否欠徐某30万元债务未还，张某付将其对坝头村委会的债权转让给徐某是否为有偿。

【裁判要旨】

法院认为，因债务人与他人的权利义务被生效裁判文书确定，导致债权人本来可以对《合同法》第74条规定的债务人的行为享有撤销权而不能行使的，债权人可以提起第三人撤销之诉，故本案属于第三人撤销之诉的受案范围。

对于徐某辩称的本案已超过6个月法定期间的意见。法院认为，根据《民事诉讼法》第56条、《民事诉讼法司法解释》第292条的规定，对当事人双方的诉讼标的有独立请求权或者没有独立请求权的第三人，因不能归责于本人的事由未参加诉讼，但有证据证明发生法律效力的判决、裁定、调解书的部分或者全部内容错误，损害其民事权益的，可以自知道或者应当知道其民事权益受到损害之日起6个月内，向作出该判决、裁定、调解书的人民法院提起诉讼。该6个月是不变期间，不适用延长、中止、中断的规定，对此，《民事诉讼法司法解释》第127条已经明确做了规定。提起撤销之诉期间的起算，自第三人知道或者应当知道其民事权益受到侵害之日起算，对于是否超过6个月期间，提起撤销之诉时，第三人应当提供相应的证据材料，没有证据材料的，也应当作出说明。本案中，根据惠某弟的陈述，就张某付将其对坝头村委会的债权转让给徐某一事，惠某弟陈述第一次告知张某达的时间点虽为(2019)苏0381民初3594号案件立案前一个多月，但其明确表示该时间点在其保全坝头村委会支付的债权转让款项之后。根据已查明的事实，惠某弟向法院申请保全该款及该法院作出相应民事裁定的时间均为2019年4月10日，故惠某弟陈述的时间点应有误，张某达提起本次起诉未超出6个月的法定期间。

关于张某付是否欠徐某30万元债务未还，张某付将其对坝头村委会的债权转让给徐某是否为有偿。根据《合同法》第74条和《合同法解释二》第18条(参见《民法典》第538条、第539条)、第19条的规定，债务人放弃到期债权或者无偿转让财产，对债权人造成损害的；债务人以明显不合理的低价转让财产，对债权人造成损害,并且受让人知道该情形的;债务人放弃其未到期的债权或者放弃债权担保、恶意延长到期债权的履行期、以明显不合理的高价收购他人财产等情形之一的,债权人享有撤销权。就本案而言,徐某、张某付未提供确凿证据证实30万元债务客观存在,现有证据也不足以证实张某达在将涉案债权转让后,尚具有足够的资产清偿对债权人的债务。因此,法院认为,张某付、徐某签订的债权转让协议行为已对债权人造成了损害。

综上,(2018)苏0381民初6079号民事调解书仅仅依据双方当事人的调解意见,确认坝头村委会欠徐某债权受让款11万元,对于涉案债权转让是否为有偿未理涉,致使该债权由徐某单独享有,侵害了张某达的债权,依法应予撤销,故判决撤销(2018)苏0381民初6079号民事调解书。

三、裁判规则提要

(一)对享有撤销权的债权人可以提起第三人撤销之诉的理解

关于第三人的债权受到侵害是否能提起第三人撤销之诉,司法实践中争议很大。一种观点持完全否定的态度,认为债权人就前诉中的标的物不能独立地主张实体权利,不是该案的有独立请求权的第三人。同时,基于债权的相对性和独立性,债权人与前诉诉讼结果仅具有经济上的利害关系而非法律上的利害关系,不是无独立请求权的第三人,不符合《民事诉讼法》第56条规定的第三人撤销之诉的主体条件。另一种观点是持有条件的肯定态度,即债权人在特定条件下具有提起第三人撤销之诉的主体资格。该说认为,第三人撤销之诉的立法目的在于为受虚假诉讼侵害合法权益的第三人提供救济,应对《民事诉讼法》第56条进行扩张解释,将普通债权人纳入第三人范畴。但是,考虑到第三人撤销之诉为特殊救济程序,为了防止滥用诉权,且考虑到生效裁判文书的权威性,故应对普通债权人提起第三人撤销之诉设置严格的条件。我们认为,普通债权人在一般情况下无权提起第三人撤销之诉,但在一些特殊情况下除外,如债权人享有对债务人相关民事行为的撤销权的、有证据证明债务人对外的诉讼存在虚假诉讼的嫌疑。

关于有权提起第三人撤销之诉的债权人的范围该如何确定的问题,首先可以从第三人撤销之诉的设立目的角度来理解。设立第三人撤销之诉的主要目的是对民事权益受到侵害而未能参加诉讼的案外人提供救济途径。第三人撤销制度引入最初是为了遏制与打击实践中出现的虚假诉讼,以保护案外人合法权益。在当前,债务人与他人恶意串通转移财产、逃避债务,损害普通债权人合法权益的案例成为虚假诉讼的典型表现。在审判实践中，当事人通过恶意诉讼等手段侵害第三人合法权益时有发生，尤其是在调解结案后，当事人利用调解进行诉讼欺诈，侵害第三人合法权益的情况日渐增多。因此，基于对上述情形的考虑，为了使第三人撤销之诉的立法目的得到更好的贯彻，以及更好地实现实体正义，有必要对《民事诉讼法》第56条进行扩张解释，使特定情况下的债权人能够纳入第三人范畴。同时，为了防止案外人滥用诉权，普通债权人首先要满足身份限定在《民事诉讼法》第56条规定的主体范畴之内，在满足法律、司法解释对于第三人撤销之诉的其他要求的基础上，符合特殊情形，才可以提起第三人撤销之诉。其中，第三人的普通债权受到损害，但其受侵害的债权是第三人依《合同法》第74条规定可以行使撤销权的原裁判文书主文确定的债权，即为一种特殊情形。因为在《合同法》第74条的规定下，债权人本身就有权撤销债务人放弃到期债权、无偿转让财产以及以不合理低价转让财产等不当行为。因此，侵害的债权如果是第三人依法可以行使撤销权的原裁判文书主文确定的债权，第三人可以提起撤销之诉。

值得注意的是，《九民会议纪要》第120条规定了债权人可以提起第三人撤销之诉的情形，包括：(1)该债权是法律明确给予特殊保护的债权，如《合同法》第286条(参见《民法典》第807条)规定的建设工程价款优先受偿权，《海商法》第22条规定的船舶优先权；(2)因债务人与他人的权利义务被生效裁判文书确定，导致债权人本来可以对《合同法》第74条和《企业破产法》第31条规定的债务人的行为享有撤销权而不能行使的；(3)债权人有证据证明，裁判文书主文确定的债权内容部分或者全部虚假的。

(二)债权人撤销权的构成要件

所谓债权人撤销权，是指债权人对于债务人所为的危害债权的行为，可请求法院予以撤销以维持债务人责任财产的权利。[①]《合同法》第74条、第75条(参见《民法典》第541条)对债权人撤销权进行了规定，第74条区分了有偿行为与无偿行为，债权人对不同类型的行为行使撤销权有不同的要件。

1. 主体要件。只有对债务人依法享有合法债权的债权人才能行使该权利。在实践中，虽然某种条件下继承人或其他权利承接人也可以行使该权利，但该权利源于原债权人，只不过因特定法律事实的发生导致了权利人的变更。

---

① 韩世远：《合同法总论》(第4版)，法律出版社2018年版，第453页。

2.行为要件。债务人的处分行为须构成对债权人的利益损害，既包括放弃债权、放弃债权担保、无偿转让财产等无偿行为，亦包括以明显不合理的低价转让财产等有偿行为。

3.主观要件。对于无偿行为，仅要求具备客观的行为要件即可发生撤销权。对于有偿要件，除债务人行为满足客观行为要件外，受让人还须具备相应的主观要件，即受让人恶意，知道债务人转让财产的行为会对债权人造成损害。

4.期间要件。《合同法》第75条规定了撤销权行使适用除斥期间的规定。撤销权自债权人知道或者应当知道撤销事由之日起1年内行使。自债务人的行为发生之日起5年内没有行使撤销权的，该撤销权消灭。

（三）享有撤销权的债权人提起第三人撤销之诉的审查思路

由于一般情况下的普通债权人不具有提起第三人撤销之诉的主体资格，仅在特殊条件下具有，故在对享有撤销权的债权人提起第三人撤销之诉进行审判时需要兼顾债权人撤销权的构成要件以及第三人撤销之诉的构成要件。

1.主体要件

根据《民事诉讼法》第56条的规定，第三人撤销之诉的原告应当是因不能归责于本人事由而未参加原案诉讼的第三人，包括有独立请求权第三人和无独立请求权第三人。

一般而言，原案处理结果可能损害其民事权益的案外人，属于第三人撤销之诉的适格原告，但普通债权原则上不受第三人撤销之诉保护，即原案当事人的普通债权人一般不能作为原告启动第三人撤销之诉。但是，如果原案当事人之间恶意串通实施虚假诉讼行为的，或者法律明确规定给予特别保护的债权，可以适用第三人撤销之诉予以保护。

对于享有撤销权的债权人提起的第三人撤销之诉，在对第三人进行主体要件审查时，一方面，应当审查该债权人是否属于原案的第三人，即为有独立请求权第三人或者无独立请求权第三人；另一方面，也应当审查该债权人是否满足撤销权的构成要件，有权行使债权人的撤销权。上述两方面经过审查均符合后，该债权人才符合提起第三人撤销之诉的主体要件。

2.实体要件

提出撤销之诉的第三人在应当对发生法律效力的判决、裁定、调解书的全部或者部分内容错误或者发生法律效力的判决、裁定、调解书内容错误损害其民事权益进行证明。值得注意的是,在原案满足债权人撤销权构成要件的条件下,就已经说明原案的生效判决、裁定、调解书的全部或者部分内容错误,损害了债权人的民事权益,从而满足第三人撤销之诉的实体要件。

3. 程序要件

第三人撤销之诉主要应当具备三项程序条件:一是原告必须因不能归责于自己的事由而未参加原案诉讼;二是原告应当自知道或应当知道其民事权益受到损害之日起6个月内提起诉讼;三是向作出生效判决、裁定、调解书的法院起诉。

四、辅助信息

高频词条:

《民法典》

第538条 债务人以放弃其债权、放弃债权担保、无偿转让财产等方式无偿处分财产权益,或者恶意延长其到期债权的履行期限,影响债权人的债权实现的,债权人可以请求人民法院撤销债务人的行为。

第539条 债务人以明显不合理的低价转让财产、以明显不合理的高价受让他人财产或者为他人的债务提供担保,影响债权人的债权实现,债务人的相对人知道或者应当知道该情形的,债权人可以请求人民法院撤销债务人的行为。

第540条 撤销权的行使范围以债权人的债权为限。债权人行使撤销权的必要费用,由债务人负担。

《民事诉讼法》

第59条 对当事人双方的诉讼标的,第三人认为有独立请求权的,有权提起诉讼。

对当事人双方的诉讼标的,第三人虽然没有独立请求权,但案件处理结果同他有法律上的利害关系的,可以申请参加诉讼,或者由人民法院通知他参加诉讼。人民法院判决承担民事责任的第三人,有当事人的诉讼权利义务。

前两款规定的第三人,因不能归责于本人的事由未参加诉讼,但有证据证明发生法律效力的判决、裁定、调解书的部分或者全部内容错误,损害其民事权益的,可以自知道或者应当知道其民事权益受到损害之日起六个月内,向作出该判决、裁定、调解书的人民法院提起诉讼。人民法院经审理,诉讼请求成立的,应当改变或者撤销原判决、裁定、调解书;诉讼请求不成立的,驳回诉讼请求。

《民事诉讼法司法解释》

第 290 条 第三人对已经发生法律效力的判决、裁定、调解书提起撤销之诉的，应当自知道或者应当知道其民事权益受到损害之日起六个月内，向作出生效判决、裁定、调解书的人民法院提出，并应当提供存在下列情形的证据材料：

（一）因不能归责于本人的事由未参加诉讼；

（二）发生法律效力的判决、裁定、调解书的全部或者部分内容错误；

（三）发生法律效力的判决、裁定、调解书内容错误损害其民事权益。

第 298 条 对第三人撤销或者部分撤销发生法律效力的判决、裁定、调解书内容的请求，人民法院经审理，按下列情形分别处理：

（一）请求成立且确认其民事权利的主张全部或部分成立的，改变原判决、裁定、调解书内容的错误部分；

（二）请求成立，但确认其全部或部分民事权利的主张不成立，或者未提出确认其民事权利请求的，撤销原判决、裁定、调解书内容的错误部分；

（三）请求不成立的，驳回诉讼请求。

对前款规定裁判不服的，当事人可以上诉。

原判决、裁定、调解书的内容未改变或者未撤销的部分继续有效。

第三人撤销之诉案件裁判规则第7条：

债务人以明显不合理让利达成调解协议转让资产，且无其他财产可供执行，受让人对债务人调解目的及因此会损害债权人利益应属明知或能够预见，可以认定调解书内容错误并损害债权人民事权益，应予撤销

〔**规则描述**〕：《民事诉讼法》及相关司法解释规定，提起撤销之诉的第三人应当提供证据证明已经发生法律效力的判决、裁定、调解书的全部或者部分内容错误，损害了其民事权益。但在司法实践中，由于民事纠纷情形多样且复杂，对于第三人而言，证明民事调解书内容错误并损害其民事权益十分困难，对于法院而言，民事调解书存在错误与损害并予以撤销亦无明确统一的判断标准。为了更好地维护第三人的合法权益，结合实践中常见的情形，对于债务人以明显不合理的价格转让资产，达成了调解协议，且没有其他可供执行的财产，受让人对于债务人的调解目的，以及因达成该调解协议会损害债权人利益应当属于明知或者能够预见的情形，法院可以认定民事调解书的全部或者部分存在内容错误并损害了债权人的民事权益，应当对该部分或者全部民事调解书予以撤销。

一、类案检索大数据报告

时间：2020年6月13日之前，案例来源：Alpha案例库，案件数量：76件，关键词：第三人撤销之诉、调解书内容错误、明显不合理。本次检索获取2020年6月13日前共76篇裁判文书，经逐案阅读、分析，排除无效案件56件，共得到案件20件。在债务人以明显不合理让利达成调解协议转让资产，且无其他财产可供执行，受让人对债务人调解目的及因此会损害债权人利益应属明知或能够预见的情形下，认定调解书内容错误并损害债权人民事权益应予撤销的有6件，占比为30%；判决结果与此相关度较低的有14件，占比为70%，判决结果见图7－1。

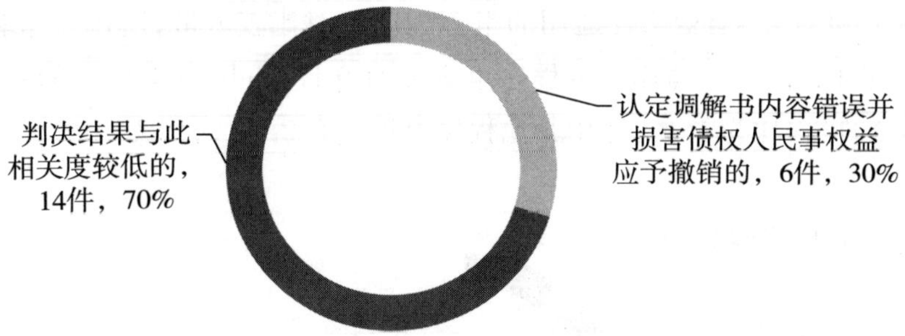

图 7－1　类案裁判结果分布

案件年份分布情况如下：2017 年案件数量为 5 件，2018 年案件数量为 3 件，2019 年案件数量为 5 件。

如图 7－2 所示，从案件地域分布情况来看，当前条件下案件主要集中在福建省、浙江省及河南省，分别占比为 25%、20%、10%。其中，福建省的案件数量最多，达到 5 件。

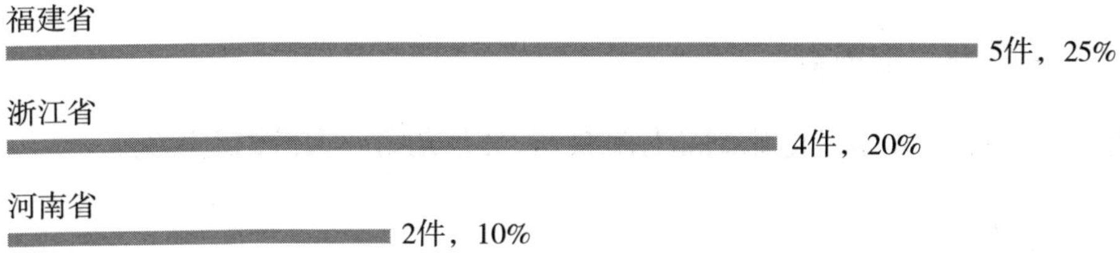

图 7－2　案件主要地域分布情况

如图 7－3 所示，从案件案由分类情况可以看出，当前条件下案件的案由分布由多至少分别是合伙协议纠纷，占比为 40%；借款合同纠纷，占比为 20%；房屋买卖合同纠纷，占比为 20%；其他合同纠纷，占比为 20%。

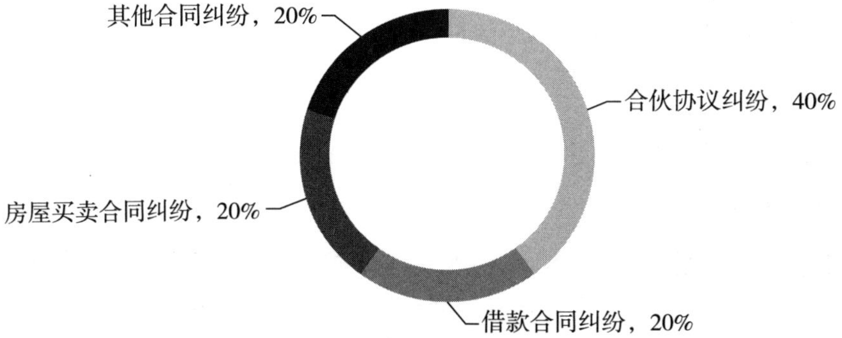

图 7－3　案件案由分类情况

如图7－4所示，有效案件适用的审理程序相对比较分散，适用一审程序审理的有6件，占比为30%；适用二审程序审理的有9件，占比为45%；适用再审程序审理的有3件，占比为15%；适用其他程序审理的有2件，占比为10%。

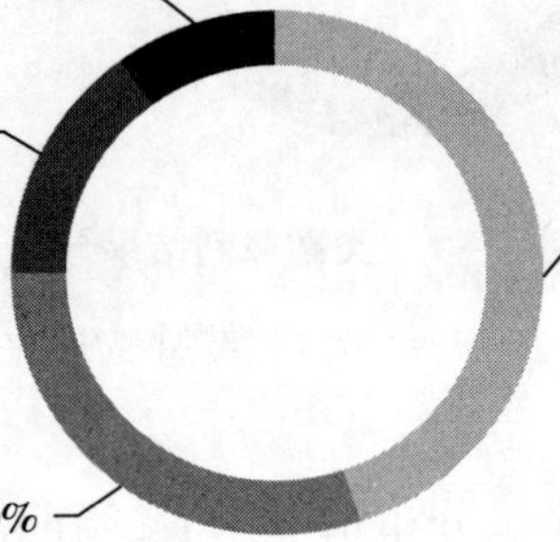

图7－4　有效案件适用审理程序情况

二、可供参考的例案

例案一｜东莞东聚电子电讯制品有限公司、吴某龙第三人撤销之诉案

【法院】

广东省东莞市中级人民法院

【案号】

(2016)粤19民终15号

【当事人】

上诉人(原审被告)：东莞东聚电子电讯制品有限公司

被上诉人(原审原告)：吴某龙

被上诉人(原审原告)：赵某炬

原审被告：张某忠

原审被告：东莞市铭泰喷涂有限公司

【基本案情】

2013年8月20日，关于吴某龙、赵某炬与李某林、东莞市铭泰喷涂有限公司(以下简称铭泰公司)房屋租赁合同纠纷一案，法院作出(2013)东一法民一初字第5070号民事调解书确认铭泰公司尚欠吴某龙、赵某炬房屋使用费、水电费共计

145,445元，铭泰公司应于2013年8月22日前支付该款项。该民事调解书生效后，铭泰公司并未支付相关款项。吴某龙、赵某炬在2013年9月3日向一审法院申请执行，后铭泰公司财产被拍卖后，吴某龙、赵某炬作为一般债权人未分配到任何款项。

2013年9月2日，关于张某忠与东莞东聚电子电讯制品有限公司(以下简称东聚公司)、铭泰公司债权转让合同纠纷一案，经法院调解达成如下调解协议：(1)三方同意，铭泰公司将东聚公司尚欠铭泰公司2012年11月至2013年1月的货款所产生的债权全部转让给张某忠；(2)张某忠与东聚公司同意，东聚公司于2013年9月20日前一次性向张某忠支付款项18万元以了结涉案的债权转让合同纠纷；(3)如东聚公司按期足额支付上述款项，则张某忠自愿放弃其他诉讼请求，不再就涉案的纠纷向东聚公司主张任何权利；如东聚公司未按期足额支付上述款项，则张某忠有权要求东聚公司支付以18万元为基数按照日息1‰自2013年9月21日起计至清偿之日止的利息，并就尚欠款项及利息向法院申请强制执行；(4)案件诉讼费用2502元，由张某忠承担。法院于同日出具了4593号民事调解书。2013年10月23日，东聚公司将案涉18万元打入一审法院执行代管款专户，现该笔款项还未支付给任何人。张某忠就该案至今未向一审法院申请执行。

吴某龙、赵某炬向法院起诉请求撤销4593号民事调解书。

【案件争点】

1. 吴某龙、赵某炬是否是提起第三人撤销之诉的适格主体。

2. 案涉证据是否足以证明4593号民事调解书内容错误且损害吴某龙、赵某炬的民事权益。

【裁判要旨】

关于争议焦点一。第一，(2013)东一法民一初字第5070号民事调解书已确认吴某龙、赵某炬对铭泰公司享有的债权，即吴某龙、赵某炬系铭泰公司的合法债权人。依照《合同法》第74条的规定，如铭泰公司存在放弃到期债权或者无偿、以不合理的低价转让财产，对债权人吴某龙、赵某炬造成损害的行为，则吴某龙、赵某炬有权在知道撤销事由之日1年内行使撤销权以保护自己的民事权益，该民事权益属于法律明确规定给予特别保护的债权，有别于一般普通债权。第二，若4593号民事调解书所涉债权转让行为属于无偿或以不合理低价转让，则该债权转让行为会降低铭泰公司的偿债能力并危及吴某龙、赵某炬所享债权的实现。第三，因4593号民事调解书所涉债权转让行为及该案的处理结果会影响吴某龙、赵某炬的债权利益,故可以认定吴某龙、赵某炬属于《民事诉讼法》第56条规定的"有法律上的利害关系"的第三人,即吴某龙、赵某炬属于就4593号民事调解书提起第三人撤销之诉的适格主体。

关于争议焦点二。第一,吴某龙、赵某炬并非铭泰公司与张某忠之间的债权转让当事人,难以知悉债权转让的具体对价,考虑到吴某龙、赵某炬对于转让对价的举证能力以及距离证据的远近,在张某忠、铭泰公司没有应诉答辩的情况下,结合张某忠未申请执行债权的异常情况,原审判决采纳吴某龙、赵某炬关于铭泰公司与张某忠之间无偿转让债权的主张没有违反法律规定。第二,铭泰公司无偿转让债权导致其偿债能力降低,已影响包括吴某龙、赵某炬在内的其他债权人对铭泰公司债权的实现,原审判决依照《合同法》第74条的规定撤销该无偿转让行为于法有据。第三,因铭泰公司与张某忠之间的债权转让行为已被撤销,故4593号民事调解书关于债权转让以及因债权转让而产生的张某忠与东聚公司之间的民事权利义务的内容均存在错误。

综上,法院判决撤销东莞市第一人民法院(2013)东一法民二初字第4593号民事调解书。

例案二 | 陈某梅与王某1、王某君、第三人王某2第三人撤销之诉案

【法院】

浙江省宁波市江东区人民法院

【案号】

(2016)浙0204民撤1号

【当事人】

原告:陈某梅

被告:王某1

被告:王某君

第三人:王某2

【基本案情】

2012年6月4日,被告王某1、王某君登记结婚,2013年4月28日生育第三人王某2。2013年12月2日至2014年8月14日,被告王某1多次向原告陈某梅借款。

2014年11月27日被告王某1以夫妻关系失和为由诉至法院,要求与被告王某君离婚。2015年1月14日,经法院主持调解,达成调解协议:(1)王某1与王某君自愿离婚;(2)婚生子王某2由王某君负责抚养,王某1每月支付抚养费2000元;(3)王某1共补偿王某君150,000元;(4)王某君名下车牌号为B××××轿车一辆归王某君所有;(5)王某1、王某君及王某1母亲虞某芬共同名下的桑家前桑拆迁住宅用房调产安置协议中王某1的产权份额归婚生子王某2所有。王某1承担扩户费用53,000元,其余扩户费用由王某君负担。王某1于取得产权证后3个月内配合办理房产过户手续,如果王某1逾期未办理过户手续的,王某君有权申请强制执行;(6)王某1名下江东区桑家股份经济合作社股份424股每年收益归婚生子王某2所有;(7)各人名下存款、债权、债务归各自享有或负担;(8)各人衣物、生活用品归各自所有。

2015年2月27日,原告陈某梅向宁波市江东区人民法院起诉,要求被告王某1归还借款并支付利息等。2015年8月28日,法院作出判决:(1)被告王某1归还原告陈某梅借款681,600元,并支付相应利息;(2)被告王某1支付原告陈某梅为实现债权而支出的费用40,000元;(3)被告宁波御麟投资管理有限公司对上述第1项、第2项款项的偿还承担连带清偿责任;(4)驳回原告陈某梅的其他诉讼请求。2015年10月19日,原告陈某梅向法院申请执行,2015年11月30日,法院作出裁定,认为未发现王某1有其他可供执行财产,终结执行。在执行过程中,原告了解到,被告王某1与被告王某君系夫妻关系并于2015年1月14日调解离婚,被告王某1将桑家前桑拆迁住宅用房调产安置协议中自己名下的产权份额归婚生子第三人王某2所有,还将王某1名下江东区桑家股份经济合作社股份424股每年收益归第三人王某2所有。

原告认为,被告王某1明知巨额债务需要偿还,却与被告王某君在法院离婚调解协议中,将婚前个人财产或夫妻共同财产转归第三人王某2所有,且现无证据能够证明王某1存在其他可用于偿还债务的财产。因此,被告王某1无偿转让该部分财产的行为导致原告的债权无法实现,对其利益造成损害,故起诉至法院,请求撤销(2014)甬东民初字第1794号民事调解书中的调解协议第5条、第6条。

【案件争点】

(2014)甬东民初字第1794号民事调解书中第5条、第6条中王某1的两个赠与行为是否有效。

【裁判要旨】

法院认为,夫妻在婚姻关系存续期间或者离婚时可以对包括债权在内的财产的归属进行约定,但不能违反法律的规定。合同法规定,因债务人放弃到期债权或无偿转让财产,对债权人造成损害的,债权人可以请求人民法院撤销债务人的行为。被告王某1明知有债务需要偿还,却与被告王某君在法院离婚调解协议中将其名下财产赠与第三人王某2所有,且两被告离婚诉讼在后,被告王某1向原告陈某梅借款在前,损害了原告陈某梅的权益。对原告提出要求撤销该两项调解协议的诉请,予以支持。

据此,法院判决撤销(2014)甬东民初字第1794号民事调解书中的调解协议第5条、第6条。

三、裁判规则提要

(一)第三人撤销之诉的构成要件

《民事诉讼法》第56条第3款规定了第三人撤销之诉制度。该制度是针对人民法院的生效判决、裁定、调解书的内容错误损害未参加原诉审理程序的第三人合法权益的情形,赋予该案外第三人以提起诉讼请求撤销生效裁判的方式保护自己权益的诉讼程序。

因第三人撤销之诉实质上为对已生效裁判的纠错程序,故对于构成要件需严格把握。依据《民事诉讼法》第56条第3款的规定,第三人撤销之诉的构成要件如下:

1. 主体要件。提起撤销之诉的主体限于该条规定的第三人,分为有独立请求权的第三人和无独立请求权的第三人。

2. 程序要件。第三人因不能归责于自己的事由未参加诉讼,应在自知道或者应当知道其民事权益受到损害之日起6个月,向作出生效判决、裁定、调解书的法院提起第三人撤销之诉。

3. 实体要件。提出撤销之诉的第三人应当对发生法律效力的判决、裁定、调解书部分或者全部内容错误,损害其民事权益进行证明。

(二)第三人撤销之诉实体要件简析

依据《民事诉讼法》第56条及相关司法解释的规定,第三人撤销之诉的实体要件是有证据证明发生法律效力的判决、裁定、调解书部分或者全部内容错误,损害民事权益。

1.关于“有证据证明”。第三人撤销之诉制度的设立目的在于适度限制因错误裁判对第三人的扩张力的影响，而给予第三人适当的救济途径。因此，第三人必须证明原审裁判的判决、裁定或者调解书存在错误，同时，第三人还须证明有纠正原审裁判的判决、裁定或者调解书之必要。如若第三人不能证明原生效判决、裁定或者调解书存在错误，法院应驳回其诉讼请求。

2.关于“判决、裁定、调解书部分或者全部内容错误”的范围。依据《民事诉讼法司法解释》第296条的规定，此处所指的判决、裁定、调解书的部分或者全部内容，是指判决、裁定的主文，调解书中处理当事人民事权利义务的结果。

实践中常见的问题是对判决书、裁定书主文的认定。根据民事诉讼法的规定和最高人民法院关于民事诉讼文书格式的要求，现行判决书、裁定书由首部、正文和尾部组成。其中正文部分又包括当事人诉讼请求及答辩意见、当事人证据认定、案件事实查明、本院意见、判决结果。对于何为主文，《关于以判决主文或判决理由作为执行依据的请示的复函》指出：“判决主文是人民法院就当事人的诉讼请求作出的结论，而判决书中的‘本院认为’部分，是人民法院就认定的案件事实和判决理由所作的叙述，其本身并不构成判项的内容。人民法院强调执行只能依据生效判决的主文，而‘本院认为’部分不能作为执行依据。”根据上述复函意见，判决书、裁定书的主文，仅指人民法院就当事人的诉讼请求作出的结论，不包括本院认为部分，也不包括证据认定和事实查明部分。

3.关于“内容错误”。内容错误一般仅限于实体处理内容，主要包括判决、裁定中因事实认定和法律适用错误导致的实体处理错误，以及调解书中处理当事人民事权利义务的结果错误。

4.关于“损害民事权益”。虽然《民事诉讼法》第56条对于民事权益未做界定，但在审判实践中，一般会参照《侵权责任法》第2条(《民法典》无相对应条文)的规定予以限制，包括生命权、健康权、姓名权、名誉权、荣誉权、肖像权、隐私权、婚姻自主权、监护权、所有权、用益物权、担保物权、著作权、专利权、商标专用权、发现权、股权、继承权等人身、财产权益。对于普通债权，原则上不适用第三人撤销之诉。但是，如果原案当事人之间存在恶意串通实施虚假诉讼行为，或者属于法律明确规定给予特别保护的债权,[①]可以适用第三人撤销之诉予以保护。

(三)关于题述规则的审查思路

题述规则为在"债务人以明显不合理让利达成调解协议转让资产,且无其他财产可供执行,受让人对债务人调解目的及因此会损害债权人利益应属明知或能够预见"的事实情形下,认定民事调解书内容错误并损害债权人民事权益提供了指引。

民事诉讼中双方当事人在自愿的基础上有权通过调解处分其民事权益,但调解协议的内容不得违反法律规定。根据《民事诉讼法司法解释》第 296 条的规定,调解书的部分或全部内容错误,是指调解书中处理当事人民事权利义务的结果错误。根据《合同法解释二》第 19 条的规定,对于"明显不合理的低价",人民法院应当以交易当地一般经营者的判断,并参考交易时交易地的物价部门指导价或者市场交易价,结合其他相关因素综合考虑予以确认。转让价格达不到交易时交易地的指导价或者市场交易价 70% 的,一般可以视为明显不合理的低价。

在审判实践中,人民法院应依据案件的事实情况以及特点审查已经具有法律效力的民事调解书是否存在内容错误,损害债权人民事权益的情形,包括但不限于民事调解书确定的交易价格,交易原因与目的,是否存在恶意串通、逃避债务等不正当目的,民事调解书对于债权人的民事权益有何种影响,是否存在损害、受让人是否知道或者应当知道该调解书的目的以及调解书内容是否会带来债权人民事权益的损害等。

---

① 《九民会议纪要》第 120 条规定,第三人撤销之诉中的第三人仅局限于《民事诉讼法》第 56 条规定的有独立请求权及无独立请求权的第三人,而且一般不包括债权人。但是,设立第三人撤销之诉的目的在于,救济第三人享有的因不能归责于本人的事由未参加诉讼但因生效裁判文书内容错误受到损害的民事权益,因此,债权人在下列情况下可以提起第三人撤销之诉:(1)该债权是法律明确给予特殊保护的债权,如《合同法》第 286 条规定的建设工程价款优先受偿权,《海商法》第 22 条规定的船舶优先权;(2)因债务人与他人的权利义务被生效裁判文书确定,导致债权人本来可以对《合同法》第 74 条和《企业破产法》第 31 条规定的债务人的行为享有撤销权而不能行使的;(3)债权人有证据证明,裁判文书主文确定的债权内容部分或者全部虚假的。债权人提起第三人撤销之诉还要符合法律和司法解释规定的其他条件。对于除此之外的其他债权,债权人原则上不得提起第三人撤销之诉。

四、辅助信息

高频词条：

《民事诉讼法》

第59条 对当事人双方的诉讼标的，第三人认为有独立请求权的，有权提起诉讼。

对当事人双方的诉讼标的，第三人虽然没有独立请求权，但案件处理结果同他有法律上的利害关系的，可以申请参加诉讼，或者由人民法院通知他参加诉讼。人民法院判决承担民事责任的第三人，有当事人的诉讼权利义务。

前两款规定的第三人，因不能归责于本人的事由未参加诉讼，但有证据证明发生法律效力的判决、裁定、调解书的部分或者全部内容错误，损害其民事权益的，可以自知道或者应当知道其民事权益受到损害之日起六个月内，向作出该判决、裁定、调解书的人民法院提起诉讼。人民法院经审理，诉讼请求成立的，应当改变或者撤销原判决、裁定、调解书；诉讼请求不成立的，驳回诉讼请求。

《民事诉讼法司法解释》

第290条 第三人对已经发生法律效力的判决、裁定、调解书提起撤销之诉的，应当自知道或者应当知道其民事权益受到损害之日起六个月内，向作出生效判决、裁定、调解书的人民法院提出，并应当提供存在下列情形的证据材料：

（一）因不能归责于本人的事由未参加诉讼；

（二）发生法律效力的判决、裁定、调解书的全部或者部分内容错误；

（三）发生法律效力的判决、裁定、调解书内容错误损害其民事权益。

第294条 民事诉讼法第五十九条第三款规定的判决、裁定、调解书的部分或者全部内容，是指判决、裁定的主文，调解书中处理当事人民事权利义务的结果。

《民法典》

第538条 债务人以放弃其债权、放弃债权担保、无偿转让财产等方式无偿处分财产权益，或者恶意延长其到期债权的履行期限，影响债权人的债权实现的，债权人可以请求人民法院撤销债务人的行为。

第539条 债务人以明显不合理的低价转让财产、以明显不合理的高价受让他人财产或者为他人的债务提供担保，影响债权人的债权实现，债务人的相对人知道或者应当知道该情形的，债权人可以请求人民法院撤销债务人的行为。

第540条 撤销权的行使范围以债权人的债权为限。债权人行使撤销权的必要费用，由债务人负担。

第三人撤销之诉案件裁判规则第8条：

生效判决认定抵押权人对抵押物享有抵押权，导致作为该抵押物买受人实现权利存在障碍的，买受人具有诉的利益，有权提起第三人撤销之诉

〔**规则描述**〕：抵押权是指债权人对于债务人或者第三人不移转占有而提供担保的财产，在债务人不履行债务时，依法享有的就担保的财产变价款优先受偿的权利。根据《民法典》物权编及相关司法解释，在三种情形下，抵押权人所享有的优先受偿权无法对抗抵押物的买受人：第一，在《民法典》物权编规则背景下，经抵押权人同意转让的，抵押人所得转让价款应当向抵押权人提前清偿债务或者提存，此时抵押权人不再享有对抵押物的无偿追及权，无法对抗买受人；第二，若抵押物属于商品房，抵押权人所享有的权利无法对抗交付全部或大部分购房价款的买受人；第三，若抵押物为动产，在正常经营活动中被出售，则抵押权人所享有的权利无法对抗已经支付合理价款并取得抵押财产的买受人。由于买卖合同具有相对性，抵押权人向法院提起诉讼时，法院可能因无法查明抵押物已被出售的情形而径行认定抵押权人可就抵押物折价或者以拍卖、变卖该抵押物所得的价款优先受偿，此时抵押物合法买受人可能无法正常行使权利，对于前诉享有诉的利益，有权提起第三人撤销之诉。

一、类案检索大数据报告

时间：2020年6月19日之前，案例来源：Alpha案例库，案件数量：95件，关键词：第三人撤销之诉、抵押权、抵押物、买受人。本次检索获取2020年6月19日前共95篇裁判文书，经逐案阅读、分析，排除无效案件51件，共得到案件44件。在有效检索案件中，认定抵押物买受人可以提起第三人撤销之诉的有43件，占比为97.73%；认定抵押物买受人不可以提起第三人撤销之诉的有1件，占比为2.27%，整体情况如图8-1所示。

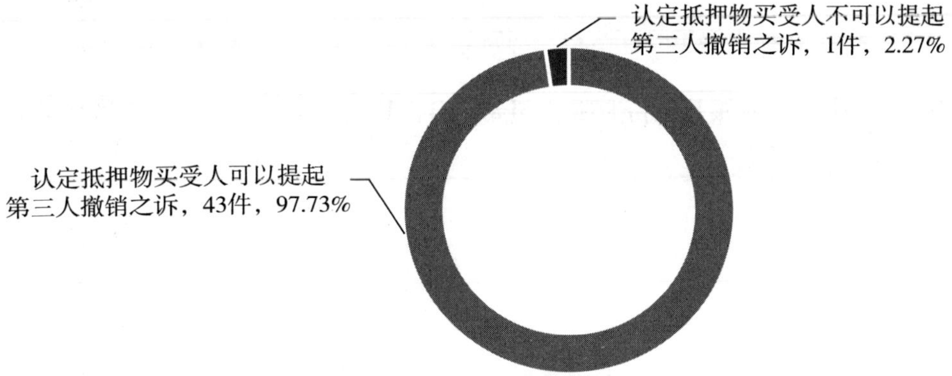

图8－1 类案裁判结果分布

案件年份分布情况如下：2017年案件数量为16件，2018年案件数量为13件，2019年案件数量为7件。

如图8－2所示，从案件地域分布情况来看，当前条件下案件主要集中在湖南省、湖北省，分别占比为20.45%、13.64%。其中，湖南省的案件数量最多，达到9件。

图8－2 案件主要地域分布情况

如图8－3所示，从案件适用审理程序情况可以看出，适用二审程序审理的案件最多，有23件，占比为52.27%；适用一审程序审理的有11件，占比为25.00%；适用其他程序审理的有8件，占比为18.18%；适用再审程序审理的有2件，占比为4.55%。

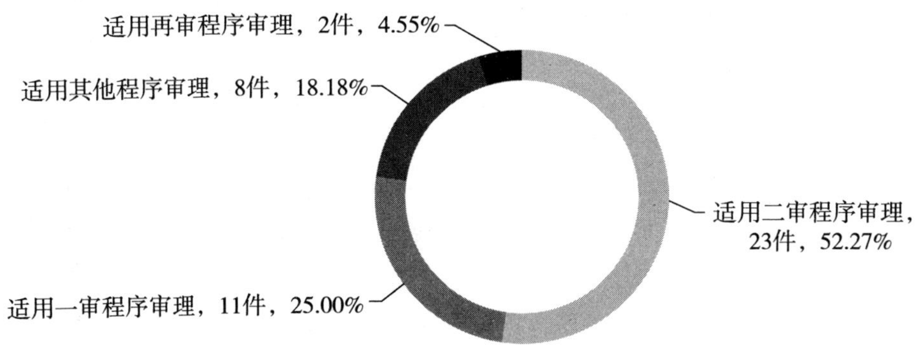

图8－3 适用审理程序情况

二、可供参考的例案

例案一 中国农业银行股份有限公司天津自由贸易试验区分行、黄某英第三人撤销之诉案

【法院】

最高人民法院

【案号】

(2019)最高法民终1808号

【当事人】

上诉人(原审被告):中国农业银行股份有限公司天津自由贸易试验区分行

被上诉人(原审原告):黄某英

原审被告:陆桥(天津)实业有限公司

【基本案情】

中国农业银行股份有限公司天津自由贸易试验区分行(以下简称农行自贸区分行,时为中国农业银行天津港保税区分行)、陆桥(天津)实业有限公司(以下简称陆桥公司)于1999年9月16日签订农银抵借字99第141-1号和第141-2号《抵押担保借款合同》。约定:农行自贸区分行共向陆桥公司贷款2573万元,贷款期限为1年,贷款利率为月息5.85‰。陆桥公司以其坐落于天津经济技术开发区的国有土地使用权13,522.31平方米及地上在建项目抵押给农行自贸区分行用以担保上述借款的偿还,担保范围为全部贷款本息及实现债权的费用。上述合同签订后,农行自贸区分行于1999年9月17日依约放款,但合同到期后,陆桥公司未能履行还款义务。2003年2月10日,为继续担保双方签订的农银抵借字99第141-1号和141-2号《抵押担保借款合同》的履行,双方又签订了津保税农银抵字第03010-1号抵押合同,约定陆桥公司将其坐落于天津经济技术开发区的房产抵押给农行自贸区分行用于担保借款合同的履行,担保范围为借款合同本息及包括律师费在内的农行自贸区分行为实现债权而产生的一切费用。合同签订后,双方共同办理了房地产抵押权证明书。经天津经济技术开发区房地产管理局2004年4月26日出具的津房开发抵字第(04)00604号天津市房地产抵押权证明书,最终确定陆桥公司抵押房产坐落于天津经济技术开发区,房屋抵押范围为建筑面积17,304.93平方米房产。

上述合同签订后，陆桥公司仍未能全部偿还借款本金及利息。2007 年 9 月农行自贸区分行向陆桥公司发出债务逾期催收通知书，陆桥公司确认尚欠农行自贸区分行借款本金 433 万元，但陆桥公司仍未履行还款责任。经双方确认，2008 年 3 月 20 日陆桥公司尚欠农行自贸区分行利息总计为 5,827,508.69 元。为此，农行自贸区分行向天津市第二中级人民法院提起诉讼。该院作出 86 号判决：(1)陆桥公司于判决生效之日起 10 日内偿还尚欠农行自贸区分行借款本金 433 万元及至 2008 年 3 月 20 日止的利息 5,827,508.69 元以及自 2008 年 3 月 21 日起至判决确定的给付之日止的利息(按双方合同约定利率计付)；(2)陆桥公司于判决生效之日起 10 日内给付农行自贸区分行因采取诉讼方式实现债权而产生的律师费用 25 万元；(3)陆桥公司以其抵押物折价或者以拍卖、变卖该抵押物所得的价款对上述给付事项承担抵押担保责任，不足部分由陆桥公司继续清偿。如陆桥公司未按判决确定的期间履行给付金钱义务，按照《民事诉讼法》第 229 条(参见 2023 年《民事诉讼法》第 240 条)之规定，加倍支付迟延履行期间的债务利息。案件受理费 96,407 元，由陆桥公司负担。陆桥公司不服上述判决，提起上诉。天津市高级人民法院于 2009 年 5 月 5 日作出 14 号民事判决，驳回上诉，维持原判。

另查明，2004 年 5 月 3 日，陆桥公司与黄某英签订《天津市商品房买卖合同》约定，陆桥公司将涉案房屋出售给黄某英，价款为 748,745 元，陆桥公司应于 2004 年 9 月 30 日前将竣工验收合格的商品房交付黄某英。2004 年 5 月 8 日，黄某英向陆桥公司交付房款 748,745 元，陆桥公司向黄某英出具了天津市房地产开发企业预售款专用收据。农行自贸区分行向陆桥公司出具《同意抵押期房出售证明》载明，农行自贸区分行同意抵押人陆桥公司将涉案房屋出售。后陆桥公司将该出售证明交付黄某英。2004 年 5 月 3 日，黄某英与天津港保税区荣和国际贸易公司签订《租房合同》约定，黄某英将涉案房屋出租给天津港保税区荣和国际贸易公司，租赁期限自 2004 年 10 月 1 日起 10 年。2014 年 7 月 24 日，黄某英与同福酒店签订《房屋租赁合同》约定，黄某英将涉案房屋出租给同福酒店。2018 年 8 月 1 日，同福酒店收到天津市滨海新区塘沽航泰工贸有限公司(以下简称航泰公司)告知函，内容为因航泰公司受让了农行自贸区分行对陆桥公司享有的债权。天津市滨海新区人民法院作出(2012)滨功执字第 616 号之一裁定，裁定航泰公司为上述债权的申请执行人，要求同福酒店停止支付案涉房屋租金。

2015 年 2 月 25 日，中国农业银行天津港保税区分行变更企业名称为农行自贸区分行。

天津经济技术开发区房地产管理局2004年4月26日出具的津房开发抵字第(04)00604号天津市房地产抵押权证明书，最终确定陆桥公司抵押房产坐落于天津经济技术开发区，房屋抵押范围为建筑面积17,304.93平方米房产。抵押物清单中记载抵押房产包括黄某英所购买的涉案房屋，该房产的性质属于在建工程，权利人目前仍为陆桥公司。

黄某英认为，农行自贸区分行已出具《同意抵押期房出售证明》，其对案涉房屋不再享有抵押权、优先受偿权。案涉房屋虽登记在陆桥公司名下，但黄某英已与陆桥公司签订合法有效的《商品房买卖合同》并支付全部购房款，对房产享有民事权益。14号判决影响黄某英实现物权，使黄某英面临房产被拍卖或变卖的风险，侵害了黄某英的民事权益。并且，黄某英就房屋过户事宜一直与陆桥公司沟通，案涉工程未竣工验收、无法进行产权登记系陆桥公司原因导致，黄某英并无过错。黄某英作为普通消费者，出于居住用途购买房屋，案涉房屋仅对外出租并未用于经营，属于为满足基本居住需求而应予特殊保护的情形。故提起一审诉讼请求：(1)撤销(2008)二中保民初字第86号民事判决(以下简称86号判决)第3项抵押物担保责任中涉及黄某英天津经济技术开发区1号楼803室房屋部分；(2)注销农行自贸区分行关于天津经济技术开发区1号楼803室房屋的抵押登记；(3)案件受理费由农行自贸区分行及陆桥公司负担。

一审法院认为，黄某英交付了全部款项并实际占有房屋，在黄某英的权利与农行自贸区分行的权利并存且发生冲突的情况下，依法应优先保护黄某英的权利。并且，农行自贸区分行通过向陆桥公司出具同意出售证明的方式，同意陆桥公司转让作为抵押物的涉案房屋，黄某英已经支付全部房款并持有上述出售证明，农行自贸区分行对涉案房屋已不再享有抵押权。因此，另案86号判决第3项基于农行自贸区分行对涉案房屋享有抵押权，判令陆桥公司以其抵押物折价或者以拍卖、变卖该抵押物所得的价款承担抵押担保责任，存在错误。另案86号判决第3项判令农行自贸区分行对涉案房屋享有抵押权，并有权以该房屋拍卖、变卖的价款享有优先受偿权。虽然目前涉案房屋并未被采取强制措施，但黄某英仍面临房屋被拍卖或变卖的风险，该判决结果势必对于黄某英所购买房屋的权益造成损害。因此，黄某英关于撤销另案86号判决第3项涉及案涉房屋部分的请求，应予支持。原审被告农行自贸区分行不服一审判决向最高人民法院提起上诉。

【案件争点】

1. 黄某英的起诉是否符合第三人撤销之诉的成立要件。

2. 农行自贸区分行对其同意转让并已转让的抵押物是否可以行使抵押权。

【裁判要旨】

1. 关于黄某英的起诉是否符合第三人撤销之诉的成立要件问题。

对此，各方在二审中主要存在两项争议：(1)黄某英的起诉是否超过6个月的期限；(2)黄某英在本案中是否具有诉的利益。最高人民法院具体分述如下：(1)对于黄某英的起诉是否超过6个月起诉期限，农行自贸区分行在一审中并未提出异议，而且，其在上诉状中明确认可“黄某英的起诉符合6个月的起诉时效”。其在二审庭审中提交的新证据不能证明黄某英在2018年1月6日即已知悉14号判决错误并导致其权益受到损害。一审判决根据查明的事实，认定黄某英的起诉未超过6个月期限，并无不当，予以支持。(2)关于黄某英在本案中是否具有诉的利益。本案虽源起于陆桥公司未能为购房人黄某英办理案涉房屋产权证，但各方的争议焦点并不在此。第三人撤销之诉主要解决的是生效判决是否存在全部或者部分内容错误以及是否损害第三人民事权益的问题。本案中，因14号判决认定农行自贸区分行对案涉房屋享有抵押权，导致作为该房屋买受人的黄某英实现权利存在障碍，黄某英在本案中具有诉的利益。农行自贸区分行主张黄某英不具有诉的利益，依据不足，不予支持。

2. 关于农行自贸区分行对其同意转让并已转让的抵押物是否可以行使抵押权的问题。

最高人民法院认为，《物权法》第191条（参见《民法典》第406条）规定，抵押期间，抵押人经抵押权人同意转让抵押财产的，应当将转让所得的价款向抵押权人提前清偿债务或者提存。转让的价款超过债权数额的部分归抵押人所有，不足部分由债务人清偿。抵押期间，抵押人未经抵押权人同意，不得转让抵押财产，但受让人代为清偿债务消灭抵押权的除外。可见，该条对抵押权人的权益已予以充分保障，并给予交易各方明确的行为指引。农行自贸区分行作为案涉房屋抵押权人，出具《同意抵押期房出售证明》，同意抵押人陆桥公司将涉案房屋出售，即明知陆桥公司将出售房屋取得价款。其完全有权要求陆桥公司将转让所得价款提前清偿债务或者提存，并采取监管收款等必要措施予以保障，但农行自贸区分行并未采取相应的监管保障措施，放任陆桥公司不以售房款清偿贷款债务，明显具有过错。黄某英基于农行自贸区分行出具的同意出售证明购买案涉房屋并无过错。农行自贸区分行同意陆桥公司出售抵押的房产后，怠于行使《物权法》第191条第1款赋予的要求陆桥公司以售房款直接清偿债务的权利，却转而继续要求对案涉房屋行使抵押权,势必影响已经支付价款的无过错购房者的利益,有失公平。农行自贸区分行应当按照前述《物权法》规定的途径寻求救济,并自行承担因其过错而产生的不利后果。一审判决对黄某英撤销14号判决维持的86号判决第3项中涉及天津经济技术开发区1号楼803室房屋部分的请求,予以支持,并无不当。

例案二 | 焦某娟、中国农业银行股份有限公司北京海淀支行第三人撤销之诉案

【法院】

最高人民法院

【案号】

(2018)最高法民终878号

【当事人】

上诉人(原审原告):焦某娟

被上诉人(原审被告):中国农业银行股份有限公司北京海淀支行

被上诉人(原审被告):北京中坤长业房地产开发有限公司

被上诉人(原审被告):北京中坤投资集团有限公司

【基本案情】

2010年9月25日,中国农业银行股份有限公司北京海淀支行(以下简称农行海淀支行)与北京中坤长业房地产开发有限公司(以下简称中坤房地产公司)签订《借款合同》。约定:借款人中坤房地产公司因大钟寺现代商城项目建设,向农行海淀支行借款30亿元,总借款期限为15年。同日,双方签订《抵押合同》,约定中坤房地产公司愿为农行海淀支行按主合同与其形成的债权提供抵押担保。《房地产抵押清单》载明的抵押物包括海淀区北三环西路甲18号院1号、2号、3号、4号楼部分房产。2010年10月13日,中坤房地产公司与农行海淀支行就上述四栋抵押房产在北京市海淀区房屋管理局办理了房屋抵押登记。2014年2月14日,农行海淀支行与北京中坤投资集团有限公司(以下简称中坤集团公司)签订《保证合同》,中坤集团公司愿意为农行海淀支行根据《借款合同》对中坤房地产公司所享有的债权提供保证担保。

合同履行中,2010年10月19日至12月3日,农行海淀支行依约先后向中坤房地产公司发放贷款五笔,金额共计29亿元。中坤房地产公司除偿还部分贷款外,其余款项均未偿还。北京市高级人民法院(2014)高民(商)初字第4488号生

效民事判决(以下简称第4488号判决,该案简称第4488号案)主文载明:(1)中坤房地产公司于判决生效后10日内向农行海淀支行偿还贷款本金27.71亿元及利息、罚息、复利;(2)农行海淀支行对中坤房地产公司《抵押合同》中所涉及的财产享有优先受偿权;(3)中坤集团公司对判决第1项所确定的中坤房地产公司的债务承担连带保证责任;(4)中坤集团公司在承担判决第3项连带保证责任后,有权向中坤房地产公司追偿;(5)驳回农行海淀支行的其他诉讼请求。2016年10月19日,北京市第一中级人民法院向中坤房地产公司下达(2016)京01执574号执行通知书,第4488号判决依法于2016年10月13日立案执行。

焦某娟与中坤房地产公司签订《北京市商品房现房买卖合同》,合同载明:出卖人为中坤房地产公司,买受人为焦某娟,合同落款日期为2014年4月29日,买卖房屋坐落于海淀区××路甲××院××楼××1091,第4条抵押情况载明:该商品房已经设定抵押,抵押权人为:农行海淀支行,抵押登记部门为:北京市海淀区房屋管理局,抵押登记日期为:2010年10月13日。北京市住房和城乡建设委员会网上现房签约查询结果显示:该合同于2014年4月23日已签约。《北京市商品房现房买卖合同》的附件三为2014年2月25日农行海淀支行出具的《抵押权人同意抵押房屋销售的证明》,内容为农行海淀支行同意包括诉争房屋在内的抵押范围内房产销售。《北京市商品房现房买卖合同》的附件五"付款方式及期限的约定"载明买受人支付房屋总价款4,356,352元。中坤房地产公司出具的收据显示,2014年3月17日,焦某娟交来房款4,356,352元。

农行海淀支行作为甲方与中坤房地产公司作为乙方签订《补充协议四》,约定农行海淀支行同意中坤房地产公司出售诉争房屋,并且向中坤房地产公司出具《抵押权人同意抵押房屋销售的证明》,但是该房产的价格必须高于评估价格,否则农行海淀支行不同意中坤房地产公司出售该房产。中坤房地产公司持该证明到海淀区房屋管理局开通网签渠道。

焦某娟因农行海淀支行与中坤房地产公司、中坤集团公司金融借款合同纠纷一案,不服第4488号判决,向北京市高级人民法院提起第三人撤销之诉。请求法院判决:依法撤销第4488号判决第2项(或予以改判)。后当庭增加诉讼请求:确认北京市海淀区××路甲××院××楼××1091房屋为焦某娟所有。北京市高级人民法院认为焦某娟不属于第4488号案的第三人,不具有提起第三人撤销之诉的原告资格,作出(2017)京民撤1号一审裁定驳回焦某娟的起诉。焦某娟不服一审裁定,向最高人民法院提起上诉。

【案件争点】

焦某娟是否符合第三人撤销之诉的原告主体资格。

【裁判要旨】

《民事诉讼法》第56条规定，对当事人双方的诉讼标的，第三人认为有独立请求权的，有权提起诉讼。有独立请求权第三人在符合该条第3款规定的条件时，可以提起第三人撤销之诉。独立请求权一般指物权请求权，因普通债权不具有可以对抗其他债权的效力，普通债权人对当事人双方的诉讼标的，不具有独立的请求权。但法律基于政策性考量，赋予某些特定的债权优先于普通债权得以实现的特殊效力，这些特定债权便具有了可以对抗普通债权的优先权属性，对于当事人双方的诉讼标的，优先权人可以提出独立于原被告双方的实体请求权。因此，有独立请求权第三人应至少包括两种情形：一是第三人对当事人双方争议的标的物主张物权请求权，二是第三人对当事人双方争议的诉讼标的主张具有优先效力的债权请求权。

本案中焦某娟与中坤房地产公司签订《北京市商品房现房买卖合同》，该合同是双方当事人真实意思表示，不违反法律强制性规定，应为合法有效。但因未办理房屋过户登记手续，诉争房屋的所有权尚未发生转移，焦某娟尚未取得诉争房屋的所有权，其不能向当事人双方提出物权请求权。

《关于人民法院民事执行中查封、扣押、冻结财产的规定》第17条规定，被执行人将其所有的需要办理过户登记的财产出卖给第三人，第三人已经支付部分或者全部价款并实际占有该财产，但尚未办理产权过户登记手续的，人民法院可以查封、扣押、冻结；第三人已经支付全部价款并实际占有，但未办理过户登记手续的，如果第三人对此没有过错，人民法院不得查封、扣押、冻结。《执行异议和复议案件若干规定》第28条中规定："金钱债权执行中，买受人对登记在被执行人名下的不动产提出异议，符合下列情形且其权利能够排除执行的，人民法院应予支持：（一）在人民法院查封之前已签订合法有效的书面买卖合同；（二）在人民法院查封之前已合法占有该不动产；（三）已支付全部价款，或者已按照合同约定支付部分价款且将剩余价款按照人民法院的要求交付执行；（四）非因买受人自身原因未办理过户登记。"根据该两条规定，对于未办理房屋转让登记过户手续的不动产买受人，在符合"足额支付价款""取得不动产的占有""无过错"这三项条件时，该不动产买受人的权利具有排除执行的效力，即具有优先于申请执行人的权利。

焦某娟在支付全部购房款后，取得对诉争房产的占有，并对外出租获利，其债权具有优先于普通债权人的特殊效力。焦某娟对于获得诉争房产所有权的信赖利益应予特别保护，可视为对于诉争房产具有物权期待权。在程序法意义上，焦某娟有权对农行海淀支行与中坤房地产公司的合同纠纷提出独立的请求权。焦某娟提起本案诉讼，符合第三人撤销之诉的主体条件。第4488号判决中未对焦某娟购房及使用的事实作出评判，在判决中直接认定了银行对诉争房屋享有优先受偿权，该判项可能影响到焦某娟的财产权益。至于焦某娟的权利是否足以对抗农行海淀支行的抵押物权，是否可以产生排除农行海淀支行优先受偿权的法律效果，应待人民法院实体审理后依法作出判决。

综上，最高人民法院裁定撤销北京市高级人民法院（2017）京民撤1号一审民事裁定，并指令北京市高级人民法院审理本案。

例案三 ｜ 宁夏中宁青银村镇银行股份有限公司、史某某第三人撤销之诉二审案

【法院】

最高人民法院

【案号】

（2018）最高法民终1247号

【当事人】

上诉人（一审被告）：宁夏中宁青银村镇银行股份有限公司

被上诉人（一审原告）：史某某

一审被告：潘某荣

一审被告：刘某兰

一审被告：石嘴山市华欣房地产开发有限公司

【基本案情】

2008年6月5日，石嘴山市华欣房地产开发有限公司（以下简称华欣公司）取得对石嘴山市大武口区胜利东街以南、文明北路以西地段实施城市房屋拆迁改造的许可证。因史某某享有所有权的营业用房在拆迁改造范围之内，2009年10月7日，华欣公司与史某某协商，签订了《房屋拆迁补偿安置协议书》，约定史某某被拆迁的房屋经评估确认总价为4,633,200元，由拆迁人华欣公司以产权调换方式进行补偿安置；华欣公司将其开发的位于大武口区房屋（上下两层）、116号房屋（上中下三层）、118号房屋（上下两层）、120号房屋（上下两层），以上共计4,884,200

元,作为安置给史某某的房屋;多退少补,据实结算。2012 年 9 月 12 日、9 月 29 日、10 月 14 日,史某某分四次向华欣公司补交购房款 477,000 元,华欣公司法定代表人刘某兰给史某某出具了四张收条。后双方于 2012 年 12 月 30 日又签订了《房屋拆迁安置补充协议》,最终确定华欣公司给史某某安置的房屋为大武口区房屋。2013 年 3 月,华欣公司将上述安置房屋交付史某某。史某某对上述房屋进行装修后,出租给他人。

2014 年 7 月 14 日,华欣公司背着史某某将上述三套房屋的产权登记在该公司名下,2014 年 7 月 18 日,经该公司股东会决议,同意用产权登记在该公司名下的位于大武口区胜利东街 64 号、66 号、86 号、92 号、96 号五套房屋为该公司股东潘某荣向宁夏中宁青银村镇银行股份有限公司(以下简称青银银行)借款 500 万元提供抵押担保,华欣公司向青银银行出具了抵押贷款担保承诺书,潘某荣的妻子刘某兰向青银银行出具了配偶还款承诺书。2014 年 7 月 31 日青银银行与潘某荣、华欣公司签订了借款金额为 500 万元的《综合授信业务最高额借款担保合同》,华欣公司以其位于石嘴山市大武口区营业房为上述贷款提供抵押担保,房屋产权证号为石房权证大武口区字第 × × 号、D2 × ×00 号、D2 × ×96 号、D2 × ×01 号、D2 × ×03 号。双方对抵押的房屋在石嘴山市房屋产权产籍管理所办理了抵押登记。合同签订后,青银银行按约向潘某荣发放借款 500 万元,因潘某荣未能偿还该借款本金及相应利息,青银银行于 2017 年 5 月 12 日将潘某荣、刘某兰、华欣公司诉至宁夏回族自治区中卫市中级人民法院。该院审理后,作出(2017)宁 05 民初 43 号民事判决,判令潘某荣、刘某兰向青银银行偿还 500 万元借款本金及相应利息,青银银行对华欣公司抵押的上述五套房屋享有以折价或拍卖、变卖该财产所得价款优先受偿的权利。潘某荣提出上诉后,经宁夏回族自治区高级人民法院主持调解,各方自愿达成调解协议,该院于 2017 年 10 月 16 日作出(2017)宁民终 210 号民事调解书,内容为:(1)潘某荣、刘某兰于 2017 年 12 月 30 日前分两期付清所欠青银银行借款本金 5,000,000 元、利息 1,100,099.67 元(自 2015 年 12 月 25 日起计算至 2017 年 5 月 4 日),共计6,100,099.67元,2017 年 5 月 4 日之后的利息按照合同约定的利率计算至付清为止。第一期于 2017 年 11 月 30 日前付 1,000,000 元,青银银行同意在潘某荣、刘某兰支付第一期款项时解除与抵押财产评估价值等额的抵押物;第二期于 2017 年 12 月 30 日前付清全部剩余款项,青银银行同意在潘某荣、刘某兰付清全部款项之日起 5 日内办理剩余抵押物的解押手续。如果潘某荣、刘某兰于 2017 年 11 月 30 日前不能偿还 1,000,000 元,青银银行有权对本调解第 1

项全部债务申请强制执行。(2)青银银行对华欣公司所有的位于石嘴山市大武口区营业房，房屋产权证号为石房权证大武口区字第××号、D2××00 号、D2××96 号、D2××01 号、D2××03 号房屋享有以该房产折价或者以拍卖、变卖该财产所得的价款优先受偿的权利。因潘某荣、刘某兰未按调解协议履行还债义务，宁夏回族自治区中卫市中级人民法院根据青银银行的申请，于 2018 年 3 月 8 日裁定对包括史某某占有的 86 号房屋在内的五套房屋予以查封，并委托相关中介机构对上述房屋进行评估。史某某于此期间得知华欣公司、潘某荣、刘某兰在青银银行用案涉房屋办理抵押贷款业务，并引发诉争，史某某认为宁夏回族自治区高级人民法院就青银银行与潘某荣、刘某兰、华欣公司金融借款合同纠纷一案作出的(2017)宁民终 210 号民事调解书第 2 项中部分内容侵害其合法权益，遂提起第三人撤销之诉。

【案件争点】

1. 本案诉讼是否符合第三人撤销之诉的条件。

2. 史某某与青银银行对争议房屋分别享有何种权利，当双方的权利发生冲突时，哪一方的权利应优先保护。

3. 宁夏回族自治区高级人民法院(2017)宁民终 210 号民事调解书是否侵害了史某某的合法权益，是否应予撤销。

【裁判要旨】

1. 关于本案诉讼是否符合第三人撤销之诉的条件问题。《民事诉讼法》第 56 条规定："对当事人双方的诉讼标的，第三人认为有独立请求权的，有权提起诉讼。对当事人双方的诉讼标的，第三人虽然没有独立请求权，但案件处理结果同他有法律上的利害关系的，可以申请参加诉讼，或者由人民法院通知他参加诉讼。人民法院判决承担民事责任的第三人，有当事人的诉讼权利义务。前两款规定的第三人，因不能归责于本人的事由未参加诉讼，但有证据证明发生法律效力的判决、裁定、调解书的部分或者全部内容错误，损害其民事权益的，可以自知道或者应当知道其民事权益受到损害之日起六个月内，向作出该判决、裁定、调解书的人民法院提起诉讼。人民法院经审理，诉讼请求成立的，应当改变或者撤销原判决、裁定、调解书；诉讼请求不成立的，驳回诉讼请求。"本案中史某某先后于 2009 年 10 月 7 日、2012 年 12 月 30 日与华欣公司订立《房屋拆迁补偿安置协议书》《房屋拆迁安置补充协议》，在上述 2 份协议上加盖了华欣公司的公章，有史某某本人的签字，其真实性可以认定。上述 2 份协议约定，拆迁人华欣公司以产权调换方式对被拆迁人史某某进行补偿安置,并最终确定华欣公司给史某某安置的房屋为其所建的位于大武口区房屋。上述2份协议体现了双方真实意思。现无证据证明双方在签订上述协议过程中存在恶意串通损害他人利益的情形。因此,双方签订的上述协议合法有效。史某某提交的证据证实,自2013年3月始,史某某基于华欣公司的交付行为即合法占有案涉房屋,并已出租收益至今。华欣公司明知其与史某某就案涉房屋签订了拆迁补偿安置协议,并将房屋交付史某某,却不积极履行为史某某办理房屋备案登记及房屋产权过户登记的义务,反而隐瞒史某某,将案涉房屋产权登记在自己名下后,以该房屋设置抵押为其股东潘某荣向青银银行借款提供担保,华欣公司的行为属于恶意,该行为侵犯了史某某的合法权益。史某某享有要求华欣公司进行物权变动登记的请求权,但因在青银银行对潘某荣、刘某兰、华欣公司提起的金融借款合同纠纷诉讼中,宁夏回族自治区高级人民法院(2017)宁民终210号民事调解书第2项确认青银银行对已安置给史某某并由史某某合法占有的案涉房屋享有以该房产折价或者以拍卖、变卖该财产所得的价款优先受偿的权利,直接阻却史某某基于拆迁补偿安置协议而对案涉房屋所有权的取得,故史某某在该案件中的身份应当属于有独立请求权的第三人。现无证据证明2014年7月14日华欣公司将案涉房屋产权办理在自己名下并向青银银行设置抵押时史某某知情,且在青银银行与华欣公司、潘某荣、刘某兰金融借款合同纠纷一案中,史某某不是借款担保合同的当事人,对该合同的签订情况、合同内容及因该合同履行所引发的一审、二审诉讼亦不知情。在该案中史某某未被列为第三人,未参加诉讼的原因并不在于史某某自身,直到2018年3月人民法院执行人员通知史某某案涉房屋被抵押将要拍卖的情况,才得知案涉房屋被抵押一事。史某某认为,宁夏回族自治区高级人民法院(2017)宁民终210号民事调解书部分内容错误致其损害,亦在法定时限内提起本案诉讼,故史某某提起本案诉讼符合第三人撤销之诉的主体、程序和实体条件。

2. 关于史某某与青银银行对争议房屋分别享有何种权利,当双方的权利发生冲突时,哪一方的权利应优先保护的问题。史某某根据其与华欣公司订立的《房屋拆迁补偿安置协议书》《房屋拆迁安置补充协议》及华欣公司给其交付案涉房屋的事实,主张其对案涉房屋享有所有权,但根据《物权法》第9条(参见《民法典》第209条)的规定,不动产物权的设立、变更、转让和消灭,经依法登记,发生效力;未经登记,不发生效力。因华欣公司借口各种理由,不履行为史某某办理案涉房屋产权变更登记的义务,导致史某某占有案涉房屋后至今未能办理产权过户登记,故史某某对案涉房屋尚不拥有所有权，但史某某基于《房屋拆迁补偿安置协议书》及《房屋拆迁安置补充协议》对案涉房屋享有拆迁补偿安置权利毋庸置疑。华欣公司在未将案涉房屋产权过户给史某某前，其基于建造事实，对案涉房屋享有所有权。华欣公司以案涉房屋为潘某荣向青银银行借款设置抵押时，未向青银银行告知抵押物系已安置并交付给史某某占有的房屋，对史某某而言存在违约，对青银银行而言隐瞒实情存在欺诈，但该行为不足以导致《综合授信业务最高额借款担保合同》中以案涉房屋设置抵押担保的条款无效。青银银行基于抵押物产权登记在华欣公司名下，有理由相信案涉房屋所有权属于华欣公司，其在与华欣公司、潘某荣签订《综合授信业务最高额借款担保合同》时，不存在与对方恶意串通的情形，该合同体现了青银银行的真实意思，应属有效合同。且青银银行与华欣公司已对抵押物办理了抵押登记，故青银银行对案涉房屋享有的抵押权自办理登记时已成立。由于华欣公司将案涉房屋交付史某某后，恶意将产权登记在自己名下，并隐瞒实情，以案涉房屋向青银银行设置抵押，为潘某荣向青银银行借款提供担保，最终导致史某某、青银银行分别对案涉房屋所享有的安置补偿权和抵押权发生冲突。《建设工程价款优先受偿权批复》明确规定："一、人民法院在审理房地产纠纷案件和办理执行案件中，应当依照《中华人民共和国合同法》第二百八十六条的规定，认定建筑工程的承包人的优先受偿权优于抵押权和其他债权。二、消费者交付购买商品房的全部或者大部分款项后，承包人就该商品房享有的工程价款优先受偿权不得对抗买受人。"消费者交付商品房的全部或者大部分款项后，所取得的债权不仅优于银行等债权人取得一般抵押权，而且优于承包人的法定抵押权。根据《商品房买卖合同司法解释》第7条第1款（此解释2020年修正后已无对应规定）的规定："拆迁人与被拆迁人按照所有权调换形式订立拆迁补偿安置协议，明确约定拆迁人以位置、用途特定的房屋对被拆迁人予以补偿安置，如果拆迁人将该补偿安置房屋另行出卖给第三人，被拆迁人请求优先取得补偿安置房屋的，应予支持。"被拆迁人安置补偿权益优先于其他购房人及其他权利人的权利。就本案而言，案涉房屋是华欣公司与史某某按照所有权调换形式订立的拆迁补偿安置协议，明确约定给予史某某，且在抵押前已交付给史某某拆迁安置房屋，当双方在案涉房屋上的权利发生冲突时，因史某某对案涉房屋享有的补偿安置权有别于一般的普通债权和抵押权，故史某某的权利应优先于青银银行的抵押权得到保护。

3. 关于宁夏回族自治区高级人民法院（2017）宁民终210号民事调解书是否侵害了史某某的合法权益，是否应予撤销的问题。本案争议指向的宁夏回族自治区高级人民法院(2017)宁民终210号民事调解书第2项,确认青银银行对由史某某实际占有的案涉房屋享有以该房产折价或者以拍卖、变卖该财产所得的价款优先受偿的权利。该调解书已经生效,且青银银行已依据该调解书申请法院强制执行。如果调解书第2项得到执行,将直接剥夺史某某对案涉房屋现有的占有、使用、收益权利,并导致史某某丧失要求华欣公司变更登记产权的权利,阻却其对案涉房屋所有权的最终取得,明显侵害其民事权益。故宁夏回族自治区高级人民法院(2017)宁民终210号民事调解书第2项部分内容错误,该错误并不以青银银行有无过错或知不知情为前提条件,青银银行的抗辩理由不能成立。撤销宁夏回族自治区高级人民法院(2017)宁民终210号民事调解书第2项部分内容,符合第三人撤销之诉保护受错误生效裁判损害而未参加原诉的第三人利益的救济功能及本案的客观实情。

综上,一审法院判决撤销宁夏回族自治区高级人民法院(2017)宁民终210号民事调解书第2项中关于"青银银行对华欣公司所有的位于石嘴山市大武口区营业房,房屋产权证号为石房权证大武口区字第××号房屋享有以该房产折价或者以拍卖、变卖该财产所得价款优先受偿的权利"的内容。青银银行不服一审判决,向最高人民法院提起上诉。最高人民法院经审理认为,一审判决认定事实清楚,适用法律正确,应予维持,遂驳回上诉,维持原判。

三、裁判规则提要

(一)我国抵押财产转让规则的嬗变

抵押权,是指债权人对于债务人或者第三人不移转占有而提供担保的财产,在债务人不履行债务时,依法享有的就担保的财产变价款优先受偿的权利。在学理上,抵押权属于担保物权,亦是一种他物权,相较于所有权者,抵押权人在特定情况下具有处分并且就变价款优先清偿的权能。

1.《物权法》第191条的同意规则

为了实现物尽其用和利益平衡原则的协调,抵押物的转让模式通常有两种:一是价金物上代位主义,二是抵押权追及效力主义。前者是通过牺牲抵押人对价金的支配来保障抵押权人、受让人可以获得完整的所有权。后者是牺牲受让人的所有权来保障抵押权人,但受让人牺牲的利益可以通过向债务人追偿而得到弥补。①

---

① 梁上上、贝金欣:《抵押物转让中的利益衡量与制度设计》,载《法学研究》2005年第4期。

我国《物权法》第191条采用"同意规则"，规定抵押期间，抵押人经抵押权人同意转让抵押财产的，应当将转让所得的价款向抵押权人提前清偿债务或者提存。转让的价款超过债权数额的部分归抵押人所有，不足部分由债务人清偿。抵押期间，抵押人未经抵押权人同意，不得转让抵押财产，但受让人代为清偿债务消灭抵押权的除外。该规则实际上是以价金物上代位主义为基础，吸收了抵押权追及效力主义中的涤除权规则，既为抵押财产的流通提供了可能性，又在一定程度上平衡了抵押权人和抵押物买受人之间的利益。在此种立法背景之下，如果抵押权人同意抵押人将抵押财产出卖，此时抵押权人则不再享有针对抵押财产的变价和优先受偿的权利，仅能要求就转让所得的价款提前清偿或者提存。质言之，抵押权人同意抵押财产转让后，其所享有的抵押权无法对抗新的买受人，这一观点在司法实践中也已经得到支持，参见例案一裁判要旨部分。

2.《民法典》第406条的通知规则

《物权法》第191条自出台以来，在学理上一直饱受争议。部分学者坚持物权具有追及效力的法理，认为物权一经成立，其标的物无论辗转于何人之手，物权人均可以追及物的所在，而直接支配其物的效力，在担保物权的背景之下也不例外。担保物权是以变价权和优先受偿权为内容，该种类型物权一经设定，即成为担保物权人对特定担保物的支配权，而不是仅仅针对物的所有人的相对性权利，因此转让抵押物无须经过抵押权人同意，并且抵押权人可以追及至抵押物的买受人。①

为了更大限度地尊重抵押财产的流通性和物权法学理的观点，《民法典》修改了《物权法》时期的同意规则，规定抵押期间，抵押人可以转让抵押财产。当事人另有约定的，按照其约定。抵押财产转让的，抵押权不受影响。抵押人转让抵押财产的，应当及时通知抵押权人。抵押权人能够证明抵押财产转让可能损害抵押权的，可以请求抵押人将转让所得的价款向抵押权人提前清偿债务或者提存。转让的价款超过债权数额的部分归抵押人所有，不足部分由债务人清偿。也就是说，在当事人没有特别约定的情况下，抵押人无须经过抵押权人同意可以自由转让抵押物，并且买受人应该承受负担抵押权的标的物。相较于《物权法》的规定，《民法典》最大的变动在于抵押权人所享有的权利可以对抗在后发生买卖合同关系的买受人。

① 参见刘家安：《物权法论》，中国政法大学出版社2015年版，第45页。

(二)抵押财产转让中权利顺位的特殊安排

综合考虑时间维度和履行情况,抵押财产的转让可能存在以下几种典型情形:(1)已经抵押的财产,经抵押权人同意出卖给买受人(《民法典》出台后为经通知抵押权人);(2)已经办理登记的动产抵押物在正常经营活动中被出售,且买受人已经支付合理价款;(3)已经出卖给买受人的财产,但未交付或登记,被出卖人抵押给其他人;(4)已经出卖给买受人的商品房,虽未完成过户登记,被出卖人抵押给其他人,但商品房的买受人已经支付全部或者大部分价款。

在第一种情况下,《物权法》和《民法典》的规定存在区别,依照《物权法》第191条的标准,买受人的所有权可以对抗抵押权,买受人权利顺位优先,依照《民法典》第406条的标准,买受人的所有权无法对抗抵押权,抵押权人的权利顺位优先。在第二种情况下,由于动产抵押并不引起占有的变动,抵押人依旧具有该动产的公示权利外观。在正常经营活动中,特别是浮动抵押的情形下,如果给买受人强加查阅抵押登记之注意义务,不仅有违商事效率原则,也不符合一般群众社会生活常理。因此,《民法典》第404条规定,以动产抵押的,不得对抗正常经营活动中已经支付合理价款并取得抵押财产的买受人。在第三种情况下,抵押财产的所有权依然被出卖人享有,出卖人将买卖标的物抵押的法律行为性质上属于有权处分,抵押权人能够取得完满的抵押权,买受人基于买卖合同的债权因为抵押的存在而存在瑕疵,可以依照买卖合同向出卖人主张违约责任。在第四种情况下,基于对于购房消费者利益的倾斜保护,根据《建设工程价款优先受偿权批复》第1条、第2条的规定,消费者交付购买商品房的全部或者大部分款项后,其所享有的带有"物权期待性质"的债权优先于建设工程价款的优先受偿权,而建设工程价款的优先受偿权优先于抵押权,因此可以推导出交付全部或大部分购房价款的消费者所享有的债权并非普通债权,而是优先于抵押权的优先债权。类似推理过程在司法实践中也已经得到了广泛的应用和支持,具体参见上述例案二和例案三。

(三)权利受到生效判决阻碍的抵押物的买受人具有诉的利益

根据《民事诉讼法》第56条的规定,法律为了平衡案外人利益和生效裁判的稳定性,对于第三人撤销之诉的主体进行了较为严格的限制,一般情形下只有原案的第三人(包括有独立请求权的第三人和无独立请求权的第三人)才对第三人撤销之诉具备诉的利益,可以提起第三人撤销之诉。

一般而言，普通的债权人对原案标的没有独立的请求权，与案件处理结果也没有法律上的利害关系，并不属于第三人，不能提起第三人撤销之诉。但是，在抵押人和抵押权人的诉讼之中，如果买受人买受的标的物恰好为抵押财产，买受人对于诉讼标的物的请求权是具有物的支配关系的非普通金钱债权，应当认为具备独立请求权第三人地位。基于债权的相对性，法院在审理抵押人与抵押权人的纠纷时可能无法查明抵押财产被买卖的情况，买受人非因自身原因没有参加诉讼的，具备提起第三人撤销之诉的主体资格。

基于第二部分的分析，在特定情形下，即使抵押财产的买受人没有取得抵押财产的所有权，当法院生效裁判认定抵押权人对抵押物可变价优先受偿时，买受人的债权实现可能也会存在权利障碍。2019 年《九民会议纪要》第 120 条第 1 项规定，若该债权是法律明确给予特殊保护的债权，如《合同法》第 286 条规定的建设工程价款优先受偿权，《海商法》第 22 条规定的船舶优先权，债权人可以提起第三人撤销之诉。由《九民会议纪要》的逻辑可以看出，对于处在特殊保护下优先债权的损失可以认定为《民事诉讼法》第 56 条中的“损害民事权益”。

综合以上，生效裁判认定抵押权人对抵押物享有抵押权，导致作为该抵押物买受人的实现权利存在障碍的，买受人具有诉的利益，有权提起第三人撤销之诉。当买受人的优先债权确实因生效裁判遗漏第三人而被损害时，买受人自知道或者应当知道其民事权益受到损害之日起 6 个月内，向作出该判决、裁定、调解书的人民法院提起第三人撤销之诉的，法院应该判决支持其诉讼请求。

四、辅助信息

高频词条：

《民事诉讼法》

第 59 条 对当事人双方的诉讼标的，第三人认为有独立请求权的，有权提起诉讼。

对当事人双方的诉讼标的，第三人虽然没有独立请求权，但案件处理结果同他有法律上的利害关系的，可以申请参加诉讼，或者由人民法院通知他参加诉讼。人民法院判决承担民事责任的第三人，有当事人的诉讼权利义务。

前两款规定的第三人，因不能归责于本人的事由未参加诉讼，但有证据证明发生法律效力的判决、裁定、调解书的部分或者全部内容错误，损害其民事权益的，可以自知道或者应当知道其民事权益受到损害之日起六个月内，向作出该判决、裁定、调解书的人民法院提起诉讼。人民法院经审理,诉讼请求成立的,应当改变或者撤销原判决、裁定、调解书;诉讼请求不成立的,驳回诉讼请求。

《民法典》

第406条 抵押期间,抵押人可以转让抵押财产。当事人另有约定的,按照其约定。抵押财产转让的,抵押权不受影响。

抵押人转让抵押财产的,应当及时通知抵押权人。抵押权人能够证明抵押财产转让可能损害抵押权的,可以请求抵押人将转让所得的价款向抵押权人提前清偿债务或者提存。转让的价款超过债权数额的部分归抵押人所有,不足部分由债务人清偿。

第807条 发包人未按照约定支付价款的,承包人可以催告发包人在合理期限内支付价款。发包人逾期不支付的,除根据建设工程的性质不宜折价、拍卖外,承包人可以与发包人协议将该工程折价,也可以请求人民法院将该工程依法拍卖。建设工程的价款就该工程折价或者拍卖的价款优先受偿。

《建设工程价款优先受偿权批复》

第1条 人民法院在审理房地产纠纷案件和办理执行案件中,应当依照《中华人民共和国合同法》第二百八十六条的规定,认定建筑工程的承包人的优先受偿权优于抵押权和其他债权。

第2条 消费者交付购买商品房的全部或者大部分款项后,承包人就该商品房享有的工程价款优先受偿权不得对抗买受人。

第三人撤销之诉案件裁判规则第9条：
“一房二卖”买受人享有的债权系基于物的所有权对涉案标的物产生争夺、支配关系的非金钱债权，买受人可以提起第三人撤销之诉

〔**规则描述**〕：“一房二卖”是指房屋所有权人将登记在自己名下的同一处房屋先后出卖给不同的买受人。在实践中，出卖人就同一房屋可能会分别签订数份买卖合同，不仅会出现“一房二卖”，还可能出现“多卖”的情况。在审判实践中，如果数份房屋买卖合同均为有效且各买受人均要求履行合同，一般应按照已经办理房屋所有权变更登记、合法占有房屋以及买卖合同成立先后等顺序确定权利保护顺位。一般而言，为了避免案外人滥用诉权，普通债权人并不具有提起第三人撤销之诉的原告资格。但是，“一房二卖”的债权系基于物的所有权及使用权而产生，买受人系对涉案标的物产生争夺、支配关系的非金钱债权人，而非一般意义上的金钱债权人，不属于普通债权人的范畴。因此，在法院生效裁判文书内容错误、损害“一房二卖”中买受人合法权益时，该买受人（债权人）属于《民事诉讼法》第56条规定的第三人，可以提起第三人撤销之诉。

一、类案检索大数据报告

时间：2020年6月11日之前，案例来源：Alpha案例库，案件数量：384件，关键词：第三人撤销之诉、一房二卖。本次检索获取2020年6月11日前共384篇裁判文书，经逐案阅读、分析，排除无效案件193件，共得到案件191件。在“一房二卖”买受人认为法院生效裁判文书内容错误损害其合法权益而提起第三人撤销之诉时，认定买受人可以提起第三人撤销之诉的有169件，占比为88.48%；认定买受人不可以提起第三人撤销之诉而不予受理或驳回起诉的有22件，占比为11.52%，整体情况如图9-1所示。

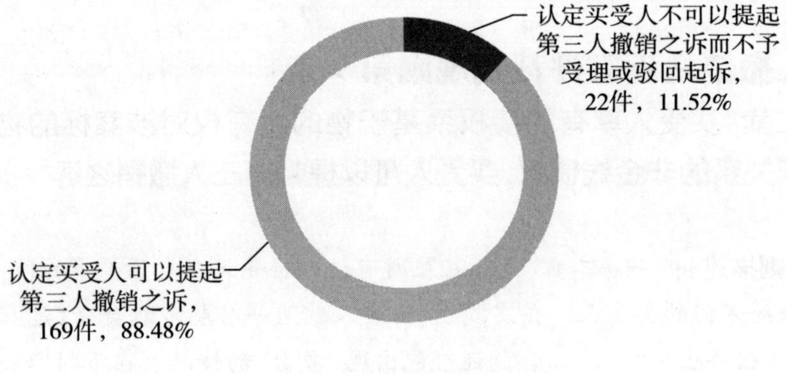

图9－1 类案裁判结果分布

案件年份分布情况如下:2017 年案件数量为 21 件,2018 年案件数量为 55 件,2019 年案件数量为 59 件。

如图 9－2 所示,从案件地域分布情况来看,当前条件下案件主要集中在广西壮族自治区、河南省、四川省,分别占比约 14.14%、11.52%、8.90%。其中,广西壮族自治区的案件数量最多,达到 27 件。

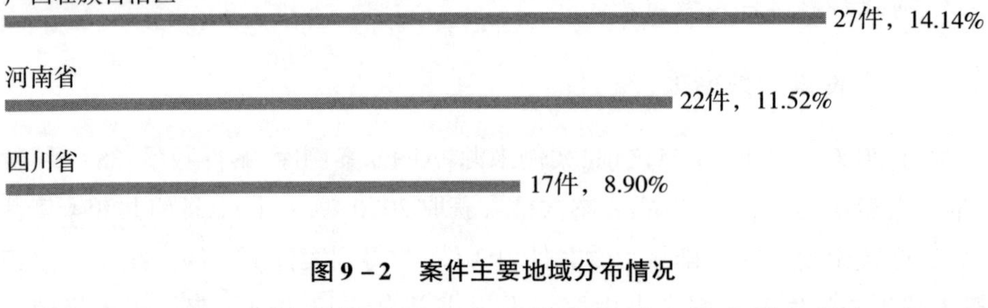

图9－2 案件主要地域分布情况

如图 9－3 所示,有效案件适用的审理程序相对比较分散,适用一审程序审理的有 38 件,占比为 19.90%;适用二审程序审理的有 67 件,占比为 35.08%;适用再审程序审理的有 18 件,占比为 9.42%;适用其他程序审理的有 68 件,占比为 35.60%。

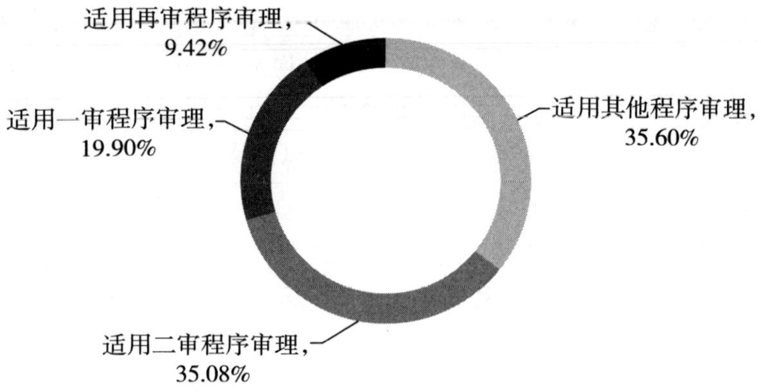

图9－3　适用审理程序情况

二、可供参考的例案

例案一 | 杨某涛、王某贤第三人撤销之诉案

【法院】

河北省高级人民法院

【案号】

(2019)冀民终349号

【当事人】

上诉人(原审被告)：杨某涛

被上诉人(原审原告)：王某贤

被上诉人(原审被告)：保定世纪房地产开发有限公司

【基本案情】

2007年7月4日，杨某涛与保定世纪房地产开发有限公司(以下简称保定世纪公司)签订了《财务投资顾问协议》《商品房买卖合同》《商品房预售合同解除协议》3个合同。《商品房买卖合同》主要约定，杨某涛购买由保定世纪公司开发的保定市天鹅西路333号世纪大厦A座×层×号房，建筑面积共260平方米，单价每平方米3846元，总金额100万元，付款方式及期限为杨某涛于2007年7月5日前一次性向出卖人支付总房款100万元整，出卖人应在2006年12月31日前将符合合同约定的商品房交付买受人使用，合同落款处有杨某涛签字并标注签订时间，保定世纪公司盖有合同专用章，法定代表人处有李某君签字，但未标注签订时间。《财

务投资顾问协议》主要约定,杨某涛为保定世纪公司提供财务顾问,服务期限为6个月,杨某涛按季度向保定世纪公司收取日常咨询费用,服务费标准为每季度4万元整,保定世纪公司须在签订合同之日起第3、6个月的当日一周内支付顾问费;保定世纪公司如果按照本协议支付了财务顾问费用将不再支付双方另行签订的"商品房预售合同解除协议"中约定的解除合同补偿金;如果顾问费用的支付延期期限超过30日,杨某涛有权按预售合同规定的条件,以已付购房款作为房价获得该物业的产权,保定世纪公司应按照预售合同履行其交付房屋的义务。《商品房预售合同解除协议》约定,"鉴于……4.甲乙双方于上述预售合同补充条款中约定,在房屋小产证办理并交付前,甲方向乙方退回已支付的全部房款,并发出书面解除合同通知,或者乙方向甲方书面发出解除合同通知,均为预售合同协议解除事由,解除事宜双方另行约定。预售合同解除程序2008年1月4日(预售合同解除日)之后五个工作日内,甲方应当按照本协议第2条约定支付购房本金及补偿金(购房本金及补偿金之和,以下简称解除合同应付款)。解除合同应付款全部到达乙方指定账户后,甲乙双方应于到账日的五个工作日内办理预售合同注销登记,预售合同于注销登记日起发生解除效力。双方约定购房本金指乙方在预售合同项下先行实际支付的总购房款,解除合同补偿金指协议规定的销售溢价补偿金,销售溢价补偿金为年利率16%,按乙方实际支付的总购房款计算"。

2008年4月8日,王某贤与保定世纪公司签订《商品房买卖合同》(合同编号04060140××××),购买世纪大厦A座×层×号房屋,建筑面积为260平方米;单价为每平方米1万元,总金额为260万元;付款方式为分期付款,2008年4月8日,王某贤向保定世纪公司交纳"购房款"104万元,2008年4月10日,王某贤向保定世纪公司交纳"购房款"26万元,有盖有该公司财务专用章的收款收据予以证实。合同落款出卖人处加盖"保定世纪房地产开发有限公司合同专用章"、法定代表人处有"李某君"的签字,买受人处有"王某贤"的签字。保定市城市信用社天鹅路支行出具的转账20万元转账记录、中国建设银行恒祥南大街支行出具的16万元、30万元转账记录及保定市市区农村信用合作联社韩庄信用社出具的34万元、30万元转账记录证实了王某贤向保定世纪公司支付首付款130万元的事实。王某贤与中国工商银行股份有限公司保定莲池支行于2008年4月9日签订《个人购房借款/担保合同》,贷款金额为130万元,用于个人购置住房贷款,贷款期限为10年,合同落款贷款人处盖有"中国工商银行股份有限公司保定莲池支行"公章,借款人处"王某贤"签字及手印,保证人处盖有"保定世纪房地产开发有限公司"公章,抵押人处有“王某贤”签字及手印；中国工商银行股份有限公司保定莲池支行发放贷款的转账记录证明，该行于2008年5月9日将王某贤申请的130万元个人住房贷款转入保定世纪公司账号。中国工商银行股份有限公司保定莲池支行出具的王某贤银行还款流水证实王某贤从2008年4月9日至5月9日偿还贷款130万元及利息情况。另查明，保定世纪公司与保定国际俱乐部有限公司（王某贤作为副总经理的公司）、漳州天福茶叶有限公司于2009年9月30日签订《房屋租赁合同签约主体变更协议》，三方约定“2008年10月16日之后的丙方（天福茶业）在《租赁合同》项下的应付费用由丙方按照《租赁合同》的约定支付给乙方（国际俱乐部）”。2009年至2011年，保定市北市区天福茶叶经销部每年向保定国际俱乐部有限公司支付房租费用；2012年至2017年，天福茗茶每年向王某贤交纳房租费用，有保定高新区天福茗茶天鹅路店出具的银行转账凭证予以证实。再查明，该房产的《商品房预售合同》未在房屋登记管理部门进行登记备案，并已被原河北省保定市新市区人民法院（现变更为河北省保定市竞秀区人民法院）查封。

王某贤向一审法院提出诉讼请求：（1）撤销河北省保定市中级人民法院（2012）保民二终字第762号民事判决和河北省保定市新市区人民法院（2011）新民初字第181号民事判决；（2）判令保定世纪公司继续履行与王某贤签署的《商品房买卖合同》，协助王某贤将保定市天鹅西路333号世纪大厦A座×层×号房屋的产权登记至王某贤名下；（3）本案诉讼费、律师费及其他合理费用均由杨某涛、保定世纪公司承担。

一审法院认为，保定市中级人民法院（2012）保民二终字第762号民事判决和保定市新市区人民法院（2011）新民初字第181号民事判决认定杨某涛与保定世纪公司签订的《商品房买卖合同》合法有效，能够独立存在和履行，判决保定世纪公司向杨某涛交付涉案房屋并协助办理产权过户手续，认定事实不清，适用法律错误，侵害了王某贤的合法权益，应予撤销。杨某涛可就其债权的实现另寻途径解决。依据《民事诉讼法》第56条之规定，判决：（1）撤销保定市中级人民法院（2012）保民二终字第762号民事判决和河北省保定市新市区人民法院（2011）新民初字第181号民事判决；（2）保定世纪公司继续履行与王某贤签署的《商品房买卖合同》，并在符合办理过户登记条件时协助王某贤将坐落于保定市天鹅西路333号世纪大厦A座×层×号房屋的产权过户登记到王某贤名下。一审案件受理费27,600元，由保定世纪公司和杨某涛平均分担。

被告杨某涛不服一审判决，向河北省高级人民法院提起上诉，请求撤销一审判决并依法改判。

【案件争点】

1. 王某贤与保定世纪公司之间是否具有真实合法有效的商品房买卖合同关系。

2. 杨某涛和保定世纪公司之间法律关系的性质。

3. 王某贤是否具备提起第三人撤销之诉的主体资格。

4. 关于王某贤起诉是否超过时效。

【裁判要旨】

1. 关于王某贤与保定世纪公司之间是否具有真实合法有效的商品房买卖合同关系。王某贤与保定世纪公司之间签订了《商品房买卖合同》,并通过保定国际俱乐部有限公司向保定世纪公司支付130万元的首付款,保定世纪公司亦出具收据证明收到该笔首付款。虽然其中30万元由保定国际俱乐部有限公司直接付给华夏建筑装饰公司,但保定世纪公司认可该30万元系受其指示付给华夏建筑装饰公司,抵顶其欠付华夏建筑装饰公司的工程款。由于王某贤为保定国际俱乐部有限公司的法定代表人,王某贤通过公司向保定世纪公司付款亦具有合理性。杨某涛虽怀疑上述证据的真实性,但未提出反驳证据予以否定。杨某涛还主张王某贤与保定世纪公司之间存在串通,但亦无证据证实。虽然王某贤主张涉案房屋于2008年5月1日交付,但直到2017年9月18日才得知房屋被查封的事实,有违常理,但不能仅以此推翻王某贤购买涉案房屋的事实。从现有证据来看,王某贤和保定世纪公司的《商品房买卖合同》,首付款收据和付款凭证,王某贤和中国工商银行保定莲池支行签订的《个人购房借款/担保合同》,保定世纪公司、保定国际俱乐部有限公司及漳州天福茶叶有限公司签订的《房屋租赁合同签约主体变更协议》等证据可以形成一个完整的证据链,证实王某贤和保定世纪公司之间形成了真实有效的商品房买卖合同关系。

2. 关于杨某涛和保定世纪公司之间法律关系的性质。杨某涛和保定世纪公司签订了《财务顾问协议》《商品房买卖合同》《商品房预售合同解除协议》《商品房预售合同解除协议A》等一系列协议。几份协议是一个整体,不能分割开来,结合几份协议的内容来看,杨某涛和保定世纪公司之间实为借贷关系,签订《商品房买卖合同》是为了担保借款的实现。杨某涛与保定世纪公司在《商品房预售合同解除协议》中亦明确约定,在房屋小产证办理并交付前,甲方(保定世纪公司)向乙方(杨某涛)退回已支付的全部房款,并发出书面解除合同通知,或者乙方向甲方书面发出解除合同通知,均为预售合同协议解除事宜。解除程序为2008年1月4日之后

5个工作日内，保定世纪公司按照协议约定支付解除合同应付款，在到达杨某涛指定账户的5个工作日内双方办理预售合同注销登记，预售合同于注销登记日起发生解除效力。此后，双方于2009年11月6日又签订了《商品房预售合同解除协议A》，将预售合同解除日约定为2010年1月1日。该份协议又约定，保定世纪公司向杨某涛退回已支付的全部房款并办理预售合同注销登记为解除商品房预售合同的条件，否则杨某涛有权选择要求继续履行双方所有未解除的全部《预售合同》以及办理双方未解除的全部《预售合同》项下物业的过户手续。且该份协议签订同日，保定世纪公司在杨某涛出具的说明上盖章签字，认可收到该说明上所列房屋的全部购房款。该份协议并非杨某涛借款同时出具，是在借款到期后近两年又对双方权利义务达成新的约定。上述证据表明保定世纪公司在与杨某涛重新协商时亦同意在其未向杨某涛偿还借款本金的情况下继续履行商品房买卖合同。由于保定世纪公司始终未举证证明其向杨某涛退回了购房款并发出解除商品房买卖合同的通知，故杨某涛有权利依约向保定世纪公司要求继续履行房屋交付义务。本案争点应为在"一房二卖"的情况下如何确定权利保护顺位的问题。由于王某贤与保定世纪公司亦签订了《商品房买卖合同》，王某贤已交清房款并实际占有使用房屋，而杨某涛一直未合法占有涉案房屋，杨某涛与保定世纪公司系以借款抵顶购房款，保定世纪公司对本案的欠款数额亦存有异议。比较双方证据，王某贤交付房款的证据更扎实一些。按照已经办理房屋所有权变更登记、合法占有房屋以及合同履行情况、买卖合同成立先后等顺序确定权利保护顺位的规则，王某贤的权利应优先保护。

3. 关于王某贤是否具备提起第三人撤销之诉的主体资格。《民事诉讼法》第56条规定："对当事人双方的诉讼标的，第三人认为有独立请求权的，有权提起诉讼。对当事人双方的诉讼标的，第三人虽然没有独立请求权，但案件处理结果同他有法律上的利害关系的，可以申请参加诉讼，或者由人民法院通知他参加诉讼。前两款规定的第三人，因不能归责于本人的事由未参加诉讼，但有证据证明发生法律效力的判决、裁定、调解书的部分或者全部内容错误，损害其民事权益的，可以自知道或者应当知道其民事权益受到损害之日起六个月内，向作出该判决、裁定、调解书的人民法院提起诉讼。""一房二卖"中另一买受人享有的权利是否属于《民事诉讼法》第56条第3款规定的"民事权益"。从目前的审判实践来看，《民事诉讼法》第56条第3款以及《民事诉讼法司法解释》第292条第3项规定的"民事权益"，通常是指所有权、用益物权、担保物权和股权等，此外还包括法律明确规定给予特别保护的债权，如享有法定优先权的权利和享有法定撤销权的权利，普通债权和对特定物享有请求给付的债权,原则上不属于第三人撤销之诉的保护范围。对于"一房二卖"纠纷中另一买受人的民事权益是否属于第三人撤销之诉保护范围,法院认为,如果案外第三人主张其已先于原诉讼买受人从出卖人处购买该房屋,并已经支付了全部购房款及交付使用,或者办理了预售登记,符合《关于人民法院民事执行中查封、扣押、冻结财产的规定》第 17 条规定的情形,应依法享有排除查封、扣押、执行的权利,因而也应具有排除其他债权请求权的排他性效力。故此类情形还是应该纳入第三人撤销之诉保护的民事权益范围,通过审理确定谁具有在先的请求权而予以保护,否则第三人的合法权益无法保护。本案中可以认定王某贤与保定世纪公司签订《商品房买卖合同》,并已缴清房款和占有房屋。故本案属于第三人撤销之诉保护的民事权益范围,王某贤具备提起第三人撤销之诉的主体资格。杨某涛亦主张实际购房者为保定国际俱乐部有限公司,应由保定国际俱乐部有限公司提起诉讼,但由于涉案房屋的《商品房买卖合同》系王某贤与保定世纪公司签订,故王某贤提起诉讼并无不当。

4. 关于王某贤起诉是否超过时效。杨某涛主张如果王某贤为真正的购房者,在杨某涛与保定世纪公司诉讼时,保定世纪公司就应该及时通知王某贤,在法院对涉案房屋进行查封时,王某贤亦应知道其权利受到侵害,故王某贤于 2017 年 12 月才提起第三人撤销之诉,早已超过了 6 个月的诉讼时效。由于杨某涛并无确切证据证实王某贤知道权利受到侵害的具体时间,故一审认定本案不超过诉讼时效并无不当。

综上,二审法院认为一审判决认定事实基本清楚,判决结果并无不当,应予维持。

例案二 李某国与河南金大陆置业集团叶县房地产开发有限公司、李某房屋买卖合同纠纷案

【法院】

河南省平顶山市中级人民法院

【案号】

(2018)豫 04 民撤 6 号

【当事人】

原告:李某国

被告：河南金大陆置业集团叶县房地产开发有限公司

被告：李某

被告：张某霞

【基本案情】

2014年11月23日，河南金大陆置业集团叶县房地产开发有限公司（以下简称金大陆叶县房地产公司）作为甲方，李某国作为乙方，双方签订《金大陆·××××商铺认购书》一份，主要内容为“1. 乙方向甲方认购位于叶县××大道与××处南50米命名为‘金大陆·××××’的商铺：北215号，建筑面积169.83m^2，优惠前单价为8000元/m^2，总价（人民币）1,358,640元（大写：壹佰叁拾伍万捌仟陆佰肆拾元整）。2. 乙方认购上述商铺，交付认购金（大写）60万元整，可按以下第③项约定享受总房款3%的优惠，同时享受交5万抵8万，排号优惠3%，增值优惠4400元优惠：……③认购当日交付诚意金600,000元（大写：陆拾万元整），可享受总房款3%的优惠……”金大陆叶县房地产公司在该认购书上加盖合同专用章，李某国在该认购书上签名并捺指印。2014年10月1日李某国通过刷卡向金大陆叶县房地产公司交纳诚意金50,000元，金大陆叶县房地产公司向李某国出具收据一张，载明收诚意金50,000元，收款方式为刷卡。2014年11月23日李某国通过其中国工商银行账户向赵某敏账户62××46转账3笔，分别是270,000元一笔，65,000元一笔，35,000元一笔；2014年11月23日李某国通过其中国建设银行账户向赵某敏账户62××24转账230,000元；2016年2月23日，金大陆叶县房地产公司向李某国出具收据一张，载明收到李某国交来预付商铺款600,000元。2014年12月21日金大陆叶县房地产公司向李某国出具收据一张，载明收预付商铺款5977元（现金）。2016年2月23日李某国通过其中国工商银行账户向赵某敏账户62××46转账290,000元；2016年2月23日李某国通过其中国工商银行账户向赵某敏账户62××28转账300,000元；2016年2月23日，金大陆叶县房地产公司向李某国出具收据一张，载明收到李某国预付商铺款590,000元。以上合计1,245,977元。2016年2月23日李某国与金大陆叶县房地产公司签订《房屋租赁合同》1份，约定涉案房屋由李某国租赁给金大陆叶县房地产公司使用，租赁期自2016年2月23日至2026年2月23日。李某国和金大陆叶县房地产公司均称，该租赁合同是原租赁合同到期后续签的合同，新合同签订后，原租赁合同因已履行完毕未保存。李某国提交的《借记卡账户历史明细清单》显示，赵某敏先后向李某国账户（卡号为62××97）汇款8笔，分别是2015年5月5456元、6月2730元、7

月5461元、8月5461元、9月5456元、10月5461元、11月5461元、12月5461元，共计40,947元。李某国和金大陆叶县房地产公司均称，上述款项是金大陆叶县房地产公司在上述时间按月向李某国支付的涉案房屋租金。（赵某敏系金大陆叶县房地产公司时任法定代表人赵某瑞之女。）

另查明：(1)2015年2月15日张某霞受李某委托与金大陆叶县房地产公司签订了备案编号为41042220150000××××号的《商品房买卖合同》1份，约定买受人购买金大陆·××××2号楼1至2层01号铺，建筑面积共计2472.28平方米，商品房单价为每平方米2022.42元，总金额5,000,000元。同日，张某霞受李某委托与代表金大陆叶县房地产公司的赵某斌签订《借款协议》1份，约定赵某斌向张某霞借款5,000,000元，如到期未还款则所涉备案商品房买卖合同生效，房屋归借款出借人所有。2015年2月16日，李某通过网上银行向赵某斌账号汇款5,000,000元，同日金大陆叶县房地产公司向张某霞出具收到金大陆·汇通国际2号楼01号商铺房款收据一张。因金大陆叶县房地产公司在借款到期后未偿还借款并以《商品房买卖合同》实为抵押担保合同且显失公平为由，拒绝协助李某办理过户，张某霞向法院提起诉讼，请求判令金大陆叶县房地产公司将诉争房产过户至李某名下；金大陆叶县房地产公司亦提出反诉，请求撤销双方签订的《商品房买卖合同》，并判令张某霞立即将诉争房产的房产证原件归还金大陆叶县房地产公司。河南省叶县人民法院经审理作出(2015)叶民初字第939号民事判决，判决驳回张某霞的诉讼请求、金大陆叶县房地产公司的反诉请求以及第三人李某的诉讼请求。李某、金大陆叶县房地产公司均不服该判决，向平顶山市中级人民法院提起上诉。该案经调解，各方当事人达成调解协议，协议内容为："一、金大陆叶县房地产公司于本调解生效后退还李某购房款500万元及损失（损失计算方法为：按月息百分之二点五，自2015年5月14日起计至债务全部履行完毕之日止），最后还款期限为2016年7月30日。履行完毕后，房屋买卖合同解除，李某将房屋所有权证交付给金大陆叶县房地产公司。二、如金大陆叶县房地产公司未按上述第一项约定期限及金额完全履行，则双方买卖合同继续履行，由金大陆叶县房地产公司于三十日之内将买卖合同约定的房产过户到李某名下，李某将所收到款项全部退回金大陆叶县房地产公司。三、三方就本案别无其他纠纷……"平顶山市中级人民法院于2016年3月4日作出(2016)豫04民终114号民事调解书对调解协议予以确认。

(2)金大陆叶县房地产公司单方委托河南鹰平房地产评估有限公司对涉案商铺抵押价值进行评估，并在(2015)叶民初字第939号案件审理中将河南鹰平房地产评估有限公司于2015年7月10日作出的豫鹰房估字D20152479号房地产抵押估价报告提交法院作为证据使用。该报告对涉案2472.28平方米的商铺抵押价值估价为43,260,000元。

(3)金大陆叶县房地产公司因未按照(2016)豫04民终114号民事调解书确定的协议内容履行相应义务，李某向法院申请强制执行，河南省叶县人民法院于2016年9月29日作出(2016)豫0422执742号执行裁定，裁定“将被执行人金大陆叶县房地产公司所有的位于叶县昆阳大道南段路西汇通国际2号楼1－2层商业房屋所有权(证号：叶房其字第00123号)过户到李某名下”。在办理过户手续中，李某于2016年10月11日交纳税款747,483.97元，叶县房地产管理局就诉争商铺于2016年10月13日向李某颁发房屋所有权证。现上述商铺由李某实际占有、控制。

因(2016)豫04民终114号民事调解书强制执行后，过户给李某的商铺包含李某国与金大陆叶县房地产公司签订认购书所购买的商铺，李某国以其2018年9月5日才得知其权利受到侵害为由，于2018年9月10日向平顶山市中级人民法院提起第三人撤销之诉，请求撤销(2016)豫04民终114号民事调解书。

【案件争点】

1. 李某国是否具备提起第三人撤销之诉的适格主体资格。

2. (2016)豫04民终114号民事调解书是否部分内容或全部内容错误，是否侵害李某国的合法权益，应否部分或全部撤销。

【裁判要旨】

1. 关于李某国是否具备提起第三人撤销之诉的适格主体资格的问题。《民事诉讼法》第56条规定，对于诉讼标的有独立请求权或者案件处理结果同他有法律上的利害关系的第三人，因不能归责于本人的事由未参加诉讼，但有证据证明发生法律效力的判决、裁定、调解书的部分或者全部内容错误，损害其民事权益的，可以自知道或者应当知道其民事权益受到损害之日起6个月内，向作出该判决、裁定、调解书的人民法院提起诉讼。本案中，李某国与金大陆叶县房地产公司于2014年11月23日签订《金大陆·××××商铺认购书》，该认购书对商铺位置、单价、总价、违约责任等具体事项均进行了约定，并且李某国已实际向金大陆叶县房地产公司交纳了认购书约定的优惠后的总价款1,245,977元，根据《商品房买卖合同司法解释》第5条关于“商品房的认购、订购、预订等协议具备《商品房销售管理办法》第十六条规定的商品房买卖合同的主要内容，并且出卖人已经按照约定收受购房款的,该协议应当认定为商品房买卖合同”的规定,李某国与金大陆叶县房地产公司签订的《金大陆·××××商铺认购书》应依法认定为商品房买卖合同,双方之间成立商品房买卖合同关系。金大陆叶县房地产公司对包括李某国所购买商铺在内的2472.28平方米商铺与李某在另案中达成调解协议,对涉案商铺进行处分,并由法院作出调解书予以确认,该案处理结果与李某国具有法律上的利害关系。李某国确未参加另案诉讼,且现有证据不能证明李某国未参加另案诉讼的责任在于其本人,其未参加另案诉讼的情形,符合《民事诉讼法司法解释》第295条所规定的“民事诉讼法第五十六条第三款规定的因不能归责于本人的事由未参加诉讼,是指没有被列为生效判决、裁定、调解书当事人,且无过错或者无明显过错的情形。包括:(一)不知道诉讼而未参加的……(四)因其他不能归责于本人的事由未参加诉讼的”之情形;李某国长期在青海工作、生活,其所称不知道另案诉讼结果及强制执行结果,直到2018年9月金大陆叶县房地产公司才告知相关情况的陈述,符合常理,且李某、张某霞不能提交充分有效证据证明李某国提起本案诉讼超过法律规定的6个月的除斥期间,故李某国提起本案诉讼也符合法律规定的第三人撤销之诉程序要件。综上,李某国具备提起第三人撤销之诉的适格主体资格,李某、张某霞认为李某国起诉已超过6个月的除斥期间,且其起诉不符合法律规定的第三人撤销之诉的实体条件的抗辩理由依据不足,不予采信。

2. 关于(2016)豫04民终114号民事调解书是否部分内容或全部内容错误,是否侵害李某国的合法权益,应否部分或全部撤销的问题。本案中,李某国就涉案商铺与金大陆叶县房地产公司签订书面购房合同在金大陆叶县房地产公司与李某的委托代理人张某霞签订《商品房买卖合同》及《借款协议》前;且李某国在金大陆叶县房地产公司与李某的委托代理人张某霞签订《商品房买卖合同》及《借款协议》前已支付了大部分购房款;现有证据也证明,至少在另案诉讼发生前,金大陆叶县房地产公司已按其与李某国就涉案商铺签订的租赁合同约定按月向李某国支付租金,李某国已实际行使了对涉案房屋的处分权。故在另案诉讼发生前,李某国对涉案商铺已享有具有物权期待权性质的特种债权,该特种债权应优于普通债权得到保护。因李某国所认购商铺包含于(2016)豫04民终114号民事调解书确认的协议第2项所约定的房屋范围内,在李某国因不能归责于本人的事由未参加该案诉讼的情况下,该(2016)豫04民终114号民事调解书确认的协议第2项导致李某国请求金大陆叶县房地产公司履行认购合同出现障碍,故该民事调解书部分内容错误,损害了李某国的合法民事权益,对该调解书第2项涉及李某国所认购涉案商铺部分应予撤销。综上，李某、张某霞认为李某国对金大陆叶县房地产公司享有的是普通债权，不能对抗李某已经依据物权变动登记公示公信的原则所取得的房屋所有权的抗辩理由也不能成立，不予采信。

法院最终判决：(1)撤销河南省平顶山市中级人民法院(2016)豫04民终114号民事调解书确认的协议第2项约定的房产中涉及李某国所认购的金大陆·×××北215号商铺(建筑面积169.83平方米)的内容；(2)驳回李某国的其他诉讼请求。

例案三 王某与曹某民、大连天源高级润滑油厂等房屋买卖合同纠纷第三人撤销之诉案

【法院】

辽宁省大连市中级人民法院

【案号】

(2018)辽02民撤1号

【当事人】

原告：王某

被告一：曹某民

被告二：大连天源高级润滑油厂

被告三：崔某财(大连天源高级润滑油厂原法定代表人)

被告四：马某东(大连天源高级润滑油厂厂长)

被告五：张某军

被告六：大连祥和房屋开发有限公司

【基本案情】

2006年4月10日，大连祥和房屋开发有限公司(以下简称祥和公司)与大连天源高级润滑油厂(以下简称润滑油厂)签订《合作开发协议书》，就被告祥和公司所取得的11.7万平方米建设用地使用权中“祥和花园”41号楼建设项目与润滑油厂合作开发，共同经营。其中，祥和公司以土地作价18,530万元出资，润滑油厂以现金1072万元出资，双方约定采用松散形式经营，共筹资金、共同开发、共担风险、共负盈亏、利润共享，项目竣工后统一销售，按最终双方投资比例分配成本费用及收入。后润滑油厂与张某军签订《祥和花园41号楼工程协议书》，约定由张某军整

体承包41号楼工程。

2006年6月6日,曹某民与润滑油厂签订《购房协议》,约定润滑油厂将与祥和公司联合开发的祥和花园B区41号楼东起1号、2号公建、3门洞7楼3号、2门洞7楼3号预售给曹某民,预售价格为公建单价6000元,住宅单价3800元;双方一致同意价格不变,如一方违约则付违约金10%;付款方式为先付房款金额50%,即140万元,6月末再付60万元,剩余房款开盘贷款后付清。

曹某民称,为履行该协议,其向案涉项目实际施工人张某军支付购房款共计230万元,第一笔:2006年5月31日曹某民以其经营的大连海纳国际储运有限公司转账支票形式支付100万元,由张某军向曹某民出具收条并于2006年6月6日存入润滑油厂账户;第二笔:2006年6月6日曹某民同样以其关联单位大连丰华油漆厂开具的转账支票形式支付15万元,由张某军向曹某民出具收条并于6月8日存入润滑油厂账户;第三笔:2006年6月23日曹某民以现金形式向张某军支付75万元;第四笔:2006年6月29日支付现金15万元,上述四笔款项均由张某军签字并向曹某民出具收条;第五笔:2006年10月5日曹某民以转账支票形式支付张某军10万元,由张某军向其出具借条,该转账支票付款单位系大连海纳国际储运有限公司,收款单位为大连炮台腾飞商贸有限公司;第六笔:2006年10月25日,大连世纪长兴建筑公司与曹某民签订抵账合同,约定用曹某民所有的车牌号×××车辆抵顶购房款15万元,合同尾部大连世纪长兴建筑公司由张某军签字,曹某民处由其本人签字。

润滑油厂原法定代表人崔某财认可签订购房合同当日,曹某民直接将两张票面金额分别为100万元和15万元的支票交给了润滑油厂的会计,同年6月15日,曹某民又将一张25万元的支票交给润滑油厂会计,并于当天存入润滑油厂账户,润滑油厂共收到房款140万元。润滑油厂称从未授权张某军代为收取任何购房款项,张某军与润滑油厂之间关于施工合同涉及的工程款项已经全部结算完毕,润滑油厂不欠张某军钱。

润滑油厂系个人独资企业,与曹某民签订合同时的法定代表人是崔某财,2011年2月16日崔某财与马某东签订《转让协议》,将润滑油厂转让给马某东经营并到工商部门办理了变更手续,双方对企业债权债务的承担没有明确约定。

2008年11月4日,曹某民向大连市甘井子区人民法院提起诉讼,请求判令润滑油厂、张某军继续履行合同,交付《购房协议》中约定的三套房屋,即原大连祥和花园B区41号楼东起1号、2号总面积约370平方米两套(甘井子区姚胜园3号楼 1 号、2 号公建）、甘井子区姚胜园 3 号楼 × - × - × 面积约 76 平方米的住宅房屋一套，请求判令二被告返还甘井子区姚胜园 3 号楼 × - × - × 的购房款本金 288,800 元等。

经曹某民申请，祥和花园 01 区 41 号楼 × - × - × 号房屋被甘井子区人民法院查封，查封期限为 2008 年 12 月 18 日至 2010 年 12 月 17 日。

2009 年 4 月 23 日，祥和公司出具说明：祥和花园 41 号楼 × - × - × 号，测量后的面积为 97.64 平方米。

在诉讼过程中，法院查明《购房协议》中约定的四套房屋中，除 41 号楼 × - × - × 号房屋外，其余三套房屋已出售给案外人并办理商品房登记备案或产权手续。一审判决作出后，该案经上诉被发回重审，重审时曹某民变更诉讼请求为：请求判令润滑油厂交付甘井子区姚胜园 3 号祥和花园 01 区 41 号楼 × - × - × 号房屋，并由祥和公司协助办理该房的产权过户手续，请求判令润滑油厂双倍返还已付购房款 3,857,936 元，并向原告支付违约金 280,000 元等。庭审中，润滑油厂、祥和公司均表示同意继续交付祥和花园 01 区 41 号楼 × - × - × 号房屋。大连市甘井子区人民法院于 2011 年 12 月 8 日作出（2011）甘审民初字第 31 号民事判决，该判决的第 1 项为：被告润滑油厂自本判决发生法律效力之日起 10 日内向原告曹某民交付位于甘井子区姚胜园 3 号祥和花园 01 区 41 号楼 × - × - × 号房屋一套（房价为97.64平方米 ×3800 元 =371,032 元），并由被告祥和公司协助办理该房产权手续。曹某民不服该判决提起上诉，大连市中级人民法院于 2012 年 4 月 11 日作出（2012）大民二终字第 570 号民事判决。该判决的第 1 项内容为“维持大连市甘井子区人民法院（2011）甘审民初字第 31 号民事判决第一、五项”。润滑油厂不服二审判决申请再审，大连市中级人民法院再审对原审认定的事实予以确认，并于 2015 年 3 月 25 日作出（2015）大审民终再字第 19 号民事判决。该判决的第 1 项内容为，“维持本院（2012）大民二终字第 570 号民事判决第一项”。

2016 年 6 月 13 日，大连市甘井子区人民法院作出（2015）甘查字第 1599 号执行裁定书、协助执行通知书，将案涉房屋过户到曹某民名下，并将该房屋解除查封。

王某系大连丰华油漆厂法定代表人。2006 年 6 月 8 日，大连丰华油漆厂出具 01517580 号转账支票，收款人为润滑油厂，金额为 15 万元，用途为“预 * 款”（注：* 处被印章覆盖，无法辨认）。2006 年 7 月 7 日，王某通过其工商银行账户向户名为张某军的账户转账 25 万元。2008 年 11 月 17 日，润滑油厂出具《41 号楼办理手续房源》，润滑油厂法定代表人崔某财、祥和公司法定代表人董某在该表上签字。该房源表显示：买受人王某，楼号41号×－×－×，面积97.64平方米，单价3800元，总房款371,032元。此后，祥和公司为王某办理入住手续，王某向案涉房屋的物业服务单位缴纳了2010年至2011年物业管理费。崔某财、曹某民、祥和公司均认可王某实际占有×－×－×号房屋，且曹某民认可其曾向王某租住案涉房屋。

另查明，据(2008)甘民初字第4063号卷宗记载，张某军于2006年6月6日出具《收条》一份，内容为："收曹某民购房款人民币壹拾伍万元整(150,000)。支票号01517576。"(2011)甘审民初字第31号案件卷宗记载，大连甘井子农村合作银行进账单一张，日期2006年6月8日，出票人大连丰华油漆厂，金额15万元，票据号码7580，收款人润滑油厂。

王某认为(2015)大审民终再字第19号民事判决(以下简称19号判决)内容错误、侵犯其合法权益，遂诉至大连市中级人民法院，请求撤销19号判决第1项中"被告大连天源高级润滑油厂自本判决发生法律效力之日起十日内向原告曹某民交付位于甘井子区姚胜园3号祥和花园01区41号楼×－×－×号房屋一套(房价为97.64平方米×3800元=371,032元)，并由被告大连祥和房屋开发有限公司协助办理该房产权手续"判决内容。

【案件争点】

王某的起诉是否符合第三人撤销之诉的受理条件，其诉讼请求是否应得到支持。

【裁判要旨】

第一，关于王某是否具有提起第三人撤销之诉的原告主体资格。《民事诉讼法》第56条第3款规定："前两款规定的第三人，因不能归责于本人的事由未参加诉讼，但有证据证明发生法律效力的判决、裁定、调解书的部分或者全部内容错误，损害其民事权益的，可以自知道或者应当知道其民事权益受到损害之日起六个月内，向作出该判决、裁定、调解书的人民法院提起诉讼。人民法院经审理，诉讼请求成立的，应当改变或者撤销原判决、裁定、调解书；诉讼请求不成立的，驳回诉讼请求。"本案中，王某就祥和花园41号楼×－×－×号房屋主张权利，该房屋亦是19号案件的争议标的，其认为自己对案涉房屋有独立请求权，属于《民事诉讼法》第56条规定的第三人。虽然王某对案涉房屋的权利并非物权而是转移所有权的债权请求权，但该权利不同于普通债权，应当属于可以提起第三人撤销之诉的权利范围。根据《民事诉讼法司法解释》第295条的规定，《民事诉讼法》第56条第3款规定的因不能归责于本人的事由未参加诉讼，是指没有被列为生效判决、裁定、调解书当事人，且无过错或者无明显过错的情形。包括：(1)不知道诉讼而未参加的；(2)申请参加未获准许的；(3)知道诉讼，但因客观原因无法参加的；(4)因其他不能归责于本人的事由未参加诉讼的。本案中，王某未被列为19号案件的当事人，且现无证据证实其未参加19号案件的诉讼系其本人有过错或有明显过错，故王某提起第三人撤销之诉主体适格。

第二，关于王某提起诉讼是否超过第三人撤销之诉的起诉期限。王某主张其于2017年9月13日查询得知案涉房屋的登记情况，才知道其权利受到损害，曹某民虽不予认可，但并未提供证据证明王某何时得知19号判决内容，也未提供证据证明相关执行通知、腾退通知等已向王某送达，即现无证据认定王某自知道或者应当知道其民事权益受到损害之日起超过6个月提起诉讼，故王某的起诉符合第三人撤销之诉的受理条件，本案应就其诉讼请求是否成立进行实体审理。

第三，关于19号判决中“被告大连天源高级润滑油厂自本判决发生法律效力之日起十日内向原告曹某民交付位于甘井子区姚胜园3号祥和花园01区41号楼×－×－×号房屋一套(房价为97.64平方米×3800元＝371,032元)，并由被告大连祥和房屋开发有限公司协助办理该房产权手续”这一内容是否错误，是否损害王某的民事权益。

首先，从签订房屋买卖合同来看，曹某民与润滑油厂签订《购房协议》的事实清楚，能够证明协议双方就买卖包括案涉房屋在内的四套房屋达成合意，协议的双方当事人对此从未提出异议。从协议内容看，其中第2条约定，“祥和花园3门洞7楼3号面积大约76平方米左右……”虽然未写明楼号，但该协议第一句已经注明“与祥和房屋开发有限公司联合开发商天源高级润滑油厂签订购房协议”，而润滑油厂与祥和公司联合开发的房屋只有41号楼一栋楼，故可以确定该协议约定的房屋与王某主张的房屋系同一标的物。关于房屋面积不符的问题，因购房协议签订时房屋尚未建成，面积存在误差符合常理，而且，在诉讼过程中，祥和公司出具证明明确了房屋面积。因曹某民购买的四套房屋中有三套已登记到案外人名下，润滑油厂、祥和公司均同意按照协议交付×－×－×号房屋，故可以认定曹某民、润滑油厂、祥和公司对曹某民购买×－×－×号房屋均无异议。而王某虽持有《祥和花园销售协议》，但润滑油厂当时的负责人崔某财对协议上的公章不认可，因该协议系复印件，公章的真伪无法通过鉴定明确，而且协议中代表润滑油厂签字的是“张某军”，王某并未举证证明张某军系润滑油厂的委托代理人或其签字行为构成表见代理，故难以认定王某与润滑油厂就案涉房屋签订了买卖合同。

其次，从房款的交付来看，曹某民提举大量证据证明其向案涉项目实际施工人张某军支付购房款共计230万元，而润滑油厂崔某财确认收到房款140万元，无论生效判决最终认定曹某民已付购房款的数额是多少，仅就本案争议的×－×－×号房屋而言，润滑油厂实际收到的款项已经远超过双方在购房协议中约定的房屋价款；而王某主张的已付40万元购房款中，其中15万元体现为转账支票，25万元系向房屋的实际施工人张某军支付，在润滑油厂不认可且无证据证实张某军系润滑油厂的委托代理人、张某军有权代润滑油厂签订房屋买卖合同并代收房款或者其收取房款构成表见代理的情况下，难以认定王某已向润滑油厂支付案涉房屋的全部房款。至于王某主张曹某民支付的15万元支票实际系由王某支付一节，因曹某民支付15万元房款已得到润滑油厂的认可，按照支票的使用习惯，润滑油厂作为收款人无须审查持票人所持有的票据的来源，故19号判决认定曹某民支付了15万元并无不当，如果王某认为曹某民无正当理由使用丰华油漆厂开具的支票，其应另行向曹某民主张权利。另外，虽然崔某财辩称仅收到一笔15万元的支票，但其并未提交润滑油厂的全部账目证实该节事实，依据现有证据尚不能确认润滑油厂的辩称属实。退一步讲，即使润滑油厂仅收到一笔15万元支票且系由王某支付，也并不影响法院对于曹某民已付房款超过案涉房屋的价款而王某未向润滑油厂支付全部购房款的判定。

最后，从房屋的占有情况来看，本案各方当事人均认可王某实际占有了案涉房屋，但对于其占有的原因则说法不一。从现有证据来看，王某实际占有案涉房屋的具体日期尚不明确，但可以明确的是，案涉房屋于2008年12月因曹某民的申请被法院查封。在房屋被查封且润滑油厂及祥和公司均同意向曹某民交付的情况下，王某对案涉房屋的占有并无合法依据。

综上，曹某民、王某均主张购买了案涉房屋，本案涉及“一房二卖”问题，需要比较哪一方的权利更应获得保护。因王某无法证明就案涉房屋存在依法成立的买卖合同、其已经支付案涉房屋的全部价款、其对案涉房屋的占有系合法占有，故其权利与曹某民在19号案件中的权利相比并不具有优先性。如前分析，19号案件依据各方当事人提交的证据，判令向曹某民交付案涉房屋并无不当。不可否认，王某在案涉房屋上确有投入，但其本人作为企业经营管理人员，理应知道购买商品房及办理房屋产权登记应当符合法律规定的条件和流程，在案涉房屋被查封至再审判决作出近7年的时间，其并未向法院提出任何异议或诉请。即使王某的权利确实受到损害，亦非19号判决造成，其可向损害其权利的主体另行主张权利，以第三人撤销之诉途径救济权利不能得到支持。

综上所述，王某不能证明19号判决的部分内容错误并且损害其合法权利，其诉讼请求事实依据和法律依据不足，不予支持。

三、裁判规则提要

（一）“一房二卖”的法律构造及效果

“一房二卖”是指房屋所有权人将登记在自己名下的同一处房屋先后出卖给不同的买受人。在实践中，出卖人就同一房屋可能会分别签订数份买卖合同，不仅仅会出现一房“二卖”，还可能出现“多卖”的情况。此处的“房”和“卖”均应做广义理解，“房”不仅包括商品房，还包括合法的自用房（二手房）、可流转的建设用地使用权和土地承包经营权。“卖”不仅指买卖合同，还包括代物清偿等情形，但不应包括以转让房屋所有权方式进行的担保。

“一房二卖”所引发的法律纠纷在于，当存在数份买卖合同指向同一标的物时，出卖人仅能选择其中一份合同实际履行，其他的合同将会陷入事实上的履行不能，而这些合同所对应的买受人最终无法顺利取得房屋所有权。依照合同与物权行为的区分原则，[①]在不存在《合同法》第52条（参见《民法典》第146条、第153条、第154条）所规定的合同无效的特殊情形下，合同最终是否会被实际履行并不会影响合同自身的效力，即在出卖人是房屋合法所有权人时，即使签订数份房屋买卖合同，在法律性质上均属于有权处分，数份合同均有效。因陷入履行不能而未被实际履行的合同的当事人可以主张解除合同，并要求出卖人承担违约责任。

结合房屋作为不动产的物权变动模式，具体而言，“一房二卖”可能发生四种实际履行的情况：（1）房屋已经过户登记给一方买受人；（2）房屋并未过户登记给任何一方，但已为其中一方办理预告登记；（3）房屋并未过户登记给任何一方，但是否交付、付款情况和合同签订时间等履行细节不同；（4）出卖人与某个买受人存在恶意串通等可能导致合同无效的情形。

在第一种情况下，由于我国不动产物权变动采用登记生效主义，当出卖人与一方买受人完成过户登记时，房屋所有权已经发生变动，其他买受人仅能依照买卖合

---

① 虽然我国学界主流学说和司法实践并不承认物权行为的无因性，但合同与物权行为的可分性已经被立法观点采纳，参见《民法典》第597条第1款，因出卖人未取得处分权致使标的物所有权不能转移的，买受人可以解除合同并请求出卖人承担违约责任。

同向出卖人主张违约责任。在第二种情况下,根据《物权法》之规定(《民法典》第221条),预告登记后,未经预告登记的权利人同意,处分该不动产的,不发生物权效力。此时虽然房屋没有发生实际的所有权变动,但预告登记人所享有的债权已经被"物权化",具有优先效力。在第三种情况下,基于债的平等性特征,理论上无论合同具体履行情况如何,所有的买受人应当处于同等权利顺位。但是,出于效率的考量,司法解释和会议纪要对于"一物数卖""一房数租""一房数卖"等情形下债的平等性均作出了一定变通,根据占有情况、价款支付及合同签订时间等履行情况确定各债权人的权利顺位。在"一房二卖"情形下,会议纪要观点认为,一般应按照已经办理房屋所有权变更登记、合法占有房屋以及买卖合同成立先后等顺序确定权利保护顺位,在前述三个例案中均援引此观点认定不同买受人之权利顺位及权益是否被损害。在第四种情况下,对于恶意串通损害第三人利益的,合同无效,依照主流的"物权行为有因性学说",即使完成过户登记也不发生所有权变动效果。会议纪要进一步规定,具有恶意串通情形的,买受人权利顺位劣后于其他买受人。

值得注意的是,除了一般的"一房二卖"处理规则,在实践中拆迁人与被拆迁人签订所有权调换拆迁补偿协议所取得拆迁安置房被拆迁人再次出售或折抵工程款的例案亦屡见不鲜。

(二)"一房二卖"中第三人撤销之诉构成要件的涵摄

我国《民事诉讼法》规定,第三人因不能归责于本人的事由未参加诉讼,但有证据证明发生法律效力的判决、裁定、调解书的部分或者全部内容错误,损害其民事权益的,可以自知道或者应当知道其民事权益受到损害之日起6个月内,向作出该判决、裁定、调解书的人民法院提起诉讼。结合《民事诉讼法司法解释》的规定,可以将我国民事诉讼中第三人撤销之诉的要件具体拆分为形式要件和实质要件。

1."一房二卖"第三人撤销之诉中的形式要件判断

形式要件是指满足程序性要件使原告具备提起第三人撤销之诉的资格,具体包括:(1)主体条件:是原生效裁判庭审过程中所遗漏的第三人,既包括对诉讼标的有独立请求权的第三人,又包括对诉讼标的没有独立请求权但案件处理结果同他有法律上利害关系的无独立请求权第三人;(2)时间条件:第三人撤销之诉应当在知道或者应当知道自身民事权益受损之日起6个月内提出;(3)管辖条件:第三人撤销之诉应当向作出该判决、裁定、调解书的人民法院提起。值得注意的是,在形式要件的判断中并不要求原告证明原生效裁判内容错误及自身民事权益受损，只要第三人认为原生效裁判内容错误及自身民事权益受损，法院即应当受理第三人的起诉。对于不满足上述形式条件的法院应当不予受理，已经受理的驳回起诉。

在“一房二卖”的纠纷中，买受人对于所涉标的房屋虽然不具有直接物权，也不是出卖人与其他买受人法律关系中的当事人，但买受人具有转移所有权的债权请求权。此时，应当认为买受人对诉讼标的具有独立请求权，属于《民事诉讼法》第56条所规定的有独立请求权的第三人。因此，即使“一房二卖”中的买受人权利顺位靠后或者原裁判文书没有任何错误，也无法否认买受人提起第三人撤销之诉的资格。

2.“一房二卖”第三人撤销之诉中实质要件判断

第三人撤销之诉的实质要件包括：(1)因不能归责于本人的事由未参加诉讼；(2)发生法律效力的判决、裁定、调解书的全部或者部分内容错误；(3)发生法律效力的判决、裁定、调解书内容错误损害其民事权益。在审判阶段，如果主张第三人撤销之诉的第三人未能举证证明以上三个实质要件，应当认为第三人的诉讼请求不能成立，依法应当驳回诉讼请求。

针对第一个要件，我国司法解释中对于不能归因于本人事由未参加诉讼的情形进行了类型化列举。根据《民事诉讼法司法解释》第295条之规定，《民事诉讼法》第56条第3款规定的因不能归责于本人的事由未参加诉讼，是指没有被列为生效判决、裁定、调解书当事人，且无过错或者无明显过错的情形。包括：(1)不知道诉讼而未参加的；(2)申请参加未获准许的；(3)知道诉讼，但因客观原因无法参加的；(4)因其他不能归责于本人的事由未参加诉讼的。

针对第二个和第三个要件，在司法实践中常常结合起来判断，如果法院生效裁判文书确实侵害了第三人的合法权益，遗漏了第三人的正当诉求并且该诉求会导致原裁判结果的变化，那么法院生效裁判文书自然是存在内容错误的。在“一房二卖”纠纷中，针对此二要件最大的理论争议焦点便在于，买受人对于标的房屋所享有的债权或顺位利益，是否属于《民事诉讼法》和《民事诉讼法司法解释》所规定的“民事权益”。

从体系解释的角度，第三人撤销之诉制度中所保护的“民事权益”应当与《民法典》保持一致，一般债权无法被纳入“民事权益”保护的范畴之中。《侵权责任法》第2条所界定的“民事权益”包括“生命权、健康权、姓名权、名誉权、荣誉权、肖像权、隐私权、婚姻自主权、监护权、所有权、用益物权、担保物权、著作权、专利权、商标专用权、发现权、股权、继承权等人身、财产权益”。此条是一个封闭性列举,可见普通债权并未被纳入立法所称“民事权益”的范畴。在2019年《九民会议纪要》中也体现出了类似的观点。《九民会议纪要》第120条规定,第三人撤销之诉中的第三人仅局限于《民事诉讼法》第56条规定的有独立请求权及无独立请求权的第三人,而且一般不包括债权人。但是,设立第三人撤销之诉的目的在于,救济第三人享有的因不能归责于本人的事由未参加诉讼但因生效裁判文书内容错误受到损害的民事权益,因此,债权人在特定情况下可以提起第三人撤销之诉。虽然《九民会议纪要》的规制思路是从主体的适格性界定一般债权人与诉讼标的并不存在法律上的因果关系,进而否定了一般债权人的第三人身份,但其中也蕴含普通债权作为相对权在一般情况无法被纳入“民事权益”予以保护的法理逻辑。

但是,“一房二卖”中买受人所享有的权益并非普通债权,是基于对于涉案标的物产生争夺、支配关系的非金钱债权,特别是权利顺位优先的买受人所享有的债权实际已经具备一定可以依法请求优先实现的“物权期待性质”,此时这种特种债权具备特别保护的必要,类似观点在例案二中可以得到印证。因此,为了更好地保护司法解释和会议纪要对于“一房二卖”中具有优先顺位买受人的利益,对于《民事诉讼法》中的“民事权益”应当作出扩大解释,将法律明确规定基于特别保护的债权纳入第三人撤销之诉所保护的权益范围。2019年《九民会议纪要》第120条第1项将这一实践普遍的做法成文化,明确规定如果该债权是法律明确给予特殊保护的债权,如《合同法》第286条规定的建设工程价款优先受偿权,《海商法》第22条规定的船舶优先权,债权人可以提起第三人撤销之诉。在例案一中,河北省高级人民法院也采纳了类似观点,提出了两点说理思路:(1)如果债权被法律特别予以保护,如债权人的撤销权,其应当被纳入第三人撤销之诉所保护的“民事权益”范畴中;(2)如果案外第三人主张其已先于原诉讼买受人从出卖人处购买该房屋,并已经支付了全部购房款及交付使用,或者办理了预售登记,符合《关于人民法院民事执行中查封、扣押、冻结财产的规定》第17条规定的情形,因依法享有排除查封、扣押、执行的权利,因而也应具有排除其他债权请求权的排他性效力,故此类情形还是应该纳入第三人撤销之诉保护的“民事权益”范围,通过审理确定谁具有在先的请求权而予以保护,否则第三人的合法权益无法保护。

综上所述,我们认为“一房二卖”中权利顺位优先的债权人所享有的债权并非普通债权,而是法律予以特殊保护的特种债权。此种特种债权随着房屋买卖合同实际履行情况的推进，具有一定的“物权期待性质”甚至是排他性效力。因此，权利顺位优先的买受人可以以其权利优先顺位受到侵害为由向法院提起第三人撤销之诉，经审理发现买受人的权利优先顺位若确实受到已生效裁判文书侵害并存在内容错误，法院应当判决支持其诉讼请求。

四、辅助信息

高频词条：

《民事诉讼法》

第59条 对当事人双方的诉讼标的，第三人认为有独立请求权的，有权提起诉讼。

对当事人双方的诉讼标的，第三人虽然没有独立请求权，但案件处理结果同他有法律上的利害关系的，可以申请参加诉讼，或者由人民法院通知他参加诉讼。人民法院判决承担民事责任的第三人，有当事人的诉讼权利义务。

前两款规定的第三人，因不能归责于本人的事由未参加诉讼，但有证据证明发生法律效力的判决、裁定、调解书的部分或者全部内容错误，损害其民事权益的，可以自知道或者应当知道其民事权益受到损害之日起六个月内，向作出该判决、裁定、调解书的人民法院提起诉讼。人民法院经审理，诉讼请求成立的，应当改变或者撤销原判决、裁定、调解书；诉讼请求不成立的，驳回诉讼请求。

《民事诉讼法司法解释》

第290条 第三人对已经发生法律效力的判决、裁定、调解书提起撤销之诉的，应当自知道或者应当知道其民事权益受到损害之日起六个月内，向作出生效判决、裁定、调解书的人民法院提出，并应当提供存在下列情形的证据材料：

（一）因不能归责于本人的事由未参加诉讼；

（二）发生法律效力的判决、裁定、调解书的全部或者部分内容错误；

（三）发生法律效力的判决、裁定、调解书内容错误损害其民事权益。

《八民会议纪要》

第15条 审理一房数卖纠纷案件时，如果数份合同均有效且买受人均要求履行合同的，一般应按照已经办理房屋所有权变更登记、合法占有房屋以及合同履行情况、买卖合同成立先后等顺序确定权利保护顺位。但恶意办理登记的买受人，其权利不能优先于已经合法占有该房屋的买受人。对买卖合同的成立时间，应综合主管机关备案时间、合同载明的签订时间以及其他证据确定。

第三人撤销之诉案件裁判规则第10条：

基于保全行为对前诉标的享受权利的债权人不能提起第三人撤销之诉

〔**规则描述**〕：财产保全，是指人民法院为了确保将来的生效法律文书得以顺利执行或者防止申请人遭受不可弥补的损害，及时、有效地保护当事人或者利害关系人的合法权益，采取的限制有关财产处分或转移的强制措施。财产保全行为会对被执行人所有权的占有、使用、收益及处分权能形成剥夺或限制，同时申请人对于保全财产处分后所有价款的分配享有优先权。但是，此种优先受偿权并非对被保全财产享有的实体上的权利，案外人无法以查封人的名义参加原审诉讼，因此其也无法以第三人的名义提起撤销权诉讼。案外人的保全权利虽然因为原审案件中物权的成立而受到影响，但其享有的实体权利即债权并未受到影响，仍可以查封、执行被执行人的其他财产。

一、类案检索大数据报告

时间：2020年6月15日之前，案例来源：Alpha案例库，案件数量：38件，关键词：第三人撤销之诉、保全、原告主体资格。本次检索获取2020年6月15日前共38篇裁判文书，经逐案阅读、分析，排除无效的不相关案件21件，共得到案件17件。从法院是否支持保全权利人提起第三人撤销之诉的结果来看，认为具有原告主体资格的案件8件，占比为47.06%；认为不具有原告主体资格驳回起诉的案件9件，占比为52.94%，详见图10－1。

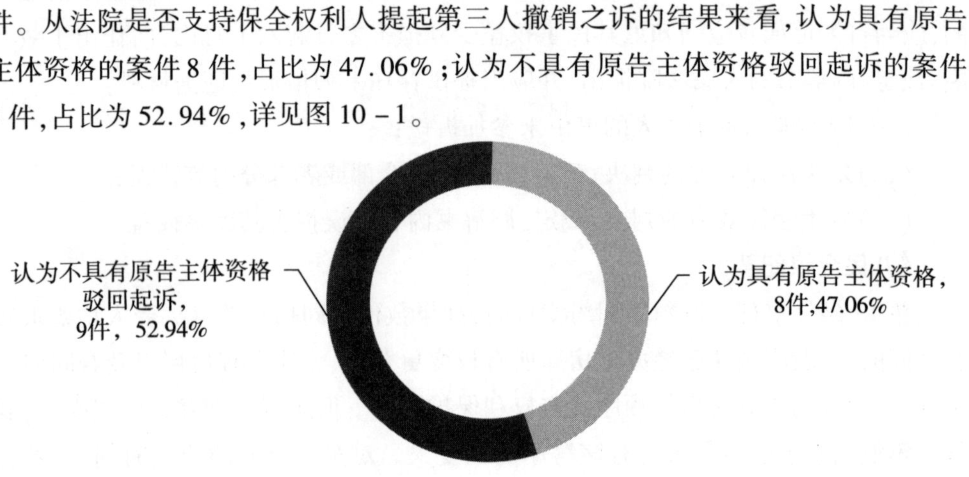

图10－1 保全权利人是否可以提起第三人撤销之诉

案件年份分布情况如下：2017 年案件数量为 6 件，2017 年案件数量为 5 件，2019 年案件数量为 4 件。

如图 10－2 所示，从案件地域分布情况来看，当前条件下案件主要集中在四川省、安徽省、山东省，分别占比为 23.53%、17.65%、17.65%。其中，四川省的案件数量最多，达到 4 件。

图 10－2　案件主要地域分布

如图 10－3 所示，从相关案件审理程序来看，适用一审程序审理的有 6 件，占比为 35.29%；适用二审程序审理的有 8 件，占比为 47.06%，适用再审程序审理的有 1 件，占比为 5.88%；使用其他程序审理的有 2 件，占比为 11.76%。

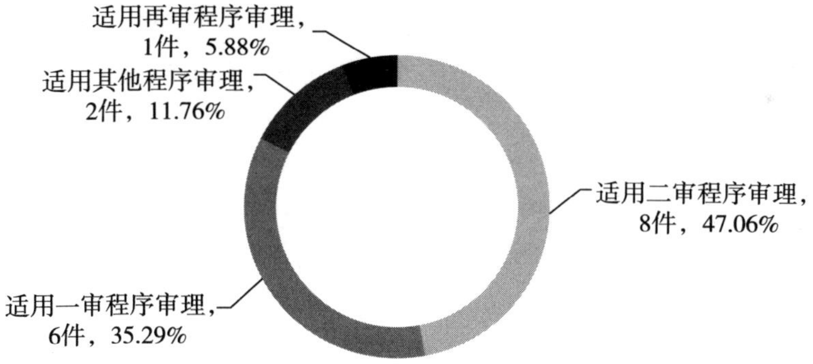

图 10－3　适用审理程序分类情况

二、可供参考的例案

例案一　陈某平、乌兰察布市诚信清真餐饮有限公司与乌兰察布市集宁区宏盛纸业有限公司二审案

【法院】

内蒙古自治区高级人民法院

【案号】

(2017)内民终 189 号

【当事人】

上诉人(原审原告):陈某平

上诉人(原审被告):乌兰察布市诚信清真餐饮有限公司

被上诉人(原审被告):乌兰察布市集宁区宏盛纸业有限公司

【基本案情】

2014 年 11 月 11 日,陈某平起诉乌兰察布市诚信清真餐饮有限公司(以下简称诚信公司)、牛某、杨某民间借贷纠纷一案,经集宁区人民法院调解达成调解协议并作出(2014)集民初字第 1370 号民事调解书:(1)由诚信公司、牛某、杨某于 2014 年 12 月 30 日前连带给付陈某平借款本金 380 万元,在 2015 年 1 月 30 日前给付借款利息 216.6 万元。保全费 5000 元由陈某平负担。(2)双方无其他争议。案件受理费 49,278 元,减半收取 24,639 元,由诚信公司、牛某、杨某连带负担。该案起诉前,陈某平申请诉前财产保全,集宁区人民法院于 2014 年 9 月 11 日作出(2014)集民保字第 61 号民事裁定书,对诚信公司在信用社的股金 525.92 万元采取冻结措施,并分别查封了案涉三名担保人各一处房屋档案。由于诚信公司、牛某、杨某未履行给付义务,2015 年 5 月 5 日,集宁区人民法院作出(2015)集法执字第 189 号民事裁定书,查封冻结了诚信公司在农商行(前身为信用社)的股金及股息或红利 6,435,469元。

另查明,2014 年 7 月 25 日,诚信公司与乌兰察布市集宁区宏盛纸业有限公司(以下简称宏盛公司)达成协议,诚信公司将其持有的价值为 1680 万元的信用社股份转让给宏盛公司,以偿付其所欠宏盛公司的借款。协议签订后,诚信公司并未按照协议约定办理相关股权转让变更手续。宏盛公司因此起诉至集宁区人民法院。该院于 2015 年 5 月 20 日作出(2015)集民初字第 599 号民事判决,认定案涉《股权转让协议书》有效,判令诚信公司在判决生效 10 日内向宏盛公司办理股权转让变更手续。诚信公司不服一审判决上诉至乌兰察布市中级人民法院,该院作出(2015)乌商终字第 43 号民事判决,维持了一审判决。2015 年 11 月 20 日,宏盛公司向集宁区法院提交执行异议申请书,集宁区法院于 2015 年 12 月 14 日作出了(2015)集执字第 189－5 号执行裁定书,驳回了案外人宏盛公司的异议。

一审法院认为,对于陈某平提出的(2015)集民初字第 599 号民事判决与(2015)乌商终字第 43 号民事判决认定事实错误的起诉理由,在陈某平与诚信公司、牛某、杨某民间借贷纠纷一案中的诉讼标的为596.6万元的债权，宏盛公司与诚信公司在合同纠纷案中的诉讼标的是作价为1680万元的9,172,800股权，两案诉讼标的不同。集宁区人民法院冻结诚信公司持有的信用社股金只是为了保证(2014)集民初字第1370号民事调解书所确定的债权的履行，本案中陈某平以其他的债权债务关系主张撤销之诉，与宏盛公司诉诚信公司合同纠纷一案没有法律上的利害关系，陈某平提举的证据也不能证明其与(2015)乌商终字第43号民事判决案件处理结果同他存在法律上的利害关系及该判决的部分或者全部内容错误，损害其民事权益，故该院驳回陈某平的诉讼请求。陈某平不服一审判决，向内蒙古自治区高级人民法院提起上诉。

【案件争点】

原告是否具备提起第三人撤销之诉的原告主体资格。

【裁判要旨】

《民事诉讼法》第56条规定："对当事人双方的诉讼标的，第三人认为有独立请求权的，有权提起诉讼。对当事人双方的诉讼标的，第三人虽然没有独立请求权，但案件处理结果同他有法律上的利害关系的，可以申请参加诉讼，或者由人民法院通知他参加诉讼。人民法院判决承担民事责任的第三人，有当事人的诉讼权利义务。前两款规定的第三人，因不能归责于本人的事由未参加诉讼，但有证据证明发生法律效力的判决、裁定、调解书的部分或者全部内容错误，损害其民事权益的，可以自知道或者应当知道其民事权益受到损害之日起六个月内，向作出该判决、裁定、调解书的人民法院提起诉讼。人民法院经审理，诉讼请求成立的，应当改变或者撤销原判决、裁定、调解书；诉讼请求不成立的，驳回诉讼请求。"故本案应依照上述规定首先审查陈某平是否具备第三人的身份，即其在宏盛公司诉诚信公司合同纠纷一案中有无独立请求权或案件处理结果是否与其有法律上的利害关系。

首先，宏盛公司诉诚信公司确认合同有效纠纷一案的诉讼标的是基于双方签订的《股权转让协议书》所确定的股权转让的权利义务关系，该案的裁判结果主要体现为通过诚信公司履行股权转让协议所确定的行为给付义务，使案涉股权的所有权权属发生变动。而陈某平诉诚信公司、牛某、杨某民间借贷纠纷一案的诉讼标的是基于民间借贷产生的债权债务关系，陈某平对案涉股权本身并没有独立的请求权。其次，集宁区人民法院于2014年9月11日决定对案涉股权采取保全措施，目的在于确保陈某平合法债权的实现，并不构成对确认成立在先的法律关系的障碍，股权转让协议所确认的法律关系也并不会造成陈某平法律权利的减损或民事责任的承担。因此,陈某平与宏盛公司诉诚信公司合同有效纠纷一案既无独立的请求权,亦与案件处理结果不存在法律上的利害关系,故陈某平不具备提起第三人撤销之诉的原告主体资格,应依法驳回其起诉。

例案二　中国农业发展银行青川县支行诉四川汇泽建设工程集团有限公司、青川鸿祥能源开发有限公司第三人撤销之诉纠纷案

【法院】

四川省广元市人民法院

【案号】

(2017)川08民撤3号

【当事人】

上诉人:中国农业发展银行青川县支行

被上诉人:四川汇泽建设工程集团有限公司

被上诉人:青川鸿祥能源开发有限公司

【基本案情】

2009年11月23日,青川鸿祥能源开发有限公司(以下简称鸿祥公司)与中国农业发展银行青川县支行(以下简称农发行青川支行)签订《固定资产借款合同》,约定借款2500万元,2009年11月23日至2019年11月22日,用途为清江河友谊水电站建设。2009年11月23日,文某祥与农发行青川支行签订01号《最高额抵押合同》和02号《最高额保证合同》,约定为鸿祥公司在农发行青川支行的借款承担连带保证责任,并以绵阳市涪城区绵州路南段121号1栋×－×－×号房产作为鸿祥公司借款抵押物,设定抵押额为18万元并在房管局办理了抵押登记。2009年11月23日,华夏融资担保有限公司(以下简称华夏公司)与农发行青川支行签订03号《最高额保证合同》,承担连带担保责任。2009年11月23日,农发行青川支行将2500万元贷款划至鸿祥公司账户。2011年11月30日,巩某勇与农发行青川支行签订《自然人保证合同》,约定为鸿祥公司借款提供连带保证责任。

2012年9月7日,四川汇泽建设工程集团有限公司(以下简称汇泽公司)的法定代表人蒋某源与鸿祥公司的法定代表人巩某勇签订《建设工程施工合同》,工程名称为友谊电站,工程内容为友谊电站施工图中所有土建项目(大坝、厂房及附属工程),工程立项批准文号青发改(2008)25号,合同价款约1000万元,以实际结算

为准。

2014 年 4 月 2 日，农发行青川支行提起金融借款合同纠纷诉讼。2014 年 4 月 4 日，广元市中级人民法院(2014)广民初字第 63 号民事裁定，保全查封了被告鸿祥公司的青川县清江河友谊水电站在建工程及土地使用权。2014 年 8 月 18 日，广元市中级人民法院作出(2014)广民初字第 63 号民事判决(以下简称 63 号判决，该案简称 63 号案)：(1)被告鸿祥公司在本判决生效 10 日内向原告归还借款本金 1800 万元及利息；(2)被告华夏融资担保有限公司、被告巩某勇、被告文某祥承担连带清偿责任，被告文某祥同时以其抵押财产承担偿还责任。

2014 年 9 月 28 日，汇泽公司提起建设工程施工合同纠纷诉讼称，鸿祥公司因资金不到位，未按合同约定支付工程进度款，致使其两次停工，因其他债权人诉讼鸿祥公司，在建工程被查封，无法复工，双方签订的合同无法履行，请求判令：解除双方签订的合同，支付已完工程价款 3,028,878.57 元并赔偿损失 2,684,245.40 元，对以上两项款项享有法定优先受偿权，并支付违约金 9 万元。

鸿祥公司法定代表人巩某勇因拖欠农民工工资事项被拘押于青川县看守所，广元市中级人民法院于 2014 年 12 月 23 日在青川县看守所开庭审理，并主持双方调解，巩某勇指定其弟巩某考和王某红与汇泽公司核实工程量和工程价款，双方形成调解笔录。2015 年 1 月 9 日，广元市中级人民法院根据调解笔录作出(2014)广民初字第 137 号民事调解书(以下简称 137 号调解书，该案简称 137 号案)，调解书确认的内容为：(1)原告汇泽公司与鸿祥公司解除建设工程施工合同；(2)被告鸿祥公司应向原告汇泽公司支付工程款 3,028,878.57 元，被告鸿祥公司定于 2015 年 2 月 1 日前履行完毕；(3)被告鸿祥公司应赔偿原告汇泽公司经济损失费 2,684,245.40 元，被告鸿祥公司定于 2015 年 2 月 1 日前履行完毕；(4)原告汇泽公司对被告鸿祥公司欠付的工程款部分符合《合同法》第 286 条的规定享有优先受偿权；(5)原告汇泽公司自愿放弃对被告鸿祥公司主张违约金的诉讼请求；(6)原告汇泽公司在 2015 年 2 月 1 日前将工程中原告施工的相关资料交付给被告鸿祥公司。

63 号案、137 号案均已生效进入执行程序。2015 年 2 月 20 日，广元市中级人民法院(2015)广执字第 1 号通知书，通知农发行青川支行，在执行 63 号案中，对青川县清江河友谊水电站在建工程进行三次拍卖均未成交，后依法以第三次拍卖的保留价 2036 万元进行变卖，也无人应买，通知其是否接受以物抵债，如同意向汇泽公司支付优先受偿工程款 3,028,878.57 元。

农发行青川支行接到通知后，向广元市中级人民法院提起了第三人撤销之诉，请求撤销137号调解书第4项。理由如下:建筑承包人工程价款优先受偿权是一种法定的权利,法律对其行使时间及范围都有规定,不属于当事人可以约定及自行处分的权利范围,双方达成调解协议处分优先受偿权的,法院不应予以确认。原告依据的生效法律文书早在2014年年初就对涉案工程进行保全查封。执行过程中已申请法院执行该在建工程。前述民事调解书第4条约定的优先受偿权侵犯了原告的合法利益。另外,原告对涉案在建工程标的物进行了保全措施,华夏担保公司是原告借款案件中的担保人,鸿祥公司以涉案在建工程向华夏担保公司提供了反担保,原告对在建工程具有法律上的利害关系。

另查明,华夏公司因鸿祥公司借款承担担保责任诉鸿祥公司等金融不良债权追偿纠纷案,北京市朝阳区人民法院于2015年9月18日作出(2014)朝民(商)初第27107号民事判决,判决第4项为:华夏融资担保有限公司就判决1、2项确认的付款义务对鸿祥公司开发的青川友谊水电站在建工程享有优先受偿权。

【案件争点】

农发行青川支行是否具有提起第三人撤销之诉的主体资格。

【裁判要旨】

根据《民事诉讼法》第56条、《民事诉讼法司法解释》第292条的规定,第三人撤销之诉的原告应当是与原生效判决、裁定、调解书具有法律上的利害关系的主体。从生效裁判文书内容看,农发行青川支行诉鸿祥公司金融借款合同纠纷一案,经广元市中级人民法院于2014年8月18日作出63号民事判决,判令鸿祥公司归还借款,其他担保人承担担保责任。2014年12月23日,鸿祥公司在广元市中级人民法院137号案件中作为建设工程发包人与工程承包人汇泽公司达成调解协议,对解除施工合同、确定已完工程的工程款数额、赔偿损失数额及享有在建工程法定优先受偿权等达成一致。63号案件与137号案件均系独立民事案件,两者之间不具有关联性。农发行青川支行与汇泽公司对鸿祥公司分别享有独立的债权,而农发行青川支行对鸿祥公司享有的债权为普通债权;鸿祥公司在与农发行青川支行一案中所负借款债务,并不影响鸿祥公司与汇泽公司在137号案中达成调解协议、确认在建工程价款和损失数额、对建设工程的价款确认优先受偿权,而该在建工程也不是63号案件中对农发行青川支行的抵押物。尽管农发行青川支行在诉讼中申请保全了本案所涉在建工程,仅是便于诉讼执行,但不能改变其所贷款项在本案中为普通债权的性质。故鸿祥公司并不因其对农发行青川支行负有债务就不得再向其他债权人确认债务或确认财产优先受偿权,农发行青川支行的民事权益与

137 号案的处理结果并无法律上的利害关系。从性质上看，农发行青川支行在执行中虽发生利益冲突，但属于执行分配利益上的利害关系，并不等同于与 137 号案的处理结果有法律上的利害关系。另外，农发行青川支行认为华夏公司是 63 号案的担保人，对青川友谊水电站在建工程享有优先受偿权，农发行青川支行因此对该水电站在建工程具有法律上的利害关系。华夏公司与鸿祥公司之间属于另一层法律关系，华夏公司对本案所涉在建工程是否享有优先受偿权，与农发行青川支行没有法律上的关系，该理由没有法律依据，不予采纳。因此，农发行青川支行不符合第三人撤销之诉中“第三人”须“与案件的处理结果有法律上的利害关系”之条件，其作为原告提起第三人撤销之诉不符合法律及司法解释的规定，不具有原告主体资格。

例案三 | 秦某寿、李某亮第三人撤销之诉案

【法院】

安徽省马鞍山市中级人民法院

【案号】

(2019)皖 05 民终 1024 号

【当事人】

上诉人(原审原告)：秦某寿

被上诉人(原审被告)：李某亮

被上诉人(原审被告)：王某荣

被上诉人(原审被告)：余某

【基本案情】

2014 年 1 月 14 日，马鞍山市雨山区人民法院作出(2013)雨民一初字第 01244 号民事调解书，确认秦某寿与王某荣达成的如下协议：王某荣于 2014 年 11 月 14 日之前一次性支付秦某寿合伙期货交易损失计款 409,984.26 元及利息 83,694 元。在该案诉讼过程中，马鞍山市雨山区人民法院于 2013 年 10 月 10 日依法查封了马鞍山市花山区中央花园×栋×号房产。后因王某荣未履行该调解书确定的义务，秦某寿向马鞍山市雨山区人民法院申请强制执行，该院于 2015 年 1 月 15 日立案执行。因李某亮提出执行异议，2017 年 6 月 23 日，马鞍山市雨山区人民法院委托南京师范大学司法鉴定中心对《房屋抵债协议》落款处签名笔迹形成时间进行鉴

定(是否在2013年10月10日之前)。2017年7月14日,南京师范大学司法鉴定中心作出南师大鉴中心[2017]文鉴字第362号司法鉴定意见,鉴定:检材署期为"2012年6月26日"《房屋抵债协议》落款处"王某荣"黑色手写签名字迹的形成时间晚于样本署期为"2013年10月23日"《法庭审理笔录》落款处黑色手写签名字迹的形成时间。

2017年3月24日,一审法院受理李某亮与王某荣、余某债权转让合同纠纷一案,李某亮及其委托诉讼代理人李某飞到庭参加诉讼,王某荣、余某经公告送达开庭传票,未到庭参加诉讼。李某亮向一审法院提出诉讼请求,请求确认马鞍山市花山区中央花园×栋×号房产归其所有。2017年8月11日,一审法院作出(2017)皖0503民初1678号民事判决书,确认2012年6月26日,李某亮与王某荣签订1份《房屋抵债协议》,王某荣自愿将马鞍山市花山区中央花园×栋×号房产抵债给李某亮,并将该房产相关的土地使用权及其他权利一并抵付给李某亮,双方商定上述房地产及附属建筑物总价款为90万元。王某荣于2011年5月25日向第三人李某飞借款100万元现无法偿还,由于第三人李某飞于2012年3月10日向李某亮借款90万元已到期,经三方协商,王某荣于2012年6月26日将该房屋直接抵给李某亮,抵付李某飞欠李某亮的90万元借款。判决王某荣、余某于判决生效之日起10日内协助李某亮办理马鞍山市花山区中央花园×栋×室房产的过户登记等相关手续。

一审法院认为,受侵害的"民事权益"通常是指《侵权责任法》第2条规定的民事权益,包括生命权、健康权、姓名权、名誉权、荣誉权、肖像权、隐私权、婚姻自主权、监护权、所有权、用益物权、担保物权、著作权、专利权、商标专用权、发现权、股权、继承权等人身、财产权益。此外,法律明确规定给予特别保护的债权,可以适用第三人撤销之诉,包括:法律规定的享有法定优先权的债权,主要有建设工程价款优先权、船舶优先权;法律规定享有法定撤销权的债权,主要有债权人的撤销权、破产债权撤销权。对于普通金钱债权,原则上不适用第三人撤销之诉。本案中,秦某寿主张的债权并不在第三人撤销之诉民事权益保护范围之列。另外,本案的特殊之处在于秦某寿主张其债权已经进入执行阶段。本案中,秦某寿是案涉房屋的申请执行人,但不能据此认定其对案涉房屋有专属的债权或物权权利。综上所述,秦某寿不符合第三人撤销之诉的实体性条件,也不存在虚假诉讼等情形,故驳回原告起诉。原告秦某寿向安徽省马鞍山市中级人民法院提起上诉。

【案件争点】

秦某寿是否符合第三人撤销之诉的主体条件。

【裁判要旨】

构成第三人撤销之诉应当满足以下条件：一是起诉主体必须是法律规定的第三人；二是因不能归责于自己的事由未参加诉讼；三是有证据证明发生法律效力的判决、裁定、调解书的部分或者全部内容错误，损害其民事权益；四是自知道或者应当知道其民事权益受到损害之日起 6 个月内提起该诉讼。

根据上述法律的规定，本案首先应当审查秦某寿是否应当作为(2017)皖 0503 民初 1678 号民事案件的第三人，即秦某寿是否具备该案原审第三人的主体资格。该案系原告李某亮与被告王某荣和余某之间的债权转让合同纠纷。秦某寿对该案当事人之间争议的诉讼标的没有独立的请求权，该案处理结果与其亦不具有法律上的利害关系，秦某寿不能作为该案原审第三人的身份参加诉讼。虽然雨山区人民法院在审理秦某寿与王某荣合伙纠纷一案中，于 2013 年 10 月 10 日查封了涉案房屋，但该查封系人民法院依法采取的财产保全措施，秦某寿并不因该保全措施而获得或享有民事诉讼法规定的案件第三人身份。因此，秦某寿并不具备该案第三人的诉讼主体资格。原审裁定驳回起诉，符合法律规定。

三、裁判规则提要

(一)财产保全的概念、种类

财产保全，是指人民法院为了确保将来的生效法律文书得以顺利执行或者防止申请人遭受不可弥补的损害，及时、有效地保护当事人或者利害关系人的合法权益，采取的限制有关财产处分或转移的强制措施。我国《民事诉讼法》第 100 条、第 101 条(分别参见 2023 年《民事诉讼法》第 103 条、第 104 条)分别规定了诉讼中财产保全和诉讼前财产保全，前者是指起诉至判决执行前法院对诉讼标的物或当事人的相关财产采取保全措施，后者是指在起诉前法院根据利害关系人的申请，对被申请人的财产采取保全措施。

为了满足司法实践中的需要，《民事诉讼法司法解释》第 163 条规定了执行前财产保全。该条规定，法律文书生效后，进入执行程序前，债权人因对方当事人转移财产等紧急情况，不申请保全将可能导致生效法律文书不能执行或者难以执行的，可以向执行法院申请采取保全措施。债权人在法律文书指定的履行期间届满后 5 日内不申请执行的，人民法院应当解除保全。至此，三类财产保全措施实现了从起诉前到申请执行前的全覆盖。

值得注意的是，财产保全属于限制有关财产处分或转移的强制措施，具体包括查封、扣押、冻结等，但是限制财产处分或转移的强制措施并不都是财产保全措施。比如，在法院受理执行申请后采取的查封、扣押等强制措施在性质上属于执行措施，在性质上并不属于财产保全，在实践中应当注意区分。

（二）保全权利人是否具备第三人撤销之诉主体资格

根据《民事诉讼法》第56条之要求，第三人撤销之诉的适格原告是前诉有独立请求权第三人或无独立请求权的第三人，普通债权人一般不能提起第三人撤销之诉。但司法实践中为了救济案外人受侵害的合法民事权益、打击虚假诉讼行为，2019年《九民会议纪要》中对于第三人的范围进行了适当扩张，以下三类债权人具备提起第三人撤销之诉的主体资格：（1）该债权是法律明确给予特殊保护的债权，如《合同法》第286条规定的建设工程价款优先受偿权，《海商法》第22条规定的船舶优先权；（2）因债务人与他人的权利义务被生效裁判文书确定，导致债权人本来可以对《合同法》第74条和《企业破产法》第31条规定的债务人的行为享有撤销权而不能行使的；（3）债权人有证据证明，裁判文书主文确定的债权内容部分或者全部虚假的。

保全权利人是否可以提起第三人撤销之诉在实践中存在两种观点和做法：一种意见认为，此种情况下的第三人可以比照有优先效力的金钱债权人处理，可以赋予其提起第三人撤销之诉的主体资格。另一种意见认为，不宜对第三人做扩大化的解释，其提起第三人撤销之诉缺乏法律的明确依据。① 我们支持后一种意见，认为保全权利人属于普通债权人，不具备提起第三人撤销之诉主体资格，原因如下：

第一，保全权利人是否在执行程序中享有优先受偿权实践中普遍存在争议。支持优先受偿的理由主要是：（1）《执行工作若干问题的规定》第55条第1款规定："多份生效法律文书确定金钱给付内容的多个债权人分别对同一被执行人申请执行，各债权人对执行标的物均无担保物权的，按照执行法院采取执行措施的先后顺序受偿。"所以，保全权利人具备优先受偿权。（2）我国民事诉讼立法中禁止重

① 最高人民法院民事审判第二庭编著：《〈全国民商事审判工作会议纪要〉理解与适用》，人民法院出版社2019年版，第611页。

复查封、冻结，实际上禁止了其他债权人对保全财产的执行。[①] 然而，以上理由值得商榷，首先，我国《民事诉讼法》《企业破产法》及司法解释整体采取平等清偿原则。[②] 我国《民事诉讼法》及司法解释中有关财产保全的条文并没有提及保全权利人享有优先受偿权，原则应当基于债的平等性采取平等清偿原则。其次，结合裁判规则提要第一部分的分析，《执行工作若干问题的规定》中的“执行措施”不包括财产保全措施，而是专门指进入执行程序后法院采取的查封、冻结等措施，无法得出保全权利人可以优先受偿的结论。最后，禁止重复查封、冻结的规定，是基于实践中常出现对同一标的物查封冻结的重复查封、冻结裁定，有的来自保全程序，有的来自执行程序，为了厘清执行顺序、解决执行法院之间争议而作出的特殊规定，[③]并无意赋予保全权利人优先受偿权。

第二，即便认为保全权利人在执行程序中有优先受偿利益，也无法认定其具备适格第三人身份。保全权利人对保全财产的优先受偿地位并不是对保全财产所享有的实体权利，更无法改变其权利属于普通债权的性质，对原诉讼标的并不享有独立的请求权。虽然保全权利人可能会在执行中发生利益冲突，但执行分配利益上的利害关系属于事实上的利害关系，并不等同于与原案处理结果有法律上的利害关系，保全权利人享有的实体权利即债权并未受到影响，仍可以查封、执行被执行人的其他财产，因此亦不属于无独立请求权的第三人。

综上所述，我们认为保全权利人并不具有《民事诉讼法》第56条所规定的第三人地位，无法参与原审诉讼。在不存在法定撤销权或恶意串通诉讼等特定情形时，不宜认定保全权利人具备提起第三人撤销之诉的主体资格。

四、辅助信息

高频词条：

《民事诉讼法》

第59条 对当事人双方的诉讼标的，第三人认为有独立请求权的，有权提起诉讼。

---

① 黄金龙：《〈关于人民法院执行工作若干问题的规定（试行）〉实用解析》，中国法制出版社2000年版，第281页。

② 参见《民事诉讼法司法解释》第508条、第511条有关参与分配及第513条企业破产之规定。

③ 参见全国人大常委会法制工作委员会民法室编著：《〈中华人民共和国民事诉讼法〉解释与适用》，北京大学出版社2012年版，第166页。

对当事人双方的诉讼标的，第三人虽然没有独立请求权，但案件处理结果同他有法律上的利害关系的，可以申请参加诉讼，或者由人民法院通知他参加诉讼。人民法院判决承担民事责任的第三人，有当事人的诉讼权利义务。

前两款规定的第三人，因不能归责于本人的事由未参加诉讼，但有证据证明发生法律效力的判决、裁定、调解书的部分或者全部内容错误，损害其民事权益的，可以自知道或者应当知道其民事权益受到损害之日起六个月内，向作出该判决、裁定、调解书的人民法院提起诉讼。人民法院经审理，诉讼请求成立的，应当改变或者撤销原判决、裁定、调解书；诉讼请求不成立的，驳回诉讼请求。

第100条 人民法院对于可能因当事人一方的行为或者其他原因，使判决难以执行或者造成当事人其他损害的案件，根据对方当事人的申请，可以裁定对其财产进行保全、责令其作出一定行为或者禁止其作出一定行为；当事人没有提出申请的，人民法院在必要时也可以裁定采取保全措施。

人民法院采取保全措施，可以责令申请人提供担保，申请人不提供担保的，裁定驳回申请。

人民法院接受申请后，对情况紧急的，必须在四十八小时内作出裁定；裁定采取保全措施的，应当立即开始执行。

第101条 利害关系人因情况紧急，不立即申请保全将会使其合法权益受到难以弥补的损害的，可以在提起诉讼或者申请仲裁前向被保全财产所在地、被申请人住所地或者对案件有管辖权的人民法院申请采取保全措施。申请人应当提供担保，不提供担保的，裁定驳回申请。

人民法院接受申请后，必须在四十八小时内作出裁定；裁定采取保全措施的，应当立即开始执行。

申请人在人民法院采取保全措施后三十日内不依法提起诉讼或者申请仲裁的，人民法院应当解除保全。

《财产保全若干问题的规定》

第20条 财产保全期间，被保全人请求对被保全财产自行处分，人民法院经审查，认为不损害申请保全人和其他执行债权人合法权益的，可以准许，但应当监督被保全人按照合理价格在指定期限内处分，并控制相应价款。

被保全人请求对作为争议标的的被保全财产自行处分的，须经申请保全人同意。

人民法院准许被保全人自行处分被保全财产的，应当通知申请保全人；申请保全人不同意的,可以依照民事诉讼法第二百二十五条规定提出异议。

《执行权合理配置和科学运行的若干意见》

第 26 条 审判机构在审理确权诉讼时,应当查询所要确权的财产权属状况,发现已经被执行局查封、扣押、冻结的,应当中止审理;当事人诉请确权的财产被执行局处置的,应当撤销确权案件;在执行局查封、扣押、冻结后确权的,应当撤销确权判决或者调解书。

第三人撤销之诉案件裁判规则第11条：受虚假诉讼损害的普通债权人有权提起第三人撤销之诉

〔**规则描述**〕：第三人撤销之诉中的第三人通常限定于《民事诉讼法》第56条规定的第三人范围，债权人通常不能提起第三人撤销之诉。但是，设立第三人撤销之诉的目标之一就是遏制、打击虚假诉讼，故为发挥第三人撤销之诉遏制、打击虚假诉讼的制度功能，为民事权益受到损害的第三人提供救济途径，普通债权人如果有初步证据证明原审诉讼生效裁判文书确定的主文内容部分或者全部虚假，系原审诉讼当事人恶意串通、炮制的虚假诉讼的，其具备第三人撤销之诉的原告主体资格，可以提起第三人撤销之诉。

一、类案检索大数据报告

时间：2020年7月8日之前，案例来源：Alpha案例库，案件数量：168件"虚假诉讼""恶意串通""债权人"，案件概述包含"第三人撤销之诉"为关键词搜索，本次检索获取2020年7月8日前共168篇文书。如图11－1所示，在168件案件中，通过人工检索的方式，共发现134件案件完全符合条件。在这134件完全符合条件的案件的裁判文书中，共有6.72%的案件未对债权人主张的原审诉讼系虚假诉讼进行任何审查，即以普通债权人不属于第三人撤销之诉的适格原告裁定驳回起诉；有43.28%的案件对债权人的该主张进行审查后，以当事人未提交证据或者提交的证据不足为由认定普通债权人不属于适格原告裁定驳回起诉；33.58%的案件经审查后，判决驳回债权人的诉讼请求；13.43%的案件经审查后，认定债权人主张的虚假诉讼事实存在，撤销原审生效裁判文书；0.75%的案件虽认定债权人主张的虚假诉讼事实存在，但是由于涉及刑事，裁定驳回起诉，并将相关线索移交公安机关；另有2.24%的案件认为一审法院未对债权人关于原审诉讼系虚假诉讼的主张进行审查错误，裁定撤销原裁定，指令原审法院继续审理。

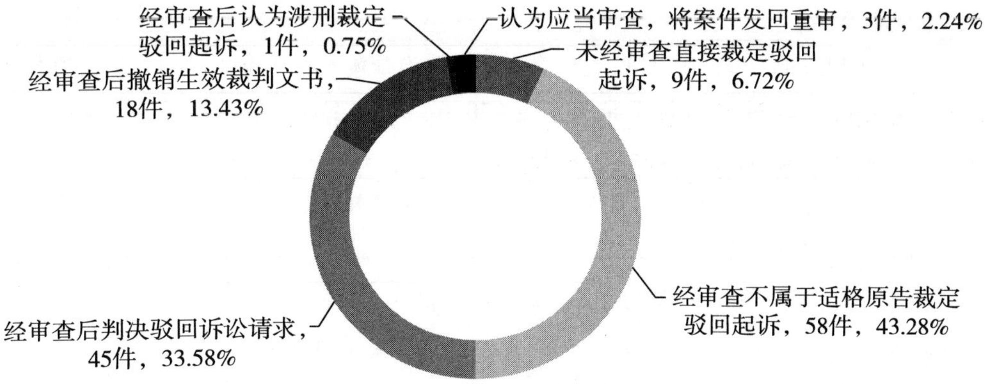

图 11－1　受损害债权人是否可以提起第三人撤销之诉及其具体处理

如图 11－2 所示，从地域分布来看，当前案例主要集中在广东省、浙江省，分别占比为 16.42%、15.67%。其中，广东省的案件量最多，达到 22 件。

图 11－2　案件主要地域分布

二、可供参考的例案

例案一　丁某兵、三亚瑞亚房地产开发有限公司、徐某云、中国农业银行股份有限公司三亚分行第三人撤销之诉案

【法院】

最高人民法院

【案号】

（2018）最高法民申 3404 号

【当事人】

再审申请人（一审原告、二审上诉人）：丁某兵

再审被申请人（一审被告、二审被上诉人）：三亚瑞亚房地产开发有限公司

再审被申请人（一审被告、二审被上诉人）：徐某云

一审第三人：中国农业银行股份有限公司三亚分行

【基本案情】

丁某兵申请再审称,原审裁定存在《民事诉讼法》第200条第2项、第6项规定之情形,应予再审,请求撤销原审裁定及(2016)浙11民初63号案民事判决,由最高人民法院提审本案。主要事实与理由如下:

1. 丁某兵是第三人撤销之诉的适格原告。其提起第三人撤销之诉的目的是撤销(2016)浙11民初63号案(以下简称63号案)判决,并据此撤销(2016)琼0271民初8652号案(以下简称8652号案)判决。63号案实际上是对预查封标的物的权属基础法律关系的诉讼,目的是规避执行。根据《城市房地产管理法》之规定,未依法登记领取权属证书的房地产不得转让,所以三亚瑞亚房地产开发有限公司(以下简称瑞亚公司)作为开发商将出让的房屋先办理产权证在其名下属于正常现象。徐某云与瑞亚公司签订商品房买卖合同并付清了房款(首付款和银行贷款),并在房地产管理部门进行了备案登记,徐某云依法取得了63号案涉案标的物的准物权(物权期待权)。丁某兵针对涉案房产作出的保全系预查封行为,根据有关规定,预查封的效力等同于正式查封。丁某兵在执行阶段冻结、扣划钱款及拍卖抵押物共计可得600多万元,与江西省宜春市中级人民法院(2016)赣09民初20号(以下简称20号案)民事判决书确定的债权还相差500多万元。经查,案件其他当事人都无可供执行财产,只有执行徐某云的预查封财产才能完全实现债权。63号案的处理结果侵害了丁某兵的合法民事权益,依照《民事诉讼法》第56条之规定,丁某兵是完全适格的第三人撤销之诉原告。

2. 63号案、8652号案是典型的虚假诉讼,根据法律规定,应及时予以纠正。两案标的物是徐某云依法购买的案涉房产,其中63号案系诉请确认徐某云与瑞亚公司签订的商品房买卖合同无效,8652号案系诉请注销案涉房产网上备案登记。两案合在一起实际上对案涉房产进行了确权,注销了徐某云依法取得的准物权(物权期待权)。根据法律规定,审判机构在审理确权诉讼时,应当查询所要确权的财产权属状况,发现已经被执行局查封、扣押、冻结的,应当中止审理;当事人诉请确权的财产被执行局处置的应当撤销确权案件;在执行局查封、扣押、冻结后确权的,应当撤销确权判决或者调解书。(1)63号案是虚假诉讼案件,以规避人民法院生效判决的执行、牟取非法利益为目的。63号案的目的是规避20号民事判决书的执行,保住被执行标的物。63号案的双方当事人是亲戚,具有共同利益关系,存在恶意串通。瑞亚公司和徐某云虚构事实,借用合法的民事程序,侵害丁某兵的合法权益。63号案中有很多明显不符合常理的情况。(2)对63号案的证据重新分析看出，商品房买卖合同签订形式真实、合法、有效，并进行了网上登记备案。首付款由徐某云真实支付，瑞亚公司先是虚构"一付一退"，后来又虚构"一笔款走账"的事实前后矛盾，无法自圆其说。徐某云的按揭还款系真实还款，瑞亚公司罗列证据虚构"帮忙还贷"的事实。

3. 如果瑞亚公司和徐某云不构成虚假诉讼，其行为就构成骗取贷款罪，人民法院应当就审理过程中发现的违法犯罪行为发出司法建议或者将案件移送给相关司法机关。63号案与20号案判决互相矛盾，致使20号案至今不能执行。

【案件争点】

1. 丁某兵是否系第三人撤销之诉的适格原告。

2. 丁某兵是否有证据证明63号案存在虚假诉讼情况。

【裁判要旨】

最高人民法院经审理认为，首先，对于丁某兵是否系第三人撤销之诉的适格原告之问题，在原审中已经得到明确。第三人撤销之诉的主体包括民事权益受到虚假诉讼侵害的第三人，即丁某兵作为债权人在主张63号案存在虚假诉讼的情况下，其具备提起第三人撤销之诉的主体资格。因此，原审法院并未因丁某兵诉讼主体资格不符而驳回其起诉，丁某兵的该项再审申请理由不能成立。

其次，本案中虽然存在瑞亚公司部分股东及员工与徐某云具有亲属关系这一客观因素，但是结合原审法院查明的事实可以认定，63号案中所涉抵押借款合同的签订、款项的交付与退回、按揭贷款的归还、案涉房产登记在瑞亚公司名下、案涉房产由瑞亚公司占有及使用且从未交付徐某云等事实与证据，均形成于2016年1月8日丁某兵对案涉房产申请采取预查封措施之前。上述证据结合该案查明的其他事实，可以佐证瑞亚公司与徐某云签订商品房买卖合同的行为，其目的系瑞亚公司借用徐某云名义进行融资，该商品房买卖合同依法应当被认定为无效合同，63号案民事判决并不存在全部或者部分内容错误。根据《民事诉讼法司法解释》第109条之规定，当事人对欺诈、胁迫、恶意串通事实的证明，以及对口头遗嘱或者赠与事实的证明，人民法院确信该待证事实存在的可能性能够排除合理怀疑的，应当认定该事实存在。现丁某兵为证明63号案存在虚假诉讼情况所提之证据，远达不到排除合理怀疑之证明标准，不能仅凭瑞亚公司部分股东及员工与徐某云具有亲属关系这一因素，就简单认定双方存在恶意串通侵害丁某兵利益的事实。故原审在审查后认为丁某兵所提诉讼不符合第三人撤销之诉的起诉条件，进而裁定驳回其起诉，并无不当。此外，对于瑞亚公司与徐某云是否构成骗取贷款罪的问题，不属于本案审查范围,法院不做处理。

例案二 | 陈某、詹某娣、朱某善第三人撤销之诉案

【法院】

浙江省绍兴市中级人民法院

【案号】

(2019)浙06民终1802号

【当事人】

上诉人(一审原告):陈某

被上诉人(一审被告):詹某娣

被上诉人(一审被告):朱某善

【基本案情】

陈某诉称,朱某善与詹某娣夫妻关系存续期间,于2011年10月1日以朱某善的名义向陈某借款100万元。2015年12月11日,诸暨市人民法院(2015)绍诸商初字第4919号民事判决确定朱某善归还陈某借款100万元,并支付相应利息。判决生效后,陈某申请执行,法院因朱某善无财产可供执行于2016年8月18日裁定终结本次执行。2018年6月28日,曾任店口镇副镇长的吴某琴告知陈某,朱某善与詹某娣共同所有的房屋被列入拆迁范围。2017年8月初,朱某善与詹某娣从拆迁办获悉可以安排跨湖家园安置小区7幢1单元×室、10幢1单元×室的房屋各一套的信息后,被告詹某娣于同年8月9日以离婚后财产纠纷的案由向法院提起诉讼,于同年8月31日达成调解,朱某善不做抗辩,同意将上述两套安置房屋分割给被告詹某娣所有。2017年9月15日,拆迁部门以调解书为据与被告詹某娣签订房屋拆迁产权调换合同,将上述两套房屋安置给被告詹某娣所有。陈某认为,该调解书是朱某善与詹某娣为了逃避债务的产物。案涉100万元发生于2011年10月1日,当时朱某善与詹某娣尚未离婚,应系朱某善与詹某娣的夫妻共同债务。当时朱某善与詹某娣所住房屋的土地性质为农村集体土地,法院无法做执行处理,故暂时终结执行。现在通过拆迁,该安置的房屋性质应属夫妻共同财产,且已可供执行。朱某善与詹某娣出于逃避清偿陈某债务的目的而形成的调解书,应予撤销。综上所述,请求法院撤销诸暨市人民法院(2017)浙0681民初10114号民事调解书。

【案件争点】

陈某对浙江省诸暨市人民法院(2017)浙0681民初10114号民事调解书是否具有提起第三人撤销之诉的原告主体资格。

【裁判要旨】

诸暨市人民法院经审理认为,根据《民事诉讼法》第56条的规定,对当事人双方的诉讼标的,第三人认为有独立请求权的,有权提起诉讼。对当事人双方的诉讼标的,第三人虽然没有独立请求权,但案件处理结果同他有法律上的利害关系的,可以申请参加诉讼,或者由人民法院通知他参加诉讼。人民法院判决承担民事责任的第三人,有当事人的诉讼权利义务。前两款规定的第三人,因不能归责于本人的事由未参加诉讼,但有证据证明发生法律效力的判决、裁定、调解书的部分或者全部内容错误,损害其民事权益的,可以自知道或者应当知道其民事权益受到损害之日起6个月内,向作出该判决、裁定、调解书的人民法院提起诉讼。只有《民事诉讼法》第56条前两款规定的有独立请求权和无独立请求权两类第三人才能作为提起第三人撤销之诉的主体。陈某系与朱某善存在民间借贷关系的普通债权人,对詹某娣与朱某善之间的离婚后财产纠纷中所涉的诉讼标的(拆迁安置补偿款及拆迁安置房屋)不享有独立请求权。对詹某娣与朱某善之间的离婚后财产纠纷而言,陈某不属于《民事诉讼法》第56条第1款规定的有独立请求权第三人。陈某作为与朱某善存在民间借贷关系的普通债权人,其债权能否实现与詹某娣与朱某善之间的离婚后财产纠纷存在一定的事实上的关系,但这种事实上的联系不同于法律上的利害关系。因詹某娣与朱某善之间的离婚后财产纠纷的处理结果不会对陈某和朱某善之间的民间借贷法律关系项下的权利义务产生影响,与陈某无法律上的利害关系。对詹某娣与朱某善之间的离婚后财产纠纷而言,陈某不属于《民事诉讼法》第56条第2款规定的无独立请求权的第三人。综上所述,陈某并非詹某娣与朱某善之间的离婚后财产纠纷的第三人,不具备法律规定的提起第三人撤销之诉的主体资格,其起诉不符合第三人撤销之诉的受理条件。据此,裁定:驳回陈某的起诉。陈某不服,提起上诉。

浙江省绍兴市人民法院经审理认为,本案争议焦点为一般而言,原案当事人的普通债权人,一般不能作为第三人撤销之诉的适格原告,但是,如确有证据证明原审诉讼系原案当事人恶意串通而为虚假诉讼或虚假调解的,且损害债权人合法权益的,普通债权人可以提起第三人撤销之诉;此外,法律明确规定给予特别保护的债权,也可以适用第三人撤销之诉予以保护。本案中,陈某基于与朱某善之间的民间借贷关系而对朱某善享有普通债权,对詹某娣与朱某善之间的离婚后财产纠纷而言,陈某不属于《民事诉讼法》第56条第1款规定的有独立请求权第三人;10114号案件处理结果对于陈某能否在法院执行程序中实现其普通债权具有一定的事实上的利害关系,但这种事实上的利害关系不等同于法律上的利害关系,故陈某也不属于《民事诉讼法》第56条第1款规定的无独立请求权的第三人。但陈某作为朱某善的普通债权人,是否具备提起第三人撤销之诉的原告主体资格,还应当结合第三人撤销之诉的实体条件,审查10114号案件诉讼当事人是否存在恶意串通而为虚假诉讼或虚假调解从而损害第三人陈某合法权益的情形。然一审法院对此未予审查,即驳回原告起诉,显属不当。据此,裁定:撤销一审裁定,指令浙江省诸暨市人民法院继续审理。

例案三 | 深圳市广信装饰工程设计有限公司、吕某华、深圳市和园酒店管理有限公司、曹某宇、孙某洋第三人撤销之诉案

【法院】

广东省深圳市中级人民法院

【案号】

(2016)粤03民终12363号

【当事人】

上诉人(一审原告):深圳市广信装饰工程设计有限公司

被上诉人(一审被告):吕某华

被上诉人(一审被告):深圳市和园酒店管理有限公司

被上诉人(一审被告):曹某宇

被上诉人(一审被告):孙某洋

【基本案情】

深圳市广信装饰工程设计有限公司(以下简称广信公司)上诉称:一审法院以广信公司未能提供证据证明涉案生效调解书存在错误,故不符合立案条件,裁定不予受理,是错误的,与客观事实严重不符。

1.广信公司在一审法院立案时,已经向一审法院提交吕某华在(2015)深宝法龙民初字第1339号案件中提交用来证明深圳市和园酒店管理有限公司(以下简称和园公司)向吕某华借款100万元的证据,包括《中国农业银行个人结算业务申请

书》《农村信用合作社电汇凭证》《招商银行客户回单》共3张，但是《中国农业银行个人结算业务申请书》记录的内容表明这46万元借款的出借人是张某某、借款人是曹某宇，借款用途为购房借款，借款时间是2012年11月1日；《农村信用合作社电汇凭证》记录的内容表明这24万元借款的出借人是郑某某、借款人是曹某宇，借款时间是2012年11月5日；《招商银行客户回单》记录的内容表明这30万元借款的出借人是吕某林、借款人是曹某宇，借款时间是2012年11月5日。吕某华提交的上述借款银行转账凭证充分证明涉案的100万元借款是曹某宇个人在2012年11月向案外人张某某、郑某某、吕某林所借贷的，而不是和园公司向吕某华所借的，吕某华与和园公司都不是涉案100万元借款的当事人，与涉案100万元借款无关。

2. 曹某宇为了非法侵占利用和园公司的财产来清偿其个人债务，于是利用其担任和园公司高管的便利与吕某华恶意串通，将其欠案外人的100万元借款伪装成和园公司欠吕某华的100万元借款，然后通过吕某华起诉和园公司，而曹某宇代理和园公司出庭和解，以达到和园公司"同意"向吕某华偿还100万元本金及相关利息的和解协议，然后通过法院执行以侵占和园公司的财产，损害作为和园公司债权人的广信公司的合法权益，使广信公司的生效法院判决得不到有效执行。

3. 涉案的100万元借款是发生在2012年11月期间，而和园公司是在2013年3月11日才登记成立的，那么在2013年3月11日以前和园公司是不存在的，因此，不存在和园公司2012年11月期间向吕某华借款100万元的可能性。所以，吕某华起诉和园公司在成立前2012年11月期间向其借100万元是没有事实依据的，显然(2015)深宝法龙民初字第1339号案件是吕某华与曹某宇串通好的非法转移、侵占和园公司财产的虚假诉讼，依法应予以撤销并追究相关当事人的刑事责任。据此，一审法院未予审查，径行不予立案是错误的，综上所述，请求撤销一审裁定，并裁定由深圳市宝安区人民法院受理本案。

【案件争点】

广信公司的起诉是否应当予以受理。

【裁判要旨】

广东省深圳市中级人民法院经审理认为，广信公司因装饰装修合同纠纷将和园公司诉至法院，深圳市宝安区人民法院作出(2015)深宝法民三初字第1201号民事判决，判决和园公司向广信公司支付剩余工程款267万元及利息。现广信公司以吕某华与和园公司、曹某宇、孙某洋恶意串通，制造虚假诉讼，非法转移、侵占和园公司财产，严重损害其作为和园公司债权人的合法权益为由，诉至法院，请求撤销深圳市宝安区人民法院(2015)深宝法龙民初字第1339号民事调解书。法院认为，吕某华以和园公司拖欠其借款为由诉至法院，在案件审理期间其与和园公司达成和解协议，参与对和园公司执行财产的分配，在和园公司的财产不足以清偿广信公司债务的情况下，吕某华诉和园公司民间借贷纠纷一案与广信公司有直接的利害关系；广信公司提交的银行凭证显示出借人与借款人均与(2015)深宝法龙民初字第1339号民事调解书列明的当事人不一致，列明的借款用途也未显示与和园公司有关联，另上述借款行为发生时和园公司尚未成立，因此广信公司有权依据《民事诉讼法》第56条第3款的规定提起第三人撤销之诉，原审法院应当立案受理。至于广信公司的诉讼请求能否得到支持，则是本案受理后审理时应当解决的问题。原审法院未将起诉状和证据材料送交对方当事人，径行裁定不予受理本案有误，应予纠正。据此，撤销一审裁定，本案指令深圳市宝安区人民法院立案受理。

三、裁判规则提要

(一)普通债权人一般不得提起第三人撤销之诉的例外

从第三人撤销之诉的立法目的来看，其一方面是给予因故未能参加诉讼而没有获得程序保障、却可能受到生效裁判拘束的第三人提供救济途径，另一方面则是防止第三人的合法权益受到他人虚假诉讼的侵害。鉴于第三人撤销之诉可能会对已经生效的法律文书的既判力产生负面影响，《民事诉讼法》将第三人撤销之诉的适格原告限制于符合《民事诉讼法》第56条前两款的有独立请求权第三人和虽无独立请求权但是案件处理与其具有法律上利害关系的无独立请求权第三人。

与该规定的构成要件进行对照，普通债权人一般而言不能提起第三人撤销之诉，原因在于债权具有相对性和独立性，普通债权人对于债务人与其他当事人之间的诉讼标的之间并不具有独立的请求权，不能够成为《民事诉讼法》第56条第1款规定的有独立请求权的第三人；而比照无独立请求权的第三人，在原审诉讼影响第三人债权实现的情况下，第三人确实与原审诉讼具有事实上的利害关系，但是这种事实上的利害关系并不构成法律上的利害关系，在原审诉讼中，普通债权人并不能作为无独立请求权的第三人参与诉讼，故不符合狭义的具有利害关系的无独立请求权的第三人的外延。而且，从民事权益范围的角度，审判实践中，受侵害的“民事权益”通常是指所有权、用益物权和担保物权、股权等，普通债权并不在保护的行列。故普通债权人提起第三人撤销之诉，通常都会被以不具备第三人撤销之诉的主体资格而裁定不予受理。

然而，如果严格采取上述解释，则第三人撤销之诉遏制、打击虚假诉讼，保护案外人合法权益的设立目标将受到严重削弱。由于债权本身的平等性和相对性特征，债权人在法律上难以获得物权人那样优越的地位，债权人不能参加他人诉讼之间使债务人在虚构事实、恶意串通，形成虚假诉讼以逃避债务时更加方便。在事前程序保障不够完善的情况下，在事后救济途径中有必要通过适当扩大解释“第三人”的范围以保障案外人的合法权益。[①] 这一思路也被《九民会议纪要》予以确认，其在第120条中明确普通债权人一般不能提起第三人撤销之诉的基础上，对例外情形予以列举，包括法定特殊保护的债权、因生效裁判文书确定使债权人原本可以行使撤销权无法行使的债权，以及因虚假诉讼受到损害的普通债权人。

在这三类情形中，第一类情形是由于法律对特殊债权给予了特殊保护，比如《合同法》第286条规定的建设工程价款优先权，《海商法》第22条规定的船舶优先权，故从权利性质上看，其具有准物权的优先性，类似于有独立请求权的第三人，故可以提起第三人撤销之诉；第二类情形则是原审诉讼形成的债权是受侵害的债权人依法可以行使撤销权的债权，如《合同法》第74条规定的债权和《企业破产法》第31条规定的债权。由于生效裁判文书对相应的债权予以确认，使债权人不再能够通过民事行为予以撤销，故此时第三人与原审诉讼具有法律上的利害关系，可以提起第三人撤销之诉。而与前两类情形相比，赋予受虚假诉讼损害普通债权人提起民事第三人撤销之诉是基于立法目的的特别例外，是在案外人受损害但无法再通过正常途径予以救济时的最后权益保障路径。具体落实到司法实践中，对于普通债权人以受到虚假诉讼侵害为由提起的第三人撤销之诉，人民法院不能直接以债权人不属于《民事诉讼法》第56条规定的第三人范畴直接裁定驳回起诉。

（二）受虚假诉讼损害债权人提起的第三人撤销之诉受理之初步审查标准

第三人撤销之诉是介于生效法律文书的确定性、法律关系的安定性和第三人利益保护之间的平衡机制。赋予受虚假诉讼损害的债权人提起第三人撤销之诉是基于实现第三人撤销之诉遏制、打击虚假诉讼目的的例外中的例外。如果不加限

① 参见贺小荣主编：《最高人民法院民事审判第二庭法官会议纪要——追寻裁判背后的法理》，人民法院出版社2018年版，第106～112页。

制地放开立案审查条件,一方面,由于在受理第三人撤销之诉案件后,在第三人提供担保的情况下,请求中止执行的,人民法院可以准许,故有可能使滥用诉权的债权人不当利用第三人撤销之诉阻碍、拖延生效裁判文书的执行。另一方面,由于债权人数量、范围的不确定性,可能使生效裁判文书始终处于不确定的状态,法律关系的不安定性反过来更可能增加交易成本、冲击原本稳定的交易秩序。故对于受虚假诉讼损害债权人提起的第三人撤销之诉的立案审查,要重点把握保护案外人合法权益与保障生效裁判文书确定性之间的平衡。

与一般的民事案件采取立案登记制,法院对当事人提起的民事诉讼只需形式审查,符合《民事诉讼法》第 119 条(参见 2023 年《民事诉讼法》第 122 条)即可受理不同,而对普通债权人以因虚假诉讼受到侵害为由提起的第三人撤销之诉,人民法院在立案阶段采用的是实体审查。但是这一实体审查并非遵循严格的审查标准,而是初步适当的审查标准,即当事人应当提供一定的证据使法官形成裁判结果极不自然,可能为虚假诉讼的心理确信。[①] 从司法适用的角度可以分为以下两种情形:一是债权人仅提出原审诉讼涉及虚假诉讼的主张,但是未提供任何证据予以证明,在该种情形下,债权人明显不符合第三人撤销之诉的原告主体资格,人民法院可以依法直接不予受理;二是债权人提出原审诉讼涉及虚假诉讼的主张,同时提供了一定的证据予以证明,此时,人民法院应当将起诉状和证据材料向原审诉讼当事人送达,并对债权人提供的证据予以审查,结合原审诉讼当事人的书面意见,着重考察原审诉讼当事人的关系、债权人提供的证据与其主张的关联性、债权人受损害的程度等,如果不具有虚假诉讼的初步形式,则可以直接裁定不予受理,如果能够动摇法官内心的确信,则应当予以立案,留待第三人撤销之诉立案后的实体程序予以审查。

事实上,债权人要证明虚假诉讼的证明标准是高于一般民事诉讼举证责任的证明标准的。根据《民事诉讼法》的规定,对于恶意串通事实的证明,承担举证责任的当事人要达到排除合理怀疑的证明标准。但是,这一标准是在第三人撤销之诉的实体审理中的审查标准,而非立案阶段的审查标准。在立案的初步审查阶段,普通债权人的证明标准只要达到较大可能性即可。

延伸出来的问题是,正如案例大数据所展示的,在人民法院受理了第三人撤销

---

① 参见最高人民法院民事审判第二庭编著:《〈全国法院民商事审判工作会议纪要〉理解与适用》,人民法院出版社 2019 年版,第 610 ~ 611 页。

之诉后，如果经实际审理审查后，认定不构成虚假诉讼时，应当裁定驳回起诉还是判决驳回诉讼请求的实践做法并不统一。笔者认为，对于这一问题而言，由于受到虚假诉讼侵害是普通债权人能够提起第三人撤销之诉的特别主体要件，在查实不具备这一要件时，实际上普通债权人是不具备提起第三人撤销之诉的主体资格的，故应当采用裁定驳回起诉的方式，而非判决驳回诉讼请求的方式更为妥当。

（三）受虚假诉讼损害的债权人提起第三人撤销之诉的其他条件

受虚假诉讼损害是债权人提起第三人撤销之诉的条件，但是在满足这一初步审查要件的情形下，并不意味着债权人提起的第三人撤销之诉就必然可以予以受理，第三人撤销之诉除了主体要件外，在受理上还需满足程序要件和时间要件，即债权人必须是非因可归责于自身的原因未参加原审诉讼，并且在知道或者应当知道权益受到损害之日起 6 个月内起诉，如果未能满足上述条件，则仍然不符合立案的条件，应当不予受理，已经受理的，应当裁定驳回起诉。

四、辅助信息

高频词条：

《民事诉讼法》

第 59 条　对当事人双方的诉讼标的，第三人认为有独立请求权的，有权提起诉讼。

对当事人双方的诉讼标的，第三人虽然没有独立请求权，但案件处理结果同他有法律上的利害关系的，可以申请参加诉讼，或者由人民法院通知他参加诉讼。人民法院判决承担民事责任的第三人，有当事人的诉讼权利义务。

前两款规定的第三人，因不能归责于本人的事由未参加诉讼，但有证据证明发生法律效力的判决、裁定、调解书的部分或者全部内容错误，损害其民事权益的，可以自知道或者应当知道其民事权益受到损害之日起六个月内，向作出该判决、裁定、调解书的人民法院提起诉讼。人民法院经审理，诉讼请求成立的，应当改变或者撤销原判决、裁定、调解书；诉讼请求不成立的，驳回诉讼请求。

第 115 条　当事人之间恶意串通，企图通过诉讼、调解等方式侵害国家利益、社会公共利益或者他人合法权益的，人民法院应当驳回其请求，并根据情节轻重予以罚款、拘留；构成犯罪的，依法追究刑事责任。

……

第 122 条 起诉必须符合下列条件：

（一）原告是与本案有直接利害关系的公民、法人和其他组织；

（二）有明确的被告；

（三）有具体的诉讼请求和事实、理由；

（四）属于人民法院受理民事诉讼的范围和受诉人民法院管辖。

《民事诉讼法司法解释》

第 109 条 当事人对欺诈、胁迫、恶意串通事实的证明，以及对口头遗嘱或者赠与事实的证明，人民法院确信该待证事实存在的可能性能够排除合理怀疑的，应当认定该事实存在。

第 190 条 民事诉讼法第一百一十五条规定的他人合法权益，包括案外人的合法权益、国家利益、社会公共利益。

第三人根据民事诉讼法第五十九条第三款规定提起撤销之诉，经审查，原案当事人之间恶意串通进行虚假诉讼的，适用民事诉讼法第一百一十五条规定处理。

第 290 条 第三人对已经发生法律效力的判决、裁定、调解书提起撤销之诉的，应当自知道或者应当知道其民事权益受到损害之日起六个月内，向作出生效判决、裁定、调解书的人民法院提出，并应当提供存在下列情形的证据材料：

（一）因不能归责于本人的事由未参加诉讼；

（二）发生法律效力的判决、裁定、调解书的全部或者部分内容错误；

（三）发生法律效力的判决、裁定、调解书内容错误损害其民事权益。

第 291 条 人民法院应当在收到起诉状和证据材料之日起五日内送交对方当事人，对方当事人可以自收到起诉状之日起十日内提出书面意见。

人民法院应当对第三人提交的起诉状、证据材料以及对方当事人的书面意见进行审查。必要时，可以询问双方当事人。

经审查，符合起诉条件的，人民法院应当在收到起诉状之日起三十日内立案。不符合起诉条件的，应当在收到起诉状之日起三十日内裁定不予受理。

《九民会议纪要》

120. 第三人撤销之诉中的第三人仅局限于《民事诉讼法》第 56 条规定的有独立请求权及无独立请求权的第三人，而且一般不包括债权人。但是，设立第三人撤销之诉的目的在于，救济第三人享有的因不能归责于本人的事由未参加诉讼但因生效裁判文书内容错误受到损害的民事权益，因此，债权人在下列情况下可以提起第三人撤销之诉：

(1)该债权是法律明确给予特殊保护的债权,如《合同法》第 286 条规定的建设工程价款优先受偿权,《海商法》第 22 条规定的船舶优先权;

(2)因债务人与他人的权利义务被生效裁判文书确定,导致债权人本来可以对《合同法》第 74 条和《企业破产法》第 31 条规定的债务人的行为享有撤销权而不能行使的;

(3)债权人有证据证明,裁判文书主文确定的债权内容部分或者全部虚假的。

债权人提起第三人撤销之诉还要符合法律和司法解释规定的其他条件。对于除此之外的其他债权,债权人原则上不得提起第三人撤销之诉。

第三人撤销之诉案件裁判规则第12条：

抵押权人有权就指向同一的建设工程涉及的建设工程价款优先受偿权案件提起第三人撤销之诉

〔**规则描述**〕：建设工程价款优先受偿权，是指在发包人经催告后逾期支付价款的，除按照建设工程的性质不宜折价、拍卖的以外，承包人就该建设工程的价款享有优先受偿权。建设工程价款优先受偿权系法定优先权，优先于抵押权。在建设工程价款优先受偿权与抵押权指向同一标的物，且该标的物拍卖、变卖所得价款不足以清偿工程欠款和抵押权所担保的主债权时，抵押权人的权益必然会因为建设工程价款优先受偿权的有无以及范围大小而受到影响，此时抵押权人对建设工程价款优先受偿权的处理结果具有法律上的利害关系，有权提起第三人撤销之诉。

一、类案检索大数据报告

时间：2020年7月11日之前，案例来源：Alpha案例库，案件数量：75件。以法院认为包含"建设工程价款优先受偿权""抵押权人"，案件概述包含"第三人撤销之诉"为关键词搜索，本次检索获取2020年7月11日前共75篇文书。在75件案件中，通过人工检索的方式，共发现51件案件完全符合条件。如图12－1所示，在这51件完全符合条件的案件的裁判文书中，共有98.04%的案件认定在建设工程价款优先受偿权与抵押权指向同一标的物，如果该标的物拍卖、变卖所得价款不足以清偿工程欠款和抵押权所担保的主债权时，抵押权人与建设工程价款优先受偿权的处理结果具有法律上的利害关系，有权提起第三人撤销之诉；1.96%的案件认定抵押权人此时不具有第三人撤销之诉的原告主体资格，不能提起第三人撤销之诉。

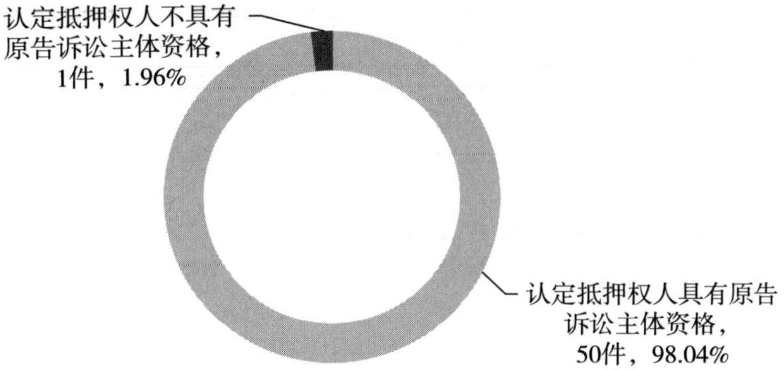

图 12－1　抵押权人就建设工程价款优先受偿权是否具有第三人撤销之诉的原告资格

如图 12－2 所示，从地域分布来看，当前案例主要集中在广西壮族自治区、湖南省、浙江省，分别占比 21.57%、15.69%、13.73%。其中，广西壮族自治区的案件量最多，达到 11 件。

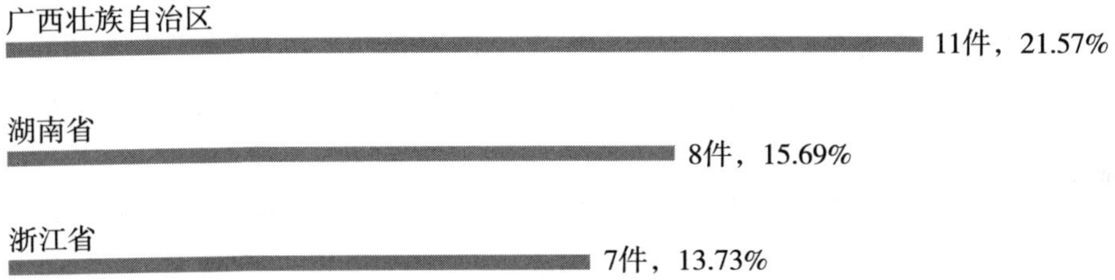

图 12－2　案件主要地域分布情况

二、可供参考的例案

例案一　张某升、天津市恒增房地产开发有限公司、浙江环宇建设集团有限公司第三人撤销之诉案

【法院】

最高人民法院

【案号】

(2017)最高法民申 4245 号

【当事人】

再审申请人(一审原告、二审上诉人):张某升

再审被申请人(一审被告、二审被上诉人):天津市恒增房地产开发有限公司

再审被申请人(一审被告、二审被上诉人):浙江环宇建设集团有限公司

【基本案情】

张某升申请再审称:(1)张某升具备提起第三人撤销之诉的主体资格,原判决适用法律错误。(2)浙江环宇建设集团有限公司(以下简称环宇公司)于2015年6月起诉主张优先受偿权超过了6个月行使期限。(3)天津市高级人民法院(2015)津高民一初字第0018号案件(以下简称0018号案件)涉案判决对工程造价存在事实认定不清。①新证据中国国际经济贸易仲裁委员会〔2017〕中国贸仲京(深)裁字第0025号仲裁书证明混凝土款项2000多万元不应计算在环宇公司的工程价款内。《碧水庄园三期工程竣工结算审核报告》作出时间为2014年12月22日,而天津市恒增房地产开发有限公司(以下简称恒增公司)向天津市恒增混凝土搅拌有限公司(以下简称恒增混凝土公司)出具《承诺函》是2015年3月11日。②2012年5月双方所签《天津市建设工程施工合同》(以下简称《备案合同》)应为恒增公司及环宇公司结算工程价款的依据。《碧水庄园三期工程补充协议》《碧水庄园三期工程竣工结算审核报告》《碧水庄园三期工程结算审核定案表》作为定案依据,缺乏合理基础和正当性。③《碧水庄园三期工程竣工结算审核报告》中将一期、二期车库的造价计入三期工程。结算表中工程概况显示三期工程建筑面积为61,956.7平方米,而施工合同显示面积为62,607.09平方米。综上所述,张某升符合《民事诉讼法》第200条第1项、第5项、第6项之规定,请求再审。

【案件争点】

1.张某升是否具有针对0018号案件提起撤销之诉第三人的主体资格。

2.0018号案件判决认定环宇公司享有建设工程价款优先受偿权是否错误。

3.0018号案件判决认定环宇公司所施工的碧水庄园三期工程造价是否错误。

【裁判要旨】

最高人民法院经审理认为,对于案件争点一,《民事诉讼法》第56条所规定的"民事权益"应当包括抵押权。本案中,张某升基于与恒增公司之间的民间借贷法律关系,成为碧水庄园三期工程的抵押权人。环宇公司基于与恒增公司之间的建设工程施工合同法律关系,经0018号案件判决确认其在138,994,172元范围内对碧水庄园三期工程享有优先受偿权。在建设工程价款优先受偿权与抵押权指向同

一标的物，且该标的物拍卖、变卖所得价款不足以清偿工程欠款和抵押权所担保的主债权时，抵押权人的权益必然会因为建设工程价款优先受偿权的有无以及范围大小而受到影响，张某升作为抵押权人与0018号案件关于建设工程价款优先受偿权的处理结果具有法律上的利害关系。因此，张某升具备针对0018号案件提起第三人撤销之诉的主体资格。

对于案件争点二，张某升主张环宇公司行使优先受偿权时已超出法定期限。经查，恒增公司与环宇公司所签《备案合同》约定案涉工程竣工日期为2013年10月30日，但合同履行中，因发生恒增公司未按约支付工程款等违约情形，双方所签《补充协议》调整竣工日期为2014年11月30日。2015年1月7日，双方通过工程结算确定了工程价款。同年1月12日双方签订《备忘》，再次确认工程价款、付款期限，明确环宇公司享有工程价款优先受偿权。2015年4月1日，环宇公司向恒增公司出具《催告函》，明确主张工程价款优先受偿权。2015年7月15日，恒增公司、环宇公司及监理单位签署《现场检查验收备忘录》，确认涉诉工程基本达到验收标准。因案涉工程非因承包人环宇公司原因未能在合同约定期间竣工，故环宇公司请求行使优先受偿权的期限，应自建设工程实际竣工之日起计算。再则，双方工程价款结算后，环宇公司向恒增公司已多次主张工程价款优先受偿权，即使按照2015年1月7日双方工程价款结算日起算，环宇公司于2015年6月起诉并主张优先受偿权，亦未超出行使期限。涉案判决认定环宇公司就工程价款享有优先受偿权，并无不当。

针对案件争点三，张某升主张恒增公司所欠恒增混凝土公司混凝土款19,706,197元不应在0018号案件中一并结算。环宇公司则辩称依据各方约定混凝土款由环宇公司在工程总造价中统一结算。依据恒增混凝土公司与恒增公司于2012年2月18日所签《预拌砼工程专业承包合同》，恒增混凝土公司应为混凝土款债权人，而恒增公司为付款义务人。在合同实际履行过程中，依据恒增公司向恒增混凝土公司于2015年3月11日所出具承诺函上载明“其他未结混凝土款与工程总承包环宇公司统一结算”的内容以及恒增混凝土公司于2015年12月15日起诉的天津市滨海新区人民法院(2015)滨塘民初11356号民事案件中仅主张约定由恒增公司直接支付的混凝土款，并将前述承诺函作为证据提交，结合0018号案件恒增公司与环宇公司均认可将混凝土款包含在内进行总结算，以及恒增公司与恒增混凝土公司所签《和解协议》第3条“恒增公司支付上述款项后可依法定程序向环宇公司进行追偿，恒增混凝土公司应做必要协助”之约定，现亦无证据证明恒增混凝土公司在工程造价总结算后向环宇公司主张混凝土款未果或环宇公司明确拒绝支付混凝土款,则综合前述各方当事人的行为,可认定环宇公司在0018号案件工程造价总结算中系第三人代为受领债权,即环宇公司与恒增公司进行总结算,恒增混凝土公司与环宇公司再进行统一结算。至于申请人所提"碧水庄园三期工程结算审核时间在前,承诺函出具时间在后",因恒增公司的承诺行为可视为所涉各方对之前的总结算的确认,故此不影响0018号案件的处理结果。对恒增混凝土公司的仲裁申请行为可视为撤销第三人代为受领债权,而天津市高级人民法院2015年6月受理的0018号案件审理在前,中国国际经济贸易仲裁委员会2017年3月受理的仲裁案件裁决在后,故该仲裁申请行为亦不足以否定0018号案件的认定。至于〔2017〕中国贸仲京(深)裁字第0025号仲裁裁决的合法性问题,不属于本案审查范围。至于再审申请人所提其他工程造价错误的理由,因其未能提供充分证据,则依法承担举证不能的法律后果。

例案二 | 山东乳山农村商业银行股份有限公司、威海翰升纸业有限公司、烟台市清泉建筑建材有限公司第三人撤销之诉案

【法院】

山东省高级人民法院

【案号】

(2019)鲁民再641号

【当事人】

再审申请人(一审原告、二审上诉人):山东乳山农村商业银行股份有限公司

再审被申请人(一审被告、二审被上诉人):威海翰升纸业有限公司

再审被申请人(一审被告、二审被上诉人):烟台市清泉建筑建材有限公司

【基本案情】

山东乳山农村商业银行股份有限公司(以下简称乳山农商银行)申请再审称,乳山农商银行提起的第三人撤销之诉符合法律规定的起诉条件,其具有第三人撤销之诉的原告资格。烟台市清泉建筑建材有限公司(以下简称清泉公司)对威海翰升纸业有限公司(以下简称翰升公司)享有的建设工程价款优先受偿权是通过乳山市人民法院作出的(2016)鲁1083民初1482号民事判决(以下简称1482号判决,该案简称1482号案件)确认。由于建设工程价款优先受偿权优先于抵押权,乳山

农商银行作为抵押权人对确认清泉公司具有工程款优先受偿权的诉讼具有法律上的利害关系，属于《民事诉讼法》第56条规定的第三人，具有提起第三人撤销之诉的原告资格。清泉公司已出具书面的放弃优先权的承诺，不存在工程款优先的问题。依据《民事诉讼法》第200条第6项的规定申请再审。

【案件争点】

乳山农商银行是否具有对1482号案件提起第三人撤销之诉的资格。

【裁判要旨】

山东省高级人民法院经审理认为，依据《民事诉讼法》第56条的规定，提起第三人撤销之诉的主体是有独立请求权的第三人或者无独立请求权的第三人。本案中，1482号案件系清泉公司与翰升公司之间的建设工程价款纠纷，该案件生效判决确认了清泉公司对涉案房产享有建设工程价款优先受偿权，而乳山农商银行作为翰升公司的债权人针对涉案房产亦享有抵押权。建设工程价款优先受偿权是法定优先权，该权利一旦确定，当然优先于抵押权，在建设工程价款优先受偿权与抵押权指向同一标的物时，如果该标的物拍卖、变卖所得价款不足以清偿工程欠款和抵押权所担保的主债权，抵押权人的权益必然会因为建设工程价款优先受偿权的有无以及范围大小而受到影响，因此，清泉公司的建设工程价款优先受偿权可能影响乳山农商银行的民事权益，乳山农商银行与1482号案件处理结果具有法律上的利害关系，其符合《民事诉讼法》第56条所规定的无独立请求权第三人，具有提起第三人撤销之诉的主体资格。原审应当对乳山农商银行提出的第三人撤销之诉进行审理，并对乳山农商银行原审中所提撤销1482号判决的理由成立与否在实体审理中查明判断。

例案三 中国华融资产管理股份有限公司浙江省分公司、杭州二建建设有限公司、杭州鹰自达塑业有限公司第三人撤销之诉案

【法院】

浙江省高级人民法院

【案号】

(2017)浙民申410号

【当事人】

再审申请人(一审原告、二审上诉人)：中国华融资产管理股份有限公司浙江省

分公司

再审被申请人(一审被告、二审被上诉人):杭州二建建设有限公司

再审被申请人(一审被告、二审被上诉人):杭州鹰自达塑业有限公司

【基本案情】

中国华融资产管理股份有限公司浙江省分公司(以下简称华融公司浙江分公司)申请再审称:(1)一审法院将有权提起撤销之诉的第三人限定在"原审期间即已客观存在的第三人"没有法律依据,适用法律错误,超出自由裁量权的范畴,按照一审法院的观点,在债权转让的情况下将绝对排除第三人撤销之诉制度的适用,缺乏法律依据。(2)二审认定原案处理结果与申请人不存在利害关系,适用法律错误。二审一方面认可原案处理结果与申请人有一定的利害关系,另一方面又认为原案的案件处理结果并不直接对申请人产生权利义务方面的影响,故不构成法律上的利害关系,偷换概念、违背逻辑;如果杭州二建建设有限公司(以下简称二建公司)不享有优先权,则相应款项将全部归申请人所有;二审还认为申请人对原案诉讼标的无直接利害牵连,但中国农业银行股份有限公司富阳市支行(以下简称农行富阳支行)与诉讼标的有牵连关系,申请人是基于债权转让从农行富阳支行获得相关权利,自然继受取得提起第三人撤销之诉的主体资格。(3)债权转让前,农行富阳支行是无独立请求权的第三人,但杭州市拱墅区人民法院审理原案时并没有通知农行富阳支行参加诉讼,农行富阳支行客观上也不知道也没有理由知道诉讼事实,属于因不能归责于其的事由未参加诉讼,其有提起撤销之诉的权利,债权转让后,申请人取代了原债权人地位,取得与主债权相关的一切权利,是提起第三人撤销之诉的适格主体。(4)二建公司没有在法定期限内以法定形式向杭州鹰自达塑业有限公司(以下简称鹰自达公司)主张建设价款优先权,原案判决错误,即使提起撤销之诉主体不适格,法院也应对该案进行再审。根据《民事诉讼法》第200条第6项之规定,请求再审本案,指令杭州市拱墅区人民法院继续审理本案件。

二建公司提交书面意见称:(1)第三人撤销之诉作为可以撤销生效裁判内容的救济程序,其主体范围应受限制,一审法院将其解释为提起撤销之诉的主体应是原审期间已经客观存在的第三人正确,申请人在原案审理期间与该案无关,不具备提起撤销之诉的主体资格;(2)原案处理结果与申请人并无直接关联,法律上的利害关系须第三人与一方当事人有民事权利义务关系,原案审理时申请人没有受让相关债权、没有与该案的任何一方发生法律上的利害关系,与诉讼标的没有直接关联,处理结果并不直接对其产生权利义务上的影响,申请人不符合无独立请求权的

第三人条件;(3)二建公司在法定期限内以法定形式向鹰自达公司主张建设工程价款优先权符合法律规定,法律没有限定建设工程价款优先权的行使方式仅限于协议折价和向法院起诉,承包人已经主动发函要求行使优先受偿权的情形下,视为其积极主张权利符合立法目的,司法实践也有判例认可发函形式行使建设工程价款优先权。请求驳回华融公司浙江分公司的再审申请。

再审审查查明,2016年10月20日,杭州市富阳区人民法院依据鹰自达公司管理人的申请,以鹰自达公司破产财产分配方案已执行完毕为由,作出(2014)杭富破字第8-6号民事裁定:终结杭州鹰自达公司破产程序。该裁定已经发生法律效力。

【案件争点】

1. 华融公司浙江分公司是否符合《民事诉讼法》第56条第3款规定的第三人资格。

2. 华融公司浙江分公司提起第三人撤销之诉是否已超出6个月期间。

3. 华融公司浙江分公司是否提供了其因不能归责于本人的事由未参加诉讼的以及发生法律效力的判决、裁定、调解书的全部或者部分内容错误,且该错误损害其民事权益的证据材料。

【裁判要旨】

浙江省高级人民法院经审理认为,对于案件争点一,《民事诉讼法》第56条第3款将提起撤销之诉的第三人限定在该条前两款规定的第三人,即有独立请求权的第三人和无独立请求权的第三人。单就合同关系而言,华融公司浙江分公司作为抵押合同当事人并未对原案所涉的建设工程合同关系提出独立的权利主张,其抵押合同关系与同一标的物上的建设工程施工合同关系也没有直接的牵连关系;就抵押权和建设工程价款优先权两者的关系而言,抵押权作为担保物权依附于主债务,建设工程价款优先权也是依附于主债务,如果主债务之一获得他物清偿,相应的抵押权、优先权均无实现的必要,与另一优先权利也不会出现冲突,在此意义上,两者也无必然直接的牵连关系。但抵押权人实现优先受偿权的标的与建设工程价款优先权人实现优先权的标的毕竟是相同的(本案为部分重合),特别是在主债务均依赖抵押物(建设工程)的拍卖、变卖价款清偿时,就实现权利的具体对象而言,抵押权与建设工程价款优先权在法律上构成相互排斥的利害关系。所以,尽管在建设工程合同纠纷涉及建设工程价款优先权的诉讼过程中,同一标的物上抵押权人因其权利所受到影响是一种潜在可能,抵押权人往往不会作为,也难以作为无独立请求权的第三人参加诉讼,但也不能否认抵押权人的无独立请求权第三人身份,特别是如本案这样建设工程价款优先权与抵押权相互排斥已经确定的情况下,更应肯定抵押权人在诉讼中无独立请求权的第三人身份。

本案的特殊性还在于提起本案诉讼的第三人并非最初设定抵押权的当事人,而是主债权的受让人。根据《物权法》第192条(参见《民法典》第407条)"抵押权不得与债权分离而单独转让或者作为其他债权的担保。债权转让的,担保该债权的抵押权一并转让,但法律另有规定或者当事人另有约定的除外"之规定,农行富阳支行将本案所涉抵押权随主债权一并转让给华融公司浙江分公司的事实清楚,华融公司浙江分公司应享有农行富阳支行基于抵押权提起第三人撤销之诉的诉讼主体资格。

对于案件争点二,华融公司浙江分公司取得起诉主体资格的主要依据是农行富阳支行符合提起第三人撤销之诉的主体资格,后由华融公司浙江分公司受让相关主债权,故在判断该起始日期时应以相关权利人农行富阳支行以及华融公司浙江分公司最早知道或者应当知道其民事权益受到损害之日为准。

既然肯定抵押权人在建设工程合同纠纷诉讼中无独立请求权的第三人身份的原因是其抵押权可能受到建设工程价款优先权的潜在影响,根据权利义务对等的原则,原则上应以抵押权人知道或者应当知道建设工程价款优先权可能损害其优先受偿权实现的时间点作为其知道或者应当知道其民事权益受到损害之日。本案中,杭州市拱墅区人民法院审理二建公司与鹰自达公司建设工程施工合同纠纷一案时没有通知农行富阳支行参加诉讼,也无证据证明农行富阳支行知道该诉讼事实,该案生效裁判文书的网上公布是面向不特定对象的司法公开行为,不应作为农行富阳支行知道或者应该知道该诉讼事实的认定依据。前述认定对案涉主债权转让后的华融公司浙江分公司同样适用。不过,鹰自达公司召开破产清算债权人会议的时间为2014年12月24日,第一次债权人会议的议程包括破产财产分配方案,已经对二建公司的债权(包括工程价款优先权)进行了公示,华融公司浙江分公司作为债权人也参加了本次债权人会议。华融公司浙江分公司当时就已经知道或者应当知道二建公司的建设工程价款优先权可能损害其抵押权的实现,至2016年1月14日,华融公司浙江分公司向杭州市拱墅区人民法院提起第三人撤销之诉时,已超出6个月期间。

对于案件争点三,首先,必须明确的是,第三人撤销之诉作为形成之诉,其诉讼标的(民事权利义务关系)被人民法院的生效法律文书所确认。为维护生效法律文书的既判力，《民事诉讼法司法解释》第292条规定的提起第三人撤销之诉的起诉证据条件的把握应从立案审查强度角度去理解，即第三人撤销之诉案件在立案阶段或者在受理后人民法院决定是否进行实体审理前，对当事人举证责任的要求较普通民事案件而言要高，但无须达到足以证明被请求撤销的裁判文书确有错误的高度。

其次，本案华融公司浙江分公司提供的证据材料可以初步证明其未参加诉讼属于因不能归责于本人的事由。

杭州市拱墅区人民法院在审理二建公司与鹰自达公司建设工程施工合同纠纷一案时，并未通知农行富阳支行参加该案诉讼，本案也没有证据证明农行富阳支行知道或者应当知道该诉讼，农行富阳支行未参加该案诉讼属于因不能归责于本人的事由的情形。杭州市拱墅区人民法院对该案作出判决后，农行富阳支行才将本案所涉抵押权随主债权一并转让给华融公司浙江分公司。农行富阳支行基于抵押权提起第三人撤销之诉的诉讼权利也应随实体权利一并转让给华融公司浙江分公司，故应认定华融公司浙江分公司未参加诉讼属于因不能归责于本人的事由。

最后，本案华融公司浙江分公司并无证据材料证明杭州市拱墅区人民法院的生效判决全部或者部分内容错误，且该错误损害华融公司浙江分公司的民事权益。

本案华融公司浙江分公司主张杭州市拱墅区人民法院的生效判决错误的主要理由是认为二建公司以发函形式主张建设工程价款优先权的方式不符合法律规定，但对二建公司以发函形式主张建设工程价款优先权的事实并未提供证据材料予以反驳。而建设单位以发函形式主张建设工程价款优先权的方式是否符合法律规定为一法律问题，并非证据材料可以推翻的。况且，司法实务虽然通常认可以下建设工程价款优先权的行使方式：承包人自行与发包人协商以该工程折价抵偿尚未支付的工程价款，或者提起诉讼、申请仲裁要求确认其对该工程拍卖价款享有优先受偿权，或者直接申请法院将该工程拍卖以实现工程款债权，或者申请参加对建设工程变价款的参与分配程序主张优先受偿权。但《合同法》第286条以及《建设工程价款优先受偿权问题的批复》并未限定建设工程价款优先受偿权的行使方式，杭州市拱墅区人民法院的生效判决肯定二建公司以发函形式主张建设工程价款优先权的效力并无明显错误。故华融公司浙江分公司提供的证据材料尚不足以初步证明州市拱墅区人民法院的生效判决的内容错误，故其不符合提起第三人撤销之诉的起诉证据条件。

因此,即使考虑此类案件的特殊性,即由于在财产最终分配之前,建设工程价款优先权中的建设工程价款仍存在受偿的可能性,而未必直接损害到抵押权人的利益,抵押权人的权利受损尚属处于不确定状况,加上本案鹰自达公司召开破产清算第一次债权人会议公布的破产财产分配方案将二建公司的债权列入普通债权之中(后注优先权),将本案抵押权人提起撤销之诉的6个月起算点延后至具体的财产分配方案明确之日。本案所涉不动产依法拍卖成交时间为2015年6月25日,实际的破产财产分配方案明确时间应在此之后。至2016年1月14日,华融公司浙江分公司向杭州市拱墅区人民法院提起第三人撤销之诉,尚未超出法定的6个月期限。华融公司浙江分公司提起本案诉讼仍不符合第三人撤销之诉的起诉条件。

三、裁判规则提要

(一)抵押权与建设工程价款优先受偿权的比较

抵押权是担保物权的一种,是指为担保债务的履行,债务人或者第三人不转移财产的占有,将该财产抵押给债权人的,债务人不履行到期债务或者发生当事人约定的实现抵押权的情形,债权人有权就该财产优先受偿。建设工程价款优先权是一种法定的优先受偿权,是出于对实际施工人的特殊保护而设置的,是指在发包人经催告后逾期支付价款的,除按照建设工程的性质不宜折价、拍卖的以外,承包人就该建设工程的价款享有优先受偿权。

对比抵押权和建设工程价款优先权,可以发现两者的共同点是对特定标的物在主债权不能清偿时具有优先受偿性,但是两者具有以下五个不同点:一是权利的来源不同,抵押权是约定产生的,债权人和债务人之间可以就在债务人或者第三人所有的动产或者不动产上设立抵押权进行约定,并在有权机构登记后设立抵押权;建设工程价款优先受偿权是法定优先受偿权,系由法律直接规定的对实际施工人的特别保护,并不需要当事人之间特别进行约定,亦无须登记设立。二是权利的客体不同,抵押权的权利客体包括动产或者不动产,但是建设工程价款优先权仅限于承包人实际承包的建设工程。三是优先受偿的范围不同,抵押权优先受偿的范围可以由当事人进行约定,在当事人未另行约定时,担保范围包括主债权及其利息、违约金、损害赔偿金、保管担保财产和实现担保物权的费用;建设工程价款优先受偿权的优先受偿的范围仅包括承包人为建设工程应当支付的工作人员报酬、材料款等实际支出的费用,不包括承包人因发包人违约所造成的损失。四是权利失效的时间不同,抵押权人在主债权诉讼时效期间内未行使抵押权的,人民法院不予保护；建设工程承包人行使优先权的期限为6个月，自建设工程竣工之日或者建设工程合同约定的竣工之日起计算。五是优先受偿权的优先等级不同，从权利顺位来看，虽然均依赖于主债权，但是由于建设工程价款优先权是对建设工程实际施工人债权的法定特别保护，法律明确规定建设工程承包人的优先受偿权优于抵押权和其他债权。

从上述对比可知，建设工程价款优先受偿权发生于承包人与发包人之间，就该合同关系，抵押权人并不具有独立的请求权，至于是否具有无独立请求权，仍然有待后续分析。

（二）抵押权人有权就指向同一的建设工程涉及的建设工程价款优先受偿权案件提起第三人撤销之诉的条件

由于第三人撤销之诉是在案外人权益保护与生效裁判稳定性、法律关系安定性之间的利益平衡，《民事诉讼法》第56条第3款将提起撤销之诉的第三人限定在该条前两款规定的第三人，即有独立请求权的第三人和无独立请求权的第三人。

就抵押权人是否为无独立请求权的第三人的问题，从权利冲突性来看，抵押权和建设工程价款优先受偿权的目标都是保障主债权的实现，在主债权获得清偿或者建设工程的价值远大于抵押权和建设价款优先受偿权所保障的债权之和的情况下，两者不一定会产生冲突，在此意义上，两者无必然直接的法律牵连关系，并不是严格意义上的无独立请求权的第三人。但抵押权人实现优先受偿权的标的与建设工程价款优先权人实现优先权的标的毕竟指向同一，特别是在主债务均依赖抵押物（建设工程）的拍卖、变卖价款清偿时，就实现权利的具体对象而言，抵押权与建设工程价款优先权在法律上构成相互排斥的利害关系，建设工程价款优先受偿权的有无以及范围的认定是否正确将直接影响抵押权人合法权益的实现。所以，尽管在建设工程合同纠纷涉及建设工程价款优先权的诉讼过程中，同一标的物上抵押权人因其权利受到影响是一种潜在可能，抵押权人往往不会作为，也难以作为无独立请求权的第三人参加诉讼，但也不能否认抵押权人的无独立请求权第三人身份。

事实上，赋予抵押权人就涉建设工程价款优先受偿权的案件提起第三人撤销之诉的原告主体资格一定程度上是对"第三人"范围的扩张，故对其适用仍然要有所限制，即抵押权人应当初步证明原建设工程价款受偿权案件存在错误，且抵押权人的合法权益可能因建设工程价款优先受偿权的错误认定受到损害。在抵押权人的抵押权明显不会受到损害时，如建设工程价值完全能够覆盖两者时，抵押权人无权提起第三人撤销之诉。

此外,抵押权人提起第三人撤销之诉同样要受到第三人撤销之诉其他要件的限制,即程序要件和时间要件的限制。

(三)抵押权人涉建设工程价款优先受偿权案件提起的第三人撤销之诉的审查重点

在抵押权人就建设工程价款优先授权案件提起第三人撤销之诉被受理进行实体审查时,司法实践的审理重点主要集中在原审涉建设工程价款优先受偿权案件是否存在错误且损害抵押权人的利益。

就建设工程价款优先受偿权案件是否错误方面,由于建设工程价款优先受偿权是一种法定的受偿权,故其行使有特别的法定构成要件和范围限制。故在第三人撤销之诉中,法院主要围绕建设工程优先受偿权的构成要件进行考察,以确定建设工程价款优先受偿权的有无和保护范围存在错误。在具体审查方面:一是考察建设工程价款优先受偿权的优先保护范围,即在生效裁判文书确定的优先价款受偿权是否限于承包人为建设工程应当支付的工作人员报酬、材料款等实际支出的费用,如果超出法律保护的范围,则可以证明存在错误;二是考察建设工程价款优先受偿权的行使时间是否符合法律规定,即在建设工程竣工之日或者建设工程合同约定的竣工之日起6个月内行使;三是建设工程价款优先受偿权指向的客体范围,其仅限制于建设工程本身,而不及于土地使用权。

就抵押权人的权益是否受到损害方面,特别要说明的一种情形是,在实践中,承包人有时会向特定的抵押权人承诺放弃建设工程价款优先受偿权,在此种情形下,如果并未损害实际建筑工人利益的,该种约定可以视为当事人对抵押权和建设工程价款优先受偿权的特别约定,此时抵押权的顺位优先于建设工程价款优先受偿权,则无论建设工程价款优先受偿权的认定是否有误均不会损害抵押权人的权益,抵押权人无权提起第三人撤销之诉。

四、辅助信息

高频词条:

《民事诉讼法》

第59条 对当事人双方的诉讼标的,第三人认为有独立请求权的,有权提起诉讼。

对当事人双方的诉讼标的，第三人虽然没有独立请求权，但案件处理结果同他有法律上的利害关系的，可以申请参加诉讼，或者由人民法院通知他参加诉讼。人民法院判决承担民事责任的第三人，有当事人的诉讼权利义务。

前两款规定的第三人，因不能归责于本人的事由未参加诉讼，但有证据证明发生法律效力的判决、裁定、调解书的部分或者全部内容错误，损害其民事权益的，可以自知道或者应当知道其民事权益受到损害之日起六个月内，向作出该判决、裁定、调解书的人民法院提起诉讼。人民法院经审理，诉讼请求成立的，应当改变或者撤销原判决、裁定、调解书；诉讼请求不成立的，驳回诉讼请求。

《民事诉讼法司法解释》

第 290 条 第三人对已经发生法律效力的判决、裁定、调解书提起撤销之诉的，应当自知道或者应当知道其民事权益受到损害之日起六个月内，向作出生效判决、裁定、调解书的人民法院提出，并应当提供存在下列情形的证据材料：

（一）因不能归责于本人的事由未参加诉讼；

（二）发生法律效力的判决、裁定、调解书的全部或者部分内容错误；

（三）发生法律效力的判决、裁定、调解书内容错误损害其民事权益。

第三人撤销之诉案件裁判规则第13条：生效民事调解书不因当事人之间具有关联关系而必然被撤销

〔**规则描述**〕：实践中，虚假诉讼的表现形式之一是具有关联关系的当事人在证据不足的情形下迅速自行达成调解。第三人亦会以原审诉讼当事人具有关联关系，相关债务系恶意串通并通过诉讼予以确认为由提起第三人撤销之诉。事实上，法律并未禁止具有关联关系的当事人进行经济往来，关联债务引发诉讼并非必然等同于虚假诉讼。具有关联关系的当事人就债权债务在民事诉讼中达成调解协议，并由人民法院形成民事调解书的，债权人认为关联关系当事人之间存在恶意串通，形成虚假诉讼，损害其民事权益并提起第三人撤销之诉的，第三人应当对该生效民事调解书系虚假诉讼承担举证责任。同时，人民法院对该类案件要加大证据审查力度，对可能存在虚假诉讼的，要适当加大职权调查取证力度。

一、类案检索大数据报告

时间：2020年7月5日之前，案例来源：Alpha案例库，案件数量：81件。以全文包含“关联关系”“调解书”“虚假诉讼”，案件概述包含“第三人撤销之诉”为关键词搜索，本次检索获取2020年7月5日前共81篇文书。在81件案件中，通过人工检索的方式，共发现30件案件完全符合条件。如图13－1所示，在这30件完全符合条件案件的裁判文书中，共有86.67%的案件认定生效民事调解书不因当事人之间具有关联关系而必然被撤销，第三人应当承担证明原审诉讼当事人恶意串通系虚假诉讼的举证责任；13.33%的案件则并未对是否存在虚假诉讼进行审查，直接以债权人不具备第三人撤销之诉的原告主体资格裁定驳回当事人的起诉。

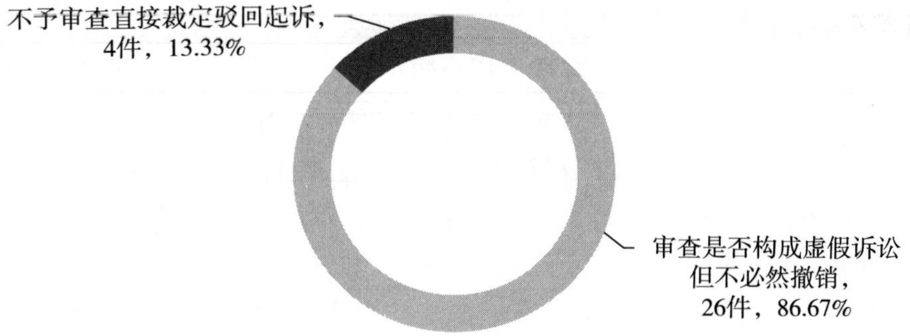

图 13－1　生效民事调解书是否因当事人具有关联关系而必然被撤销

如图13－2所示，从地域分布来看，当前案例主要集中在北京市、山东省、广东省，分别占比26.67%、26.67%、23.33%。

图 13－2　案件主要地域分布情况

二、可供参考的例案

例案一　伊犁州国有资产投资经营有限责任公司、新疆油田资产管理有限责任公司、新疆石油管理局新源钢铁公司第三人撤销之诉案

【法院】

最高人民法院

【案号】

(2016)最高法民申1662号

【当事人】

再审申请人(一审原告、二审上诉人)：伊犁州国有资产投资经营有限责任公司

再审被申请人(一审被告、二审被上诉人)：新疆油田资产管理有限责任公司

再审被申请人(一审被告、二审被上诉人)：新疆石油管理局新源钢铁公司

【基本案情】

伊犁州国有资产投资经营有限责任公司(以下简称伊犁国资公司)申请再审称:(1)原审认定其不具有第三人主体资格是对法律的错误理解。(2001)民二终字第137号民事判决(以下简称137号判决,该案简称137号案件)和(2003)克中民二初字第28号民事调解书(以下简称28号调解书,该案简称28号案件)所确认的债权债务虽是平等、独立的普通债权,但28号案件在诉讼时,137号判决已经进入执行程序,作为被执行人新疆石油管理局新源钢铁公司(以下简称新源钢铁公司)与其母公司的委托代理人新疆油田资产管理有限责任公司(以下简称油田管理公司)利用母子公司的关联关系,在没有任何借款事实和借款证据的情况下,恶意串通自认、互认债权债务,通过虚假诉讼达成28号调解书,目的是转移财产。因此,伊犁国资公司与28号调解书所确认的债权具有法律上的利害关系。(2)原审关于除斥期间的认定错误。原审法院认为,除斥期间应从2013年4月28日起算,经过6个月,也应到2013年10月28日之后才算超过除斥期。而伊犁国资公司2013年9月23日就向克拉玛依市中级人民法院提起了撤销诉讼,并未超过除斥期间。因此,原审裁定忽略了本案存在前后两次诉讼的事实,在除斥期间的事实认定上是错误的。(3)伊犁国资公司有证据证明28号调解书错误。28号调解书是在双方当事人利用母子公司关联关系,恶意串通、虚构债务、虚假诉讼的情况下作出的,最终导致错误地处分了新源钢铁公司的财产,从而架空了137号判决的执行。但本案一、二审根本未审查28号案件是否存在恶意串通、虚假诉讼及28号调解书是否错误,确认的债权是否真实的问题,仅凭两个债权是平等的这一表象就认定伊犁国资公司与28号案件没有“法律上的利害关系”,完全违背了2013年《民事诉讼法》设立“第三人撤销之诉”的立法宗旨。综上,伊犁国资公司根据《民事诉讼法》第200条第2项、第6项申请再审,请求撤销原审裁定第2项并支持其撤销28号调解书的诉讼请求。

【案件争点】

1. 伊犁国资公司提起本案第三人撤销之诉是否超过除斥期间。

2. 原审认定伊犁国资公司不具有第三人主体资格是否正确。

3. 28号调解书是否存在错误,应予撤销。

【裁判要旨】

最高人民法院经审理认为:

1. 关于本案是否超过除斥期间的问题。根据《民事诉讼法》第56条第2款和

《民事诉讼法司法解释》第 127 条的规定，第三人提起撤销之诉的期间是自知道或者应当知道其民事权益受到损害之日起 6 个月，且该期限为不变期间。2013 年 4 月 28 日，新疆维吾尔自治区高级人民法院伊犁哈萨克自治州分院作出(2013)伊州执恢字第 2 号执行裁定，变更伊犁国资公司为 137 号案件的申请执行人，如伊犁国资公司认为业已生效的 28 号调解书损害其合法权益，最晚应于此时起 6 个月内提起第三人撤销之诉。然而，伊犁国资公司 2015 年 1 月 12 日才提起本案诉讼，显然已超过法律规定的 6 个月期限。伊犁国资公司申请再审称，原审忽略了其曾前后两次诉讼的事实，主张 2013 年 9 月 23 日曾向克拉玛依市中级人民法院提起撤销之诉，但未提供相关证据。克拉玛依市中级人民法院(2014)克中法民立初字第 2 号民事裁定载明，该院于 2014 年 2 月 27 日收到伊犁国资公司的起诉状及相关证据材料，该时间节点亦已超过法律规定的期间。据此，原审法院认定伊犁国资公司已经丧失提起第三人撤销之诉的程序权利，并裁定驳回该公司的起诉，并无不当。

2. 关于伊犁国资公司是否具备第三人撤销之诉主体资格的问题。根据法律规定，提起第三人撤销之诉的"第三人"是指有独立请求权的第三人，或者案件处理结果同其有法律上的利害关系的人。在 137 号案件中，伊犁国资公司受让的是中国信达资产管理公司乌鲁木齐办事处对新源县火电厂享有的债权，该债权债务关系中，作为主债务人的新源县火电厂用其自有财产设定了抵押，因此，137 号判决判令新源钢铁公司与其他两名保证人在新源县火电厂抵押的厂房、机器设备、土地使用权不足以清偿上述债务时，对不足部分共同承担连带责任；而 28 号案件中，油田管理公司是债权人，新源钢铁公司是债务人，双方在诉讼过程中达成调解协议，对债务数额、还款方式等达成一致。上述两案中，伊犁国资公司和油田管理公司对新源钢铁公司分别享有独立的债权，且均为普通债权。因此，新源钢铁公司在其财产所有权未受到其他限制的情况下，处分自己所有的财产以偿还自身债务的行为，并无不妥。据此，原审法院以伊犁国资公司在 137 号案件中的民事权益与 28 号案件处理结果没有法律上的利害关系为由，认定伊犁国资公司不符合第三人撤销之诉中"第三人"须"与案件的处理结果有法律上的利害关系"之条件，依照《民事诉讼法司法解释》第 330 条(参见 2022 年《民事诉讼法司法解释》第 228 条)"人民法院依照第二审程序审理案件，认为依法不应由人民法院受理的，可以由第二审人民法院直接裁定撤销原裁判，驳回起诉"之规定，裁定驳回伊犁国资公司的起诉，并无不当。伊犁国资公司申请再审的理由不能成立。

3. 关于 28 号调解书是否错误应予撤销的问题。经审查，28 号案件系油田管理公司与新源钢铁公司双方在诉讼过程中自愿达成调解协议,且经克拉玛依市中级人民法院以调解书的形式予以确认。伊犁国资公司虽主张新源钢铁公司与油田管理公司存在恶意串通、虚构债务、虚假诉讼的情形,但并未提供相关证据予以佐证。此种情形下,伊犁国资公司仅以协议双方具有一定关联关系为由,请求再审确认28号案件为虚假诉讼,证据不足。伊犁国资公司该项申请理由,本院不予支持。

例案二 于某旗、洛阳海创置业有限公司、河南开宇建筑有限公司第三人撤销之诉案

【法院】

最高人民法院

【案号】

(2019)最高法民申3017号

【当事人】

再审申请人(一审原告、二审上诉人):于某旗

再审被申请人(一审被告、二审被上诉人):洛阳海创置业有限公司

再审被申请人(一审被告、二审被上诉人):河南开宇建筑有限公司

【基本案情】

于某旗申请再审称,(1)一、二审法院认定事实不清,适用法律错误。洛阳海创置业有限公司(以下简称海创公司)与河南开宇建筑有限公司(以下简称开宇公司)之间的(2016)豫03民初293号民事调解一案(以下简称293号案)影响本案执行,该案处理结果与于某旗存在法律上的利害关系,于某旗具备第三人撤销之诉的主体资格。(2)293号案是虚假诉讼,应予撤销。①海创公司拖欠开宇公司3970万元工程款的事实缺乏证据证明,综合开宇公司提供的证据和其他在案证据可以看出,证据之间存在无法消除的矛盾。②当事人在诉讼前后的诸多行为违背常理。海创公司与开宇公司在业主没有与承包方结算时,海创公司作为承包方却急于与施工方开宇公司结算;诉讼中双方无实质性权益争议,迅速达成调解协议,并由海创公司主动提供给开宇公司诉讼费10万元让开宇公司起诉自己,开宇公司的代理律师亦是海创公司的法律顾问。上述情形属于典型的虚假诉讼,变相掏空债权,导致于某旗案件无法执行,严重损害了申请人于某旗的合法权益。综上,依据《民事诉讼法》第200条第1项、第2项、第6项的规定申请再审。

开宇公司辩称，(1)于某旗诉讼主体资格不适格，一、二审法院裁定驳回起诉程序合法。于某旗既不是有独立请求权第三人，也不是无独立请求权第三人，其与293号案没有法律上的利害关系。(2)于某旗的起诉既不符合第三人撤销之诉“损害其民事权益”的实体条件，也不符合“发生法律效力的判决、裁定、调解书的部分或者全部内容错误”的条件。开宇公司诉海创公司拖欠工程款一案中，拖欠3790万元进度款的事实是客观真实。于某旗提出开宇公司与海创公司之间的来往款项记录并非工程款交易记录，而是开宇公司项目负责人周某甫和海创公司工作人员之间的其他经济往来，没有事实依据，不能成为293号案系虚假诉讼的理由。综上，于某旗的再审申请理由不能成立，请求驳回其再审申请。

【案件争点】

于某旗是否具备提起第三人撤销之诉的主体资格。

【裁判要旨】

最高人民法院经审理认为，于某旗提起本案第三人撤销之诉时，其仅对海创公司基于民间借贷法律关系而享有普通债权。但293号案系开宇公司向海创公司主张拖欠工程款的建设工程施工合同纠纷，开宇公司依据双方签订的《工程款支付协议书》要求海创公司支付拖欠工程款3790万元及利息损失。于某旗对该案诉讼标的并无独立请求权，不属于有独立请求权的第三人。诉讼中，开宇公司与海创公司达成调解，但生效民事调解书未要求于某旗承担法律上的义务或责任。故于某旗与293号案的处理结果并无法律上的利害关系，亦非该案的无独立请求权第三人。

于某旗再审另主张293号案系虚假诉讼，该案生效民事调解书损害其民事权益，因于某旗申请再审时提交的银行回单和记账凭证系发生于周某甫和栾川县人民政府之间，与293号案缺乏关联关系，故法院认为于某旗并未提交充分证据证明海创公司与开宇公司之间存在恶意串通进行虚假诉讼的行为。原审法院综合案件情况，认定本案不属于第三人撤销之诉的受理范围，裁定驳回于某旗的起诉，适用法律并无不当。

例案三 | 云南具佳房地产投资开发有限公司、耿马县汇恒小额贷款有限责任公司、临沧市耿马普惠三农服务专业合作社第三人撤销之诉案

【法院】

云南省高级人民法院

【案号】

(2020)云民终161号

【当事人】

上诉人(一审原告):云南具佳房地产投资开发有限公司

被上诉人(一审被告):耿马县汇恒小额贷款有限责任公司

被上诉人(一审被告):临沧市耿马普惠三农服务专业合作社

【基本案情】

临沧市耿马普惠三农服务专业合作社(以下简称普惠合作社)与云南具佳房地产投资开发有限公司(以下简称具佳公司)、云南耿马乾峰茶业有限公司(以下简称乾峰公司)合同纠纷一案,云南省临沧市中级人民法院(以下简称临沧中院)于2016年5月18日作出(2016)云09民终135号判决(以下简称135号判决):乾峰公司于判决生效之日起10日内偿付具佳公司欠款200万元;乾峰公司于2016年12月30日前偿付具佳公司欠款100万元,于2017年12月30日前偿付具佳公司欠款100万元,于2018年12月30日前偿付具佳公司欠款1,786,150.15元;普惠合作社对乾峰公司的上述还款义务承担连带保证责任。

2016年10月20日,耿马县汇恒小额贷款有限责任公司(以下简称汇恒公司)因2013年至2014年普惠合作社向其借款2430万元未归还,向临沧中院提起诉讼。在诉讼过程中,汇恒公司与普惠合作社自行达成和解协议,约定汇恒公司与普惠合作社案涉2430万元借款签订的8份借款合同合法有效;由普惠合作社分三期偿还:2016年12月30日前偿还430万元,2017年3月31日前偿还1000万元,2017年6月30日前偿还1000万元;上述本金自借款之日起至还清款之日止所产生的相应利息,按月利率2%计算;案涉8份抵押合同合法有效;抵押物权证共12本由汇恒公司保管。2016年12月20日,一审法院作出(2016)云09民初113号民事调解书(以下简称113号调解书),对上述和解协议予以确认。根据一审汇恒公司与普惠合作社提交的8份抵押合同记载内容显示,合同签订双方为乾峰公司与汇恒公司。

具佳公司认为其依据135号判决,申请该案进入执行程序后,耿马傣族佤族自治县人民法院查封了普惠合作社名下位于耿马傣族佤族自治县勐撒镇的房地产,汇恒公司依据113号调解书,也申请对前述普惠合作社名下位于耿马傣族佤族自治县勐撒镇的房地产进行查封,欲对查封资产进行分配,侵犯了具佳公司的合法利益,遂诉至一审法院,请求撤销临沧中院113号调解书。

【案件争点】

具佳公司是否具有第三人撤销之诉的原告主体资格。

【裁判要旨】

临沧中院经审理认为，根据《民事诉讼法》第56条的规定："对当事人双方的诉讼标的，第三人认为有独立请求权的，有权提起诉讼。对当事人双方的诉讼标的，第三人虽然没有独立请求权，但案件处理结果同他有法律上的利害关系的，可以申请参加诉讼，或者由人民法院通知他参加诉讼。人民法院判决承担民事责任的第三人，有当事人的诉讼权利义务。前两款规定的第三人，因不能归责于本人的事由未参加诉讼，但有证据证明发生法律效力的判决、裁定、调解书的部分或者全部内容错误，损害其民事权益的，可以自知道或者应当知道其民事权益受到损害之日起六个月内，向作出该判决、裁定、调解书的人民法院提起诉讼。人民法院经审理，诉讼请求成立的，应当改变或者撤销原判决、裁定、调解书；诉讼请求不成立的，驳回诉讼请求。"本案中，汇恒公司诉普惠合作社借款合同纠纷一案系汇恒公司基于与普惠合作社之间的借款关系请求其承担还款责任，在和解过程中普惠合作社自愿以登记在其名下的土地、房产提供抵押，法律关系的性质为借款合同纠纷。而具佳公司与乾峰公司、普惠合作社的法律关系为合同关系，乾峰公司、普惠合作社是否按照《还款协议》约定履行付款义务，与上述借款合同法律关系没有直接或间接的联系。具佳公司既未提交证据证明普惠合作社以其名下土地、房产抵押借款时知道具佳公司与乾峰公司之间的付款义务需拍卖其名下前述土地、房产予以履行，亦未提交证据证明汇恒公司与普惠合作社达成和解协议时存在虚构债权债务、将公司资产转出的行为。综上，具佳公司对汇恒公司诉普惠合作社借款合同纠纷一案的诉讼标的没有独立的请求权，对案件处理结果亦无法律上的利害关系，故具佳公司不符合《民事诉讼法》第56条规定的第三人条件，不是本案适格原告，不具备提起撤销之诉的主体资格。

云南省高级人民法院经审理认为，根据《民事诉讼法》第56条的规定，对当事人双方的诉讼标的，第三人认为有独立请求权，或者对当事人双方的诉讼标的，第三人虽然没有独立请求权，但案件处理结果同他有法律上的利害关系的，因不能归责于本人的事由未参加诉讼，但有证据证明发生法律效力的判决、裁定、调解书的部分或者全部内容错误，损害其民事权益的，可以自知道或者应当知道其民事权益受到损害之日起6个月内，向作出该判决、裁定、调解书的人民法院提起诉讼。因此，能够提起第三人撤销之诉之原告应符合上述法律条款规定的有独立请求权的第三人或者案件处理结果同他有法律上的利害关系的无独立请求权第三人。

本案中,具佳公司在一审起诉中明确提出汇恒公司与普惠合作社通过虚构债权并用调解的方式确认大额债权,且据此参与到其申请执行查封物的拍卖执行程序中,欲对拍卖价款进行分配,上述一系列行为使其债权得到清偿的可能性降低,其合法利益受到该虚假诉讼的侵害。根据查明的事实,具佳公司对普惠合作社享有的债权已经临沧中院2016年生效民事判决确认并进入执行程序,诉讼中法院裁定查封了普惠合作社名下位于耿马县勐撒镇那英组羊耿公路旁的国有土地使用权及房屋所有权。而后,汇恒公司与普惠合作社因借款合同纠纷诉至法院,达成调解协议,依据调解书也申请执行查封同块国有土地使用权及房屋所有权。在此情形下,如汇恒公司与普惠合作社之间的借款合同纠纷涉及虚假诉讼,并因此进入同一标的物的执行程序中,参与分配拍卖价款,则普惠合作社责任财产将因此减少,其清偿能力将降低,从而影响到具佳公司的债权执行权益。故汇恒公司与普惠合作社借款纠纷的处理结果与具佳公司具有法律上的利害关系,具佳公司可认定为该案无独立请求权的第三人。同时,依具佳公司的主张,113号调解书中确认了涉案抵押合同为汇恒公司与普惠合作社所签,经查,该8份抵押合同实际签订主体为汇恒公司与案外人乾峰公司。且具佳公司在一审时提交了证据证明该抵押合同系乾峰公司与汇恒公司事后补签,普惠合作社对此也予以认可。故113号调解书确认的抵押合同签订主体与签订时间与上述情况存在矛盾且不符常理;加之汇恒公司与普惠合作社的法定代表人在上述两主体间交叉持有大额股份,普惠合作社二审调查中亦陈述,普惠合作社对外发生的相关借款系汇恒公司法定代表人孙某生所为。故,综合以上情形,对该113号调解书是否存在虚假诉讼、是否侵害具佳公司利益等关键事实应进一步进行实体审查与判断。综上所述,本案具佳公司具有提起第三人撤销之诉的原告主体资格,一审法院以具佳公司不是适格原告主体为由裁定驳回其起诉属法律适用错误,应予纠正。

三、裁判规则提要

(一)关联关系当事人的合法债权债务关系受法律保护

关联关系通常是指公司控股股东、实际控制人、董事、监事、高级管理人员与其直接或者间接控制的企业之间的关系,以及可能导致公司利益转移的其他关系。在公司法领域,出于对中小股东的保护以及防止关联关系人利用关联关系损害公司的合法权益,将公司变成关联关系人套取利益的工具的立法目标,《公司法》在实体上明确禁止公司的控股股东、实际控制人、董事、监事、高级管理人员利用其关联关系损害公司利益，并在程序上通过排除关联关系人的表决权实现其实体目的。然而，对于关联交易限制主要是在公司内部决策上，通过公司内部合理的表决机制保障公司利益，其法律后果亦是在对公司造成损失的情况下，由公司的控股股东、实际控制人、董事、监事、高级管理人员承担赔偿责任。但是，并不影响关联交易本身的有效性和合法性。从对外交易的角度来看，法律从未禁止具有关联关系的当事人开展经济交易往来。事实上，关联关系亦并不必然损害公司利益，运用得当甚至可以降低交易成本，实现关联关系当事人之间的利益双赢。

由于法律并未禁止具有关联关系的当事人之间开展经济往来，实践中，关联关系人之间因关联交易产生债权债务的情形并不鲜见。关联关系人之间虽然具有关联关系，但是其作为独立的民事法律主体，不必然成为共同利益体，在相互之间的经济往来中，亦可能因债权债务纠纷诉至人民法院。在诉讼过程中，对于关联关系人之间合法的债权债务关系，法律对其保护与无关联关系人之间的债权债务关系的保护是相同的，并不因关联关系而有所差别。

（二）原审诉讼当事人存在关联关系并达成调解的情形下，第三人仍然应就原审调解书错误承担举证责任

涉及关联关系人之间债权债务关系的民事调解书是虚假诉讼的高发、频发形式。这一形式更是属于《防范和制裁虚假诉讼的指导意见》中强调人民法院要特别注意情形中“当事人为夫妻、朋友等亲近关系或者关联企业等共同利益关系”与“案件证据不足，但双方仍然主动迅速达成调解协议，并请求人民法院出具调解书”的重叠情形。在第三人主张撤销的民事调解书涉及的原审诉讼当事人系具有关联关系的当事人时，人民法院必须对原审诉讼是否存在虚假诉讼情形高度提高警惕，予以高度重视。然而，防范和制裁虚假诉讼对人民法院重视程度的要求与当事人诉讼过程中举证责任的分配并非同一层面的问题。在举证责任的分配上，仍然必须依据明确的法律规定进行举证责任分配。

《民事诉讼法》和《民事诉讼法司法解释》并未对第三人撤销之诉的举证责任分配作出特别规定。从举证责任分配的角度而言，其仍然适用的是《民事诉讼法》第 64 条（参见 2023 年《民事诉讼法》第 67 条）和《民事诉讼法司法解释》第 90 条的规定，第三人应当对其提出的主张承担举证责任。在原审诉讼当事人具有关联关系的情形下，第三人若要实现撤销民事调解书的目标，必须举证证明原民事调解书处理当事人民事权利义务的结果是错误的，在第三人仅为普通债权人的情形时，

第三人更必须证明该民事调解书系原审诉讼当事人恶意串通,系虚假诉讼的结果。

在第三人承担举证责任的情况下,在举证证明的程度问题上,根据《民事诉讼法司法解释》第109条的规定,第三人需提供证据证明原审诉讼当事人的恶意串通这一事实的可能性能够排除合理怀疑。[①] 这一举证证明标准高于民事案件中一般待证事实适用的盖然性标准,是根据实体法的规定,在民事诉讼举证标准上的特别举证标准。亦即意味着第三人要对其主张承担举证责任,而且举证证明的程度需高于一般的情形,达到排除合理怀疑的程度。

(三)关联关系下法院应当加大虚假诉讼依职权审查的力度

正如前述,关联关系当事人之间合法的债权债务关系受法律保护,第三人主张存在虚假诉讼要求撤销,必须对其主张承担举证责任。但是,必须正视,在现实过程中,关联关系当事人恶意串通、利用调解方式虚构债务这一虚假诉讼情形具有高度的隐蔽性,第三人要举证证明恶意串通、虚假诉讼的存在,而且要达到排除合理怀疑的程度难度极大。

而从虚假诉讼的社会危害性而言,其不仅严重侵害案外人合法权益,破坏社会诚信,也扰乱了正常的诉讼秩序,损害司法权威和司法公信力。人民法院作为维护社会公平正义的场所,必须坚决打击虚假诉讼。故从维护司法权威、打击虚假诉讼的角度,不同于一般民事案件人民法院中立审理的情形,在虚假诉讼的问题上,人民法院必须加大依职权审查力度。从具体适用的角度而言,第三人就具有关联关系的原审诉讼民事调解书主张系虚假诉讼的情形下,在第三人提出初步证据使人民法院确信存在虚假诉讼的可能性时,人民法院应当对原审诉讼发生的基础事实加大依职权审查力度,对原审诉讼债权债务的真实性、是否损害第三人的合法利益等进行重点审查,以实现第三人撤销之诉在打击虚假诉讼上的制度价值。

四、辅助信息

高频词条:

《民事诉讼法》

第59条 对当事人双方的诉讼标的,第三人认为有独立请求权的,有权提起

① 参见最高人民法院研究室编:《最高人民法院民事诉讼法司法解释理解与适用(上)》,人民法院出版社2015年版,第360页。

诉讼。

对当事人双方的诉讼标的，第三人虽然没有独立请求权，但案件处理结果同他有法律上的利害关系的，可以申请参加诉讼，或者由人民法院通知他参加诉讼。人民法院判决承担民事责任的第三人，有当事人的诉讼权利义务。

前两款规定的第三人，因不能归责于本人的事由未参加诉讼，但有证据证明发生法律效力的判决、裁定、调解书的部分或者全部内容错误，损害其民事权益的，可以自知道或者应当知道其民事权益受到损害之日起六个月内，向作出该判决、裁定、调解书的人民法院提起诉讼。人民法院经审理，诉讼请求成立的，应当改变或者撤销原判决、裁定、调解书；诉讼请求不成立的，驳回诉讼请求。

第67条 当事人对自己提出的主张，有责任提供证据。

当事人及其诉讼代理人因客观原因不能自行收集的证据，或者人民法院认为审理案件需要的证据，人民法院应当调查收集。

人民法院应当按照法定程序，全面地、客观地审查核实证据。

《公司法》

第216条 本法下列用语的含义：

（一）高级管理人员，是指公司的经理、副经理、财务负责人，上市公司董事会秘书和公司章程规定的其他人员。

（二）控股股东，是指其出资额占有限责任公司资本总额百分之五十以上或者其持有的股份占股份有限公司股本总额百分之五十以上的股东；出资额或者持有股份的比例虽然不足百分之五十，但依其出资额或者持有的股份所享有的表决权已足以对股东会、股东大会的决议产生重大影响的股东。

（三）实际控制人，是指虽不是公司的股东，但通过投资关系、协议或者其他安排，能够实际支配公司行为的人。

（四）关联关系，是指公司控股股东、实际控制人、董事、监事、高级管理人员与其直接或者间接控制的企业之间的关系，以及可能导致公司利益转移的其他关系。但是，国家控股的企业之间不仅因为同受国家控股而具有关联关系。

《民事诉讼法司法解释》

第90条 当事人对自己提出的诉讼请求所依据的事实或者反驳对方诉讼请求所依据的事实，应当提供证据加以证明，但法律另有规定的除外。

在作出判决前，当事人未能提供证据或者证据不足以证明其事实主张的，由负有举证证明责任的当事人承担不利的后果。

第108条 对负有举证证明责任的当事人提供的证据，人民法院经审查并结合相关事实，确信待证事实的存在具有高度可能性的，应当认定该事实存在。

对一方当事人为反驳负有举证证明责任的当事人所主张事实而提供的证据，人民法院经审查并结合相关事实，认为待证事实真伪不明的，应当认定该事实不存在。

法律对于待证事实所应达到的证明标准另有规定的，从其规定。

第109条 当事人对欺诈、胁迫、恶意串通事实的证明，以及对口头遗嘱或者赠与事实的证明，人民法院确信该待证事实存在的可能性能够排除合理怀疑的，应当认定该事实存在。

《九民会议纪要》

120.第三人撤销之诉中的第三人仅局限于《民事诉讼法》第56条规定的有独立请求权及无独立请求权的第三人，而且一般不包括债权人。但是，设立第三人撤销之诉的目的在于，救济第三人享有的因不能归责于本人的事由未参加诉讼但因生效裁判文书内容错误受到损害的民事权益，因此，债权人在下列情况下可以提起第三人撤销之诉：

(1)该债权是法律明确给予特殊保护的债权，如《合同法》第286条规定的建设工程价款优先受偿权，《海商法》第22条规定的船舶优先权；

(2)因债务人与他人的权利义务被生效裁判文书确定，导致债权人本来可以对《合同法》第74条和《企业破产法》第31条规定的债务人的行为享有撤销权而不能行使的；

(3)债权人有证据证明，裁判文书主文确定的债权内容部分或者全部虚假的。

债权人提起第三人撤销之诉还要符合法律和司法解释规定的其他条件。对于除此之外的其他债权，债权人原则上不得提起第三人撤销之诉。

《防范和制裁虚假诉讼的指导意见》

2.实践中，要特别注意以下情形：(1)当事人为夫妻、朋友等亲近关系或者关联企业等共同利益关系；(2)原告诉请司法保护的标的额与其自身经济状况严重不符；(3)原告起诉所依据的事实和理由明显不符合常理；(4)当事人双方无实质性民事权益争议；(5)案件证据不足，但双方仍然主动迅速达成调解协议，并请求人民法院出具调解书。

7.要加强对调解协议的审查力度。对双方主动达成调解协议并申请人民法院出具调解书的，应当结合案件基础事实，注重审查调解协议是否损害国家利益、社会公共利益或者案外人的合法权益；对人民调解协议司法确认案件，要按照民事诉讼法司法解释要求，注重审查基础法律关系的真实性。

8. 在执行公证债权文书和仲裁裁决书、调解书等法律文书过程中，对可能存在双方恶意串通、虚构事实的，要加大实质审查力度，注重审查相关法律文书是否损害国家利益、社会公共利益或者案外人的合法权益。如果存在上述情形，应当裁定不予执行。必要时，可向仲裁机构或者公证机关发出司法建议。

第三人撤销之诉案件裁判规则第14条：

因抽逃出资而被追加为被执行人的股东，不具备提起第三人撤销之诉的原告主体资格

〔**规则描述**〕：公司成立后，股东不得抽逃出资。股东抽逃出资的，公司在对外诉讼中作为被执行人，财产不足以清偿生效法律文书确定的债务的，申请执行人有权申请变更、追加抽逃出资的股东、出资人为被执行人，在抽逃出资的范围内承担责任。即使股东因抽逃出资在公司对外诉讼执行过程中被变更、追加为被执行人的，由于公司具有独立的法律人格，公司对外活动应推定为股东整体意志的体现，公司在诉讼活动中的主张也应认定为代表股东的整体利益。股东就公司对外诉讼亦不得以第三人身份提起第三人撤销之诉，应通过执行异议与执行异议之诉寻求救济。

一、类案检索大数据报告

时间：2020年6月2日之前，案例来源：Alpha案例库，案件数量：17件。以全文包含“股东”“抽逃出资”“被执行人”，案件概述包含“第三人撤销之诉”为关键词搜索，本次检索获取2020年6月2日前共17篇文书。在17件案件中，通过人工检索的方式，共发现10件案件完全符合条件。如图14－1所示，在这10件完全符合条件案件的裁判文书中，共有80%的案件认定，股东被变更、追加为被执行人时对于公司对外诉讼案件不具备第三人撤销之诉原告的主体资格，无权提起第三人撤销之诉；20%的案件认定，此种情形下，股东作为无独立请求权的第三人有权提起第三人撤销之诉。

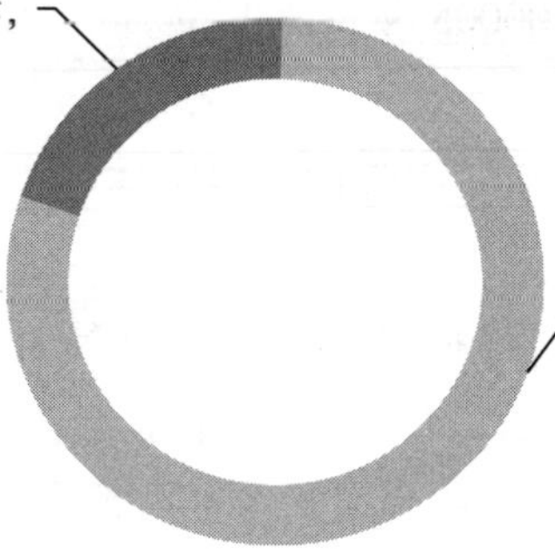

图14－1　股东被追加为被执行人是否有权提起第三人撤销之诉

二、可供参考的例案

例案一　江苏博盈投资发展有限公司、丁某、富麦东升无锡有限公司第三人撤销之诉案

【法院】

最高人民法院

【案号】

(2015)民申字第2569号

【当事人】

再审申请人(一审原告、二审上诉人)：江苏博盈投资发展有限公司

再审被申请人(一审被告、二审被上诉人)：丁某

再审被申请人(一审被告、二审被上诉人)：富麦东升无锡有限公司

【基本案情】

江苏博盈投资发展有限公司(以下简称博盈公司)申请再审称，股东与公司虽属独立民事主体，但是，当公司对外发生的民事诉讼侵害到公司股东的权益时，法律同样赋予公司股东追究公司责任的权利。博盈公司作为富麦东升无锡有限公司(以下简称富麦公司)的原股东，对公司是否涉及负债而引起的公司股权所对应的净资产当然具有法律上的利害关系，属于有利害关系的无独立请求权第三人，符合《民事诉讼法》第56条第3款的规定，具备提起第三人撤销之诉的主体资格。据此，博盈公司依照《民事诉讼法》第199条(参见2023年《民事诉讼法》第210条)、第200条第6项之规定申请再审，请求依法撤销江苏省高级人民法院(以下简称江

苏高院)(2015)苏民撤终字第00005号民事裁定。

【案件争点】

博盈公司是否属于第三人撤销之诉的适格主体。

【裁判要旨】

最高人民法院经审理认为,根据《民事诉讼法》第56条第3款之规定,第三人因不能归责于本人的事由未参加诉讼,但有证据证明发生法律效力的判决、裁定、调解书的部分或者全部内容错误,损害其民事权益的,可以自知道或者应当知道其民事权益受到损害之日起6个月内,向作出该判决、裁定、调解书的人民法院提起诉讼。第三人撤销之诉是针对人民法院的生效判决、裁定、调解书的内容错误,损害未参加原诉审理程序第三人合法权益的情形,赋予该第三人提起诉讼以撤销或者变更生效裁判保护自己权益的诉讼程序。根据《民事诉讼法司法解释》第292条之规定,第三人因不能归责于本人的事由而未参加诉讼时,应当允许其提起第三人撤销之诉。第三人撤销之诉实质属纠错程序,其主体条件为原诉审理程序的有独立请求权或无独立请求权的第三人,其程序条件系第三人因不能归责于自己的事由未参加原审诉讼,其实体条件包括有证据证明生效法律文书全部或部分错误。无独立请求权的第三人,是指对于已经进行的诉讼,就其当事人之间的争议,没有独立的请求权利,但案件裁判结果影响其实体权利,为了维护自己的利益参加到诉讼中的人。在丁某与富麦公司民间借贷纠纷案原审期间,博盈公司虽然是富麦公司的原股东,但是,案涉纠纷的合同未针对博盈公司约定权利或义务,且本案生效法律文书也未涉及博盈公司的权利义务,根据民事法人独立原则以及合同相对性原则,博盈公司既不是案涉合同纠纷的原告、被告,也不是第三人。江苏省镇江市中级人民法院立案执行后,在查找被执行人财产过程中,发现博盈公司在投资富麦公司时有抽逃出资行为,依据《执行工作若干问题的规定》第80条(此规定2020年修正后已无对应规定)之规定,以抽逃出资为由,追加博盈公司为被执行人,该追加行为产生一个新的法律关系,该法律关系的基础本质上属于公司法调整的范畴,是股东与公司之间根据公司章程形成的投资权益法律关系,在该法律关系中,如果股东与公司产生纠纷,应当另行寻求救济途径解决,与生效法律文书确认的合同关系无关。因此,博盈公司不是丁某与富麦公司民间借贷纠纷案的第三人,其主张有权对本案执行依据的生效法律文书提起第三人撤销之诉,于法无据,应予驳回。

例案二 束某生、张某泉、东某融资租赁(天津)有限公司、扬州苏浙皖汽车贸易有限公司、南京苏某工贸有限公司、江苏速顺物流有限公司、孙某兵第三人撤销之诉案

【法院】

天津市第一中级人民法院

【案号】

(2018)津 01 民撤 3 号

【当事人】

原告：束某生

原告：张某泉

被告：东某融资租赁(天津)有限公司

被告：扬州苏浙皖汽车贸易有限公司

被告：南京苏某工贸有限公司

被告：江苏速顺物流有限公司

被告：孙某兵

【基本案情】

束某生、张某泉诉称，束某生、张某泉系扬州苏浙皖汽车贸易有限公司(以下简称苏浙皖公司)股东。2017 年 4 月 7 日，东某融资租赁(天津)有限公司(以下简称东某公司)以抽逃注册资金为由，向法院提出将束某生、张某泉追加为(2017)津 01 执 113 号执行案件被执行人的申请。同年 7 月 24 日上午，束某生、张某泉参加(2017)津 01 执 113 号执行案件听证庭审时，从东某公司提交的证据副本中首次见到天津市第一中级人民法院(2015)一中民二初字第0158 号民事调解书(以下简称 158 号调解书)的内容。该调解书大意为：截至 2016 年 6 月 30 日苏浙皖公司欠东某公司货款、违约金、律师费合计 31,292,758.63 元，2016 年 7 月 15 日之前由法院扣划 6,000,000 元，8 月 31 日前还款 2,000,000 元，余款分 32 个月还清，2017 年 1 月起每月 20 日之前还款 750,000 元，2019 年 8 月 31 日之前还款 427,58.63 元。南京苏某工贸有限公司(以下简称苏某公司)、江苏速顺物流有限公司(以下简称速顺公司)、孙某兵对上述款项承担连带清偿责任。如任何一项未履行，按尚欠款项的万分之五支付违约金。上述 158 号调解书错误地将东某公司起诉的案由定性

为买卖合同纠纷,并依照买卖合同相关法律规定进行调解是违法的。东某公司与苏浙皖公司、速顺公司、苏某公司三公司的控股股东孙某兵及案外人广汽日野公司等主体涉嫌虚构交易、虚假诉讼、恶意串通,导致158号调解书违反了合法性原则,严重损害了束某生、张某泉的合法权益。此后,东某公司基于158号调解书,以束某生、张某泉存在抽逃出资行为为由,申请追加束某生、张某泉为被执行人,并申请查封冻结了束某生、张某泉的财产,导致相关财产不能由二人自由支配,因此,束某生、张某泉成为与(2015)一中民二初字第0158号案件(以下简称158号案件)处理结果有利害关系的第三人,有权对158号调解书提起第三人撤销之诉,请求法院支持束某生、张某泉的诉讼请求,撤销158号调解书;判令被告承担本案的全部诉讼费用。

【案件争点】

束某生、张某泉是否具备第三人撤销之诉的诉讼资格。

【裁判要旨】

天津市第一中级人民法院经审理认为,《民事诉讼法》第56条第3款规定,前两款规定的第三人,因不能归责于本人的事由未参加诉讼,但有证据证明发生法律效力的判决、裁定、调解书的部分或者全部内容错误,损害其民事权益的,可以自知道或者应当知道其民事权益受到损害之日起6个月内,向作出该判决、裁定、调解书的人民法院提起诉讼。根据该条款,有权提起第三人撤销之诉的主体为应当参加诉讼而未参加的原诉讼案件第三人,其中包括该条第1款规定的有独立请求权的第三人和第2款规定的无独立请求权的第三人。对原诉讼案件的诉讼标的享有独立的请求权或者原诉讼案件处理结果与其有法律上的利害关系,是判断当事人是否具备第三人撤销之诉原告主体资格的依据,具体到本案:

首先,束某生、张某泉不属于158号案件中有独立请求权的第三人。158号案件为东某公司与苏浙皖公司、苏某公司、速顺公司、孙某兵之间的买卖合同纠纷,东某公司依据其与苏浙皖公司签订的《买卖合同》《分期付款买卖合同》,与速顺公司签订的《机动车抵押合同》以及苏某公司向其出具的连带保证书,向三公司主张支付货款、违约金并要求承担相应的担保责任。而束某生、张某泉只是苏浙皖公司的股东,并非上述买卖合同纠纷中的权利义务主体,对158号案件的诉讼标的不具有独立的请求权,无权提起诉讼。

其次,束某生、张某泉亦不属于158号案件中无独立请求权的第三人。无独立请求权的第三人是指虽然对当事人双方的诉讼标的没有独立的请求权,但案件处理结果与其有法律上的利害关系的主体。158 号调解书只是确认了苏浙皖公司应向东某公司承担的法律义务，并未要求作为公司股东的束某生、张某泉承担任何民事责任，因此束某生、张某泉与 158 号调解书处理的当事人民事权利义务结果并不存在直接的利害关系。由于公司利益和股东利益具有一致性，公司对外活动应推定为股东整体意志的体现，公司在诉讼活动中的主张也应认定为代表股东的整体利益。因此，虽然公司诉讼的处理结果会间接地影响到股东的利益，但股东的利益和意见已经在诉讼过程中由公司所代表和表达，故不应在涉及公司的案件中再追加股东作为第三人参加诉讼。至于束某生、张某泉主张的孙某兵涉嫌虚构交易，属于公司不同股东之间的分歧所导致的利益冲突，系公司内部法律关系，应由股东与股东之间、股东与公司之间依法处理。

最后，束某生、张某泉是否被追加为 158 号调解书的被执行人，与其在 158 案件审理过程中能否成为第三人并不具有关联性。如前所述，在 158 号案件的诉讼过程中，束某生、张某泉并不能成为该案的第三人，对于 158 号调解书在执行过程中东某公司申请追加束某生、张某泉为被执行人的问题，束某生、张某泉应当依据《民事执行中变更、追加当事人若干问题的规定》的有关程序，通过申请复议或者提起执行异议之诉的方式寻求权利救济。即使束某生、张某泉依法被追加为被执行人，亦是基于《民事执行中变更、追加当事人若干问题的规定》以及公司法中有关股东与公司关系的相关规则而产生，并非 158 号案件本身的处理结果与束某生、张某泉有法律上的直接利害关系，亦不能因此认定束某生、张某泉具备 158 案件的第三人主体资格。

综上所述，束某生、张某泉不属于 158 号案件的第三人，不具备提起第三人撤销之诉的主体资格，对其起诉应予以驳回。至于束某生、张某泉主张的 158 号调解书案由错误、主体错误以及当事人之间存在恶意串通、属于虚假诉讼等问题，均属于第三人撤销之诉实体审理的问题，由于束某生、张某泉不具备提起第三人撤销之诉的主体资格，故对前述实体问题本院不予处理。

例案三 陆某、王某、陆某林、孙某华、金湖县金亿农村小额贷款有限公司、江苏瀛环国际集团有限公司第三人撤销之诉案

【法院】

金湖县人民法院

【案号】

(2017)苏0831民撤2号

【当事人】

原告:陆某

原告:王某

原告:陆某林

被告:孙某华

被告:金湖县金亿农村小额贷款有限公司

被告:江苏瀛环国际集团有限公司

【基本案情】

孙某华与金湖县金亿农村小额贷款有限公司(以下简称金亿公司)、江苏瀛环国际集团有限公司(以下简称瀛环公司)民间借贷纠纷一案,金湖县人民法院于2014年9月15日作出(2014)金商初字第0354号民事判决,判决金亿公司偿还孙某华借款300万元及利息(从2014年2月11日起至判决确定的还款之日止,按月利率15‰计算),并承担违约金3万元。瀛环公司对上述借款和利息及违约金承担连带偿还责任。案件受理费32,966元,减半收取16,483元,保全费5000元,共计21,483元,由金亿公司负担。判决发生法律效力后,因金亿公司、瀛环公司未主动履行义务,孙某华向法院申请执行,法院于2014年11月26日立案受理。

执行中查明,金亿公司于2012年12月22日由股东陈某坤、胡某文、陆某元等人出资设立。由于股东未足额出资或抽逃出资,法院于2015年9月8日作出(2014)金执字第1593-1号执行裁定书,追加股东胡某文、陈某坤、陆某元为孙某华与金亿公司、瀛环公司民间借贷纠纷一案的被执行人,并要求陆某元在未出资的2000万元本息范围内对金亿公司债务不能清偿的部分承担补充赔偿责任。陆某元于2014年8月3日因病去世后,其法定继承人有妻子王某、儿子陆某及母亲陆某林。法院于2015年11月16日作出(2014)金执字第1593-3号执行裁定书,变更王某、陆某为上述案件的被执行人(遗漏继承人陆某林),限王某、陆某于裁定书送达之日起30日内,在继承陆某元遗产范围内对陆某元在上述案件中所欠债务向孙某华承担清偿责任。陆某、王某、陆某林收到裁定后,陆某于2016年3月16日向法院提出执行异议,请求停止执行(2014)金执字第1593-3号执行裁定书,并解除对异议人名下房产的查封。法院依照《民事诉讼法》第225条(参见2023年《民事诉讼法》第236条)的规定,于2016年8月12日作出(2016)苏0831执异9号裁定书，驳回了陆某关于停止执行（2014）金执字第 1593－3 号执行裁定书的请求，但支持了其要求解除房产查封的请求。2016 年 12 月 7 日陆某到法院复印了原审判决书。2017 年 3 月 15 日，陆某、王某、陆某林向法院提起第三人撤销之诉，请求撤销（2014）金商初字第 0354 号民事判决，改判由陈某坤个人承担民事赔偿责任。

【案件争点】

陆某、王某、陆某林作为陆某元的法定继承人，原告主体是否适格。

【裁判要旨】

金湖县人民法院经审理认为，根据《民事诉讼法》第 56 条第 2 款的规定，无独立请求权的第三人，即对当事人双方的诉讼标的，没有独立请求权，但案件处理结果同他有法律上的利害关系，可以参加诉讼，或者由人民法院通知他参加诉讼。在原诉中，金亿公司的借款行为应由公司作为被告应诉，公司以其全部资产对债权人承担民事责任，作为该公司的股东陆某元无须作为第三人参加诉讼。且陆某元负有清偿责任是在执行程序中由于公司资产不足以清偿债务时，因股东出资不到位被追加为被执行人的，原诉案件的处理结果同他没有法律上的利害关系。陆某元因病去世后，陆某、王某、陆某林作为权利义务承继人，同样也不具有无独立请求权第三人的起诉资格。故陆某、王某、陆某林不符合《民事诉讼法》第 56 条第 2 款规定的第三人起诉的主体资格条件，依法应驳回起诉。

三、裁判规则提要

（一）股东因抽逃出资被追加为被执行人的，不具备第三人撤销之诉的原告资格

第三人撤销之诉是介于生效法律文书的确定性、法律关系的安定性和第三人利益保护之间的平衡机制。由于第三人撤销之诉涉及对业已生效的裁判文书的法律效力的评价，可能影响业已安定的交易秩序和稳定的社会关系的可能性，故《民事诉讼法》第 56 条第 3 款将第三人撤销之诉的适格原告限定在《民事诉讼法》第 56 条前两款规定的因不能归责于本人的事由未参加诉讼的有独立请求权的第三人或者虽无独立请求权但是与诉讼标的具有利害关系的无独立请求权的第三人。

从公司与公司股东的关系来看，公司具有独立的法律人格，是法律上拟制的主体，有权依法享有民事权利，承担民事义务。在公司对外诉讼中，公司作为独立法律主体对外进行诉讼亦是以自身的名义，以自身的全部责任财产承担责任。故公司在对外诉讼中，公司是以独立于股东的独立意志参与诉讼活动，以独立于股东的

财产承担法律责任。故对于公司对外参与诉讼的诉讼标的而言,公司股东不具有独立的请求权。虽然公司诉讼的处理结果会间接地影响到股东的利益,但这种利益的影响是基于公司与所有者权益之间的法律关系在事实上产生利益影响。而《民事诉讼法》第56条第2款规定的"法律上的利害关系",系指存在直接关联的法律关系,并在事实上产生利益影响的情形。当事人仅在事实上遭受利益影响而与原诉争议无法律关系上的直接牵连,不属于原诉无独立请求权的第三人,不享有针对原诉裁判提起撤销之诉的原告资格。在公司对外诉讼中,股东权益是间接地从股东与公司之间的所有者权益关系上体现,如可能影响股东基于公司利润分配相关权益,但对原诉争议无法律关系上的直接牵连,一般亦不符合无独立请求权的第三人的外延,不能提起第三人撤销之诉。

然而,与一般的公司对外诉讼由公司独立承担责任不同,在特别情形下,如股东抽逃出资的情形下,申请执行人在公司财产不足以清偿生效法律文书确定的债务时,有权申请追加、变更抽逃出资的股东为被执行人。此时,股东的权益受到公司对外诉讼影响显性化,带来的问题是在股东被列明为相关诉讼的被执行人时,是否因执行程序中地位的变化而成为公司对外诉讼的无独立请求权的第三人。

对于这一问题,从法律关系的角度分析,股东因抽逃出资被变更、追加为被执行人,该变更、追加行为系基于股东与公司之间的法律关系,该法律关系的基础本质上属于公司法调整的范畴,与生效裁判文书确定的公司对外法律关系不属于同一关系。进而,从第三人撤销之诉的目的来看,其目标是防治虚假诉讼,救济因原审诉讼生效裁判文书内容错误而受到权益损害的第三人。无论股东因抽逃出资被变更、追加为被执行人本身是否存在错误,都不能够反推出原审诉讼生效裁判文书内容错误,两者之间并无因果关系。故股东即使因抽逃出资,在公司对外诉讼被执行过程中,被追加、变更为被执行人,股东亦不能通过第三人撤销之诉寻求救济。

(二)股东被不当追加为被执行人的救济途径

如前所述,由于股东对于公司对外诉讼不符合《民事诉讼法》第56条前两款第三人的条件,即使其在公司被执行过程中,因存在股东抽逃出资的情形被变更、追加为被执行人,股东亦不能依据《民事诉讼法》第56条第3款提起第三人撤销之诉。但是,股东不能提起第三人撤销之诉,不代表股东如果认为自身不存在抽逃出资、合法权益受到侵害的情形下不能得到救济。

没有救济，就没有权利。在股东因公司对外履行不能，被追加为被执行人时，法律实际上亦为股东留存了救济的途径，根据《民事执行中变更、追加当事人若干问题的规定》第 18 条、第 32 条的规定，股东可以通过提起异议—执行异议之诉的途径寻求救济。即股东可以向执行法院提出执行异议，如果该执行异议被裁定驳回，股东可以在 15 天内向执行法院提起执行异议之诉。从类型上讲，变更、追加被执行人异议之诉是广义的执行异议之诉，不同于《民事诉讼法》第 227 条（参见 2023 年《民事诉讼法》第 238 条）规定的案外人异议之诉和申请执行人执行异议之诉，当事人并非对执行标的异议引起诉讼，而是因实体权利义务关系发生争议，以诉讼方式请求执行法院准予执行或阻却执行的执行救济制度。故在判项上亦具有独特性，如果股东提起执行异议之诉的理由成立，法院判决不得变更、追加被申请人为被执行人或者判决变更责任范围；如果理由不成立的，则判决驳回诉讼请求。

（三）股东在公司对外诉讼执行中可能被追加为被执行人的情形

一般而言，在公司对外诉讼中，公司以其所有财产对外承担责任，股东以出资额为限对公司债务承担有限责任。公司作为独立的法律主体，在对外诉讼中依法享有诉讼权利，承担法律义务。公司财产与股东财产之间因独立性而存在天然的阻隔。公司因对外诉讼败诉成为被执行人时，公司的债权人一般亦只能执行公司的全部财产。

然而，股东与公司之间的财产的隔离是以股东履行股东出资义务为前提的。在特别情形下，申请执行人有权追加、变更公司股东为被执行人。在司法实践中，申请执行人可以追加、变更股东为被执行人的情形除股东抽逃出资外，还包括以下情形：一是股东未缴纳或未足额缴纳出资，即存在出资不实的情形；二是股东未依法履行出资义务即转让股权；三是一人有限责任公司，股东不能证明公司财产独立于自己的财产；四是未经清算即办理注销登记，导致公司无法进行清算的有限责任公司股东或者股份有限公司的控股股东。

在上述情形中，股东被变更、追加为被执行人的前提条件并不相同，在前三种情形中，股东被变更、追加为被执行人都具有一个共同的法律要件，即公司财产不足以清偿生效法律文书确定的债务，只有在公司财产对外无法清偿全部债务时，股东才能被变更、追加为被执行人。在第四种情形中，由于公司已经被注销登记，从法律上而言，公司的独立人格已经因注销而消失，此时申请执行人可以申请变更、追加股东为被执行人，但是并不是所有的股东都可以被变更、追加，而是只有导致公司无法清算的有限责任的股东或者股份有限公司的控股股东才能被变更或者追加。

四、辅助信息

高频词条：

《民事诉讼法》

第59条 对当事人双方的诉讼标的，第三人认为有独立请求权的，有权提起诉讼。

对当事人双方的诉讼标的，第三人虽然没有独立请求权，但案件处理结果同他有法律上的利害关系的，可以申请参加诉讼，或者由人民法院通知他参加诉讼。人民法院判决承担民事责任的第三人，有当事人的诉讼权利义务。

前两款规定的第三人，因不能归责于本人的事由未参加诉讼，但有证据证明发生法律效力的判决、裁定、调解书的部分或者全部内容错误，损害其民事权益的，可以自知道或者应当知道其民事权益受到损害之日起六个月内，向作出该判决、裁定、调解书的人民法院提起诉讼。人民法院经审理，诉讼请求成立的，应当改变或者撤销原判决、裁定、调解书；诉讼请求不成立的，驳回诉讼请求。

第122条 起诉必须符合下列条件：

（一）原告是与本案有直接利害关系的公民、法人和其他组织；

（二）有明确的被告；

（三）有具体的诉讼请求和事实、理由；

（四）属于人民法院受理民事诉讼的范围和受诉人民法院管辖。

第157条 裁定适用于下列范围：

（一）不予受理；

（二）对管辖权有异议的；

（三）驳回起诉；

（四）保全和先予执行；

（五）准许或者不准许撤诉；

（六）中止或者终结诉讼；

（七）补正判决书中的笔误；

（八）中止或者终结执行；

（九）撤销或者不予执行仲裁裁决；

(十)不予执行公证机关赋予强制执行效力的债权文书；

(十一)其他需要裁定解决的事项。

对前款第一项至第三项裁定，可以上诉。

裁定书应当写明裁定结果和作出该裁定的理由。裁定书由审判人员、书记员署名，加盖人民法院印章。口头裁定的，记入笔录。

《民事诉讼法司法解释》

第290条 第三人对已经发生法律效力的判决、裁定、调解书提起撤销之诉的，应当自知道或者应当知道其民事权益受到损害之日起六个月内，向作出生效判决、裁定、调解书的人民法院提出，并应当提供存在下列情形的证据材料：

(一)因不能归责于本人的事由未参加诉讼；

(二)发生法律效力的判决、裁定、调解书的全部或者部分内容错误；

(三)发生法律效力的判决、裁定、调解书内容错误损害其民事权益。

《公司法》

第35条 公司成立后，股东不得抽逃出资。

《公司法司法解释三》

第14条 股东抽逃出资，公司或者其他股东请求其向公司返还出资本息、协助抽逃出资的其他股东、董事、高级管理人员或者实际控制人对此承担连带责任的，人民法院应予支持。

公司债权人请求抽逃出资的股东在抽逃出资本息范围内对公司债务不能清偿的部分承担补充赔偿责任、协助抽逃出资的其他股东、董事、高级管理人员或者实际控制人对此承担连带责任的，人民法院应予支持；抽逃出资的股东已经承担上述责任，其他债权人提出相同请求的，人民法院不予支持。

《民事执行中变更、追加当事人若干问题的规定》

第18条 作为被执行人的营利法人，财产不足以清偿生效法律文书确定的债务，申请执行人申请变更、追加抽逃出资的股东、出资人为被执行人，在抽逃出资的范围内承担责任的，人民法院应予支持。

第32条 被申请人或申请人对执行法院依据本规定第十四条第二款、第十七条至第二十一条规定作出的变更、追加裁定或驳回申请裁定不服的，可以自裁定书送达之日起十五日内，向执行法院提起执行异议之诉。

被申请人提起执行异议之诉的，以申请人为被告。申请人提起执行异议之诉的，以被申请人为被告。

第33条 被申请人提起的执行异议之诉,人民法院经审理,按照下列情形分别处理:

(一)理由成立的,判决不得变更、追加被申请人为被执行人或者判决变更责任范围;

(二)理由不成立的,判决驳回诉讼请求。

诉讼期间,人民法院不得对被申请人争议范围内的财产进行处分。申请人请求人民法院继续执行并提供相应担保的,人民法院可以准许。

第34条 申请人提起的执行异议之诉,人民法院经审理,按照下列情形分别处理:

(一)理由成立的,判决变更、追加被申请人为被执行人并承担相应责任或者判决变更责任范围;

(二)理由不成立的,判决驳回诉讼请求。

第三人撤销之诉案件裁判规则第 15 条：
适用破产程序处理的案件不适用第三人撤销之诉

〔**规则描述**〕：在破产程序启动、债权人申报及债权人会议、破产重整、破产和解、破产清算的各个阶段，人民法院根据不同事项可能会出具不同类型的民事裁定书。虽然《民事诉讼法》第 56 条规定，发生法律效力的民事裁定书可以成为第三人撤销之诉的指向对象，但是该规定限制于民事诉讼程序。破产程序，是指法院根据当事人的申请或依职权，对不能清偿到期债务的债务人所进行的一种特别程序，属于非讼程序中的一种，其有别于狭义的民事诉讼程序，当事人在该程序中受到损害的救济应当适用特别规定，既不适用诉讼案件的审判监督程序，也不适用第三人撤销之诉。

一、类案检索大数据报告

时间：2020 年 6 月 2 日之前，案例来源：Alpha 案例库，案件数量：9 件。以全文包含“破产裁定”，案件概述包含“第三人撤销之诉”为关键词搜索，本次检索获取 2020 年 6 月 2 日前共 9 篇文书。在 9 件案件中，通过人工检索的方式，共发现 4 件案件完全符合条件。在这 4 件完全符合条件案件的裁判文书中，100% 的案件均认定适用破产程序处理的案件不能适用第三人撤销之诉。

二、可供参考的例案

例案一 ｜ 江苏长强钢铁有限公司第三人撤销之诉案

【法院】

最高人民法院

【案号】

(2015)民申字第 3487 号

【当事人】

再审申请人(一审原告、二审上诉人)：江苏长强钢铁有限公司

【基本案情】

江苏长强钢铁有限公司(以下简称长强钢铁公司)申请再审称，淮南市中级人

民法院以破产程序对本应该通过诉讼程序进行审理的公司人格否认案件进行裁决,并作出2014淮破(预)字第00001-2号民事裁定书,裁定受理淮矿现代物流(上海)有限公司、淮矿现代物流国际贸易有限公司、淮矿现代物流江苏有限公司、淮矿华东物流市场有限公司与淮矿现代物流有限责任公司合并重整申请。上述裁定不仅损害了长强钢铁公司作为淮矿现代物流江苏有限公司债权人和抵押权人的合法利益,也违反了法律规定。根据《公司法》第20条及相关司法实践,公司法人人格否认案件,是对诉讼当事人实体权利的处理,应当由债权人提起诉讼,并通过诉讼程序解决,而不能通过非讼程序处理;根据《企业破产法》第7条的规定,破产重整申请人只能是债权人和债务人,作为淮矿现代物流江苏有限公司等四家子公司的股东,淮矿现代物流有限责任公司管理人无权申请其子公司破产重整。原审判决错误理解《民事诉讼法司法解释》第297条(参见2022年《民事诉讼法司法解释》第295条)的规定,并以此裁定对长强钢铁公司所提要求撤销2014淮破(预)字第00001-2号民事裁定的第三人撤销之诉不予受理,属适用法律错误。综上,依据《民事诉讼法》第200条第6项之规定,请求再审本案。

【案件争点】

实体合并破产裁定是否属于第三人撤销之诉的立案受理范围。

【裁判要旨】

最高人民法院经审理认为,根据已查明的事实,2014年10月8日,安徽省淮南市中级人民法院依债务人淮矿现代物流有限责任公司的申请,作出2014淮破(预)字第00001-1号民事裁定,裁定受理淮矿现代物流有限责任公司的重整申请;2015年3月3日,该院根据淮矿现代物流有限责任公司管理人的申请,作出2014淮破(预)字第00001-2号民事裁定,认定淮矿现代物流有限责任公司的四家全资子公司淮矿现代物流(上海)有限公司、淮矿现代物流国际贸易有限公司、淮矿现代物流江苏有限公司、淮矿华东物流市场有限公司与淮矿现代物流有限责任公司公司人格混同,并裁定受理淮矿现代物流有限责任公司对上述四家子公司的合并重整申请。长强钢铁公司以2014淮破(预)字第00001-2号民事裁定损害了其对淮矿现代物流江苏有限公司享有的债权和抵押权为由,提起本案第三人撤销之诉,要求受诉法院撤销2014淮破(预)字第00001-2号民事裁定。

关于长强钢铁公司所提2014淮破(预)字第00001-2号民事裁定违反法律规定的再审申请主张,经查,上述2014淮破(预)字第00001-2号民事裁定,系破产受理法院运用实体合并规则审理关联企业破产案件的情形,目的是通过否认关联企业成员人格独立的方式保护债权人公平受偿。淮矿现代物流有限责任公司作为四家全资子公司淮矿现代物流(上海)有限公司、淮矿现代物流国际贸易有限公司、淮矿现代物流江苏有限公司、淮矿华东物流市场有限公司的唯一股东,其破产管理人有权提出合并重整的申请。因此,安徽省淮南市中级人民法院通过破产程序作出的2014 淮破(预)字第 00001 -2 号民事裁定符合《企业破产法》第 2 条的规定,审判程序合法,适用法律正确。法院对长强钢铁公司的上述再审申请主张依法不予支持。

根据《民事诉讼法司法解释》第 297 条第 1 项的规定,对适用破产程序等非诉程序处理的案件提起第三人撤销之诉的,人民法院不予受理。因此,实体合并破产裁定依法不属于第三人撤销之诉的立案受理范围。本案原审法院据此裁定对长强钢铁公司所提本案第三人撤销之诉不予受理,法律依据充分。长强钢铁公司所提有关原审裁定适用法律错误的再审申请主张依法不能成立。

例案二 | 蒋某花、湖州吉尔圣纺织品有限公司第三人撤销之诉案

【法院】

浙江省杭州市中级人民法院

【案号】

(2018)浙 01 民终 7374 号

【当事人】

上诉人(一审原告):蒋某花

被上诉人(一审被告):湖州吉尔圣纺织品有限公司

被上诉人(一审被告):杭州哈姆宁纺织品有限公司

【基本案情】

2017 年 12 月 26 日,杭州哈姆宁纺织品有限公司(以下简称哈姆宁公司)管理人向法院提出申请,称其在接受法院指定担任债务人哈姆宁公司管理人之后,依法积极履职,但债务人哈姆宁公司人员下落不明,管理人未接管到哈姆宁公司的印章和财务账册、文书等资料,亦未能接管哈姆宁公司的财产,且经查询,哈姆宁公司名下未登记任何土地、房产、车辆等信息,请求宣告哈姆宁公司破产并终结哈姆宁公司破产清算程序。

杭州市余杭区人民法院经审查认为,根据管理人的工作报告以及第一次债权

人会议召开的情况，哈姆宁公司有债权人1家，即湖州吉尔圣纺织品有限公司（以下简称吉尔圣公司），管理人审核认定的债权金额为2,178,111.36元。因管理人未能接管哈姆宁公司的财产、印章和财务账册等资料，无法对哈姆宁公司进行清算，哈姆宁公司目前无任何财产可供分配，故应宣告哈姆宁公司破产并终结哈姆宁公司破产程序。综上，依照《企业破产法》第43条、第107条、第120条之规定，裁定：(1)宣告哈姆宁公司破产；(2)终结哈姆宁公司破产程序。

蒋某花认为该裁定有误，向杭州市余杭区人民法院提起第三人撤销之诉，杭州市余杭区人民法院作出一审裁定，不予受理。

蒋某花上诉称，蒋某花要求撤销的不是破产程序的破产裁定，而是要求撤销因为管理人的失职认为"因管理人未能接管到哈姆宁公司的财产、印章和财务账册等资料，无法对哈姆宁公司进行清算，哈姆宁公司目前无任何财产可供分配，故应宣告哈姆宁公司破产并终结哈姆宁公司破产程序"的事实认定，因为该认定的事实与实际有很大的出入，事实上哈姆宁公司小股东蒋某花一直保存账册。因此，请求二审法院撤销原审裁定。

【案件争点】

适用破产程序处理的案件能否提起第三人撤销之诉。

【裁判要旨】

浙江省杭州市中级人民法院经审理认为，根据《民事诉讼法司法解释》第297条第1款第1项之规定，对适用特别程序、督促程序、公示催告程序、破产程序等非讼程序处理的案件提起第三人撤销之诉的，人民法院不予受理。(2017)浙0110破17号案件系适用破产程序处理的案件，蒋某花诉请撤销(2017)浙0110破17号之一裁定主文的部分内容，不符合第三人撤销之诉的起诉条件。原审法院裁定不予受理正确，应予维持。

例案三 | 鞍山鼎得伟业经贸有限公司第三人撤销之诉案

【法院】

通辽市科尔沁区人民法院

【案号】

(2017)内0502民撤4号

【当事人】

原告：鞍山鼎得伟业经贸有限公司

【基本案情】

鞍山鼎得伟业经贸有限公司（以下简称鼎得伟业公司）起诉称：(1)(2017)内0502破申1号民事裁定书中申请人的主体不适格。郝某芬系通辽恒辉房地产开发有限公司（以下简称恒辉公司）的投资人及总经理，而裁定书认定郝某芬系债权人是错误的；(2)恒辉公司具有不予受理破产申请的法定情形；(3)郝某芬恶意申请恒辉公司破产，损害了国家、国有企业及普通民众的合法权益；(4)(2017)内0502破申1号民事裁定中当事人双方代理律师具有直接利害关系。综上，(2017)内0502破申1号民事裁定应予以撤销。

【案件争点】

适用破产程序处理的案件能否提起第三人撤销之诉。

【裁判要旨】

通辽市科尔沁区人民法院经审理认为，(2017)内0502破申1号民事裁定书裁定的内容为："受理郝某芬对通辽恒辉房地产开发有限公司的破产清算申请"。依据最高人民法院《民事诉讼法司法解释》第297条第1项之规定适用特别程序、督促程序、公示催告程序、破产程序等非诉程序处理的案件提起第三人撤销之诉的，人民法院不予受理，故对鼎得伟业公司的第三人撤销之诉不予立案。

三、裁判规则提要

（一）适用破产程序处理的案件不得提起第三人撤销之诉

破产有两种含义：一种是指债务人不能清偿到期债务的客观事实状态，是对破产事实的静态描述；另一种是指法院根据当事人的申请或依职权，对不能清偿到期债务的债务人所进行的一种特别程序，是在当事人不能清偿债务时，通过法律程序，对全部债权人的债权公平清偿。[①] 破产程序是一个复杂的程序体系，其与普通的诉讼程序、非讼程序和执行程序均有所不同。从破产程序的法律使用上看，破产程序适用《企业破产法》的特别规定，只有在《企业破产法》没有规定的情况下，才适用《民事诉讼法》的相关规定。

从法律体系解释看，第三人撤销之诉规定在《民事诉讼法》第56条当事人一章

① 参见李永军、王欣新、邹海林：《破产法》，中国政法大学出版社2009年版，第1页。

中,根据《民事诉讼法》第56条第3款的规定,第三人撤销之诉的适格原告主体必须是符合该条前两款规定的因不能归责于本人的事由未参加原审诉讼的有独立请求权的第三人或者虽没有独立请求权但是同案件处理结果具有利害关系的无独立请求权的第三人。而破产程序并非诉讼程序,故在破产程序中出具的相关民事法律文书均不能成为当事人提起第三人撤销之诉指向的对象。这一要求亦规定在《民事诉讼法司法解释》第297条第1项中。从程序救济上看,根据《民事诉讼法司法解释》第380条(参见2022年《民事诉讼法司法解释》第378条)的规定,适用破产程序审理的案件亦不能适用民事审判监督程序予以救济。同理,对于非适用诉讼程序,而适用督促程序、公示催告程序等非讼程序处理的案件均不能适用第三人撤销之诉。

(二)适用破产程序处理案件的救济途径

虽然适用破产程序处理的案件并非第三人撤销之诉针对的救济对象,不能适用第三人撤销之诉予以救济,但是这并不意味着在破产程序中受到损害的当事人没有救济的途径。在破产程序中,对于特定类型的民事裁定,《企业破产法》及相关解释规定了相应的救济程序。

具体而言,以破产程序的不同阶段划分,在破产程序启动阶段,比如,对于不予受理或者受理后经审查不符合受理条件的裁定,当事人可以上诉;对于受理破产申请的裁定,由于只是破产程序的启动,不涉及实体利益的处置,故不能上诉和申诉。在债权申报及债权人会议阶段,比如,对于人民法院裁定的通过债务人财产的管理方案、通过破产财产的变价方案、通过破产财产的分配方案,特定条件的债权人可以向人民法院申请复议;在破产重整阶段,对于不予受理、驳回重整申请的裁定,重整申请人可向上一级人民法院提起上诉;对于例案一展示的实质合并审理的裁定,可以向受理法院的上一级人民法院申请复议。在破产清算阶段,比如,对于破产宣告的裁定,可以向上一级人民法院申诉;对于破产财产变价方案的裁定、破产财产分配方案的裁定,可以向作出裁定的法院复议。

(三)适用破产程序处理的案件不包含破产程序衍生案件

适用破产程序处理的案件不能适用第三人撤销之诉,这是由破产程序的性质决定的,但是在破产程序处理过程中,破产债务人对外的债权债务关系仍有待处理,如破产管理人行使撤销权、取回权或者在破产期间因继续经营而对外引发的相关诉讼案件,此类案件并不属于适用破产程序处理的案件,而是破产程序衍生案件。对于破产程序衍生案件，如果系适用民事诉讼程序予以处理，符合第三人撤销之诉原告主体资格的当事人仍然可以提起第三人撤销之诉。

四、辅助信息

高频词条：

《民事诉讼法》

第 59 条 对当事人双方的诉讼标的，第三人认为有独立请求权的，有权提起诉讼。

对当事人双方的诉讼标的，第三人虽然没有独立请求权，但案件处理结果同他有法律上的利害关系的，可以申请参加诉讼，或者由人民法院通知他参加诉讼。人民法院判决承担民事责任的第三人，有当事人的诉讼权利义务。

前两款规定的第三人，因不能归责于本人的事由未参加诉讼，但有证据证明发生法律效力的判决、裁定、调解书的部分或者全部内容错误，损害其民事权益的，可以自知道或者应当知道其民事权益受到损害之日起六个月内，向作出该判决、裁定、调解书的人民法院提起诉讼。人民法院经审理，诉讼请求成立的，应当改变或者撤销原判决、裁定、调解书；诉讼请求不成立的，驳回诉讼请求。

第 157 条 裁定适用于下列范围：

（一）不予受理；

（二）对管辖权有异议的；

（三）驳回起诉；

（四）保全和先予执行；

（五）准许或者不准许撤诉；

（六）中止或者终结诉讼；

（七）补正判决书中的笔误；

（八）中止或者终结执行；

（九）撤销或者不予执行仲裁裁决；

（十）不予执行公证机关赋予强制执行效力的债权文书；

（十一）其他需要裁定解决的事项。

对前款第一项至第三项裁定，可以上诉。

裁定书应当写明裁定结果和作出该裁定的理由。裁定书由审判人员、书记员署名，加盖人民法院印章。口头裁定的，记入笔录。

《企业破产法》

第2条 企业法人不能清偿到期债务,并且资产不足以清偿全部债务或者明显缺乏清偿能力的,依照本法规定清理债务。

企业法人有前款规定情形,或者有明显丧失清偿能力可能的,可以依照本法规定进行重整。

第4条 破产案件审理程序,本法没有规定的,适用民事诉讼法的有关规定。

第12条 人民法院裁定不受理破产申请的,应当自裁定作出之日起五日内送达申请人并说明理由。申请人对裁定不服的,可以自裁定送达之日起十日内向上一级人民法院提起上诉。

人民法院受理破产申请后至破产宣告前,经审查发现债务人不符合本法第二条规定情形的,可以裁定驳回申请。申请人对裁定不服的,可以自裁定送达之日起十日内向上一级人民法院提起上诉。

《民事诉讼法司法解释》

第290条 第三人对已经发生法律效力的判决、裁定、调解书提起撤销之诉的,应当自知道或者应当知道其民事权益受到损害之日起六个月内,向作出生效判决、裁定、调解书的人民法院提出,并应当提供存在下列情形的证据材料:

(一)因不能归责于本人的事由未参加诉讼;

(二)发生法律效力的判决、裁定、调解书的全部或者部分内容错误;

(三)发生法律效力的判决、裁定、调解书内容错误损害其民事权益。

第294条 民事诉讼法第五十九条第三款规定的判决、裁定、调解书的部分或者全部内容,是指判决、裁定的主文,调解书中处理当事人民事权利义务的结果。

第295条 对下列情形提起第三人撤销之诉的,人民法院不予受理:

(一)适用特别程序、督促程序、公示催告程序、破产程序等非讼程序处理的案件;

(二)婚姻无效、撤销或者解除婚姻关系等判决、裁定、调解书中涉及身份关系的内容;

(三)民事诉讼法第五十七条规定的未参加登记的权利人对代表人诉讼案件的生效裁判;

(四)民事诉讼法第五十八条规定的损害社会公共利益行为的受害人对公益诉讼案件的生效裁判。

第378条 适用特别程序、督促程序、公示催告程序、破产程序等非讼程序审理的案件,当事人不得申请再审。

第三人撤销之诉案件裁判规则第 16 条：
案外人提出的执行异议被裁定驳回后的申请再审与第三人撤销之诉两种程序不可并行

〔**规则描述**〕：案外人提出的执行异议被裁定驳回后的申请再审与第三人撤销之诉是两种救济程序，案外人只能选择一种相应的救济程序，不能同时启动两种程序，一旦选定就不能变更，选择具有排斥性。先启动执行异议程序的，对驳回其执行异议裁定不服的，按照《民事诉讼法》第 227 条的规定通过审判监督程序救济，亦即案外人可以对原判决、裁定申请再审。先启动第三人撤销之诉程序的，即使第三人又在执行程序中提出执行异议，第三人撤销之诉继续进行，第三人不能再按照《民事诉讼法》第 227 条的规定申请再审。

一、类案检索大数据报告

时间：2020 年 6 月 2 日之前，案例来源：Alpha 案例库，案件数量：52 件。以法院认为包含“第三人撤销之诉”“执行异议”“两种程序”，案件概述包含“第三人撤销之诉”为关键词搜索，本次检索获取 2020 年 6 月 2 日前共 52 篇文书。在 52 件案件中，通过人工检索的方式，共发现 51 件案件完全符合条件。在这 51 件完全符合条件案件的裁判文书中，100% 的案件均认定案外人提出的执行异议被裁定驳回后的申请再审与第三人撤销之诉两种救济程序不能并行。

案件年份分布情况如下：2017 年案件数量为 12 件，2018 年案件数量为 8 件，2019 年案件数量为 11 件。

如图 16 - 1 所示，当前案件主要集中在山东省、广东省、辽宁省，分别占比 27.45%、17.65%、11.76%。其中，山东省的案件量最多，达到 14 件。

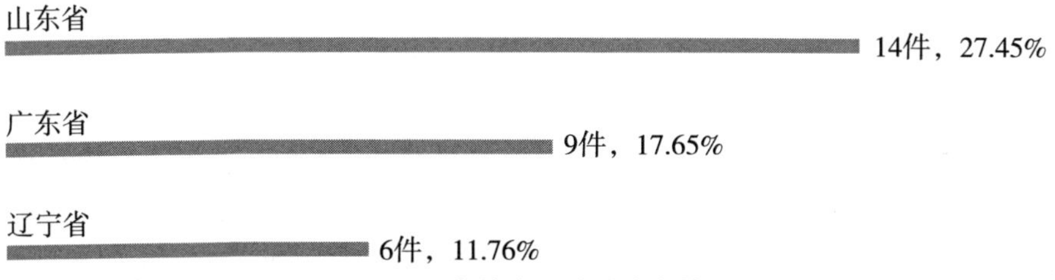

图 16 - 1　案件主要地域分布情况

二、可供参考的例案

例案一 | 王某宾、陈某云、张某秀、张某第三人撤销之诉案

【法院】

最高人民法院

【案号】

(2017)最高法民申1770号

【当事人】

再审申请人(一审原告、二审上诉人):王某宾

再审被申请人(一审被告、二审被上诉人):陈某云

一审被告:张某秀

一审被告:张某军

【基本案情】

王某宾申请再审称,吉林省白城市中级人民法院(2015)白民三终字第272号民事裁定认为王某宾的起诉不符合案外人执行异议之诉的起诉条件,应提起第三人撤销之诉,王某宾遂提起第三人撤销之诉。但法院(2016)吉08民撤2号民事裁定却认定案外人就执行异议与第三人撤销之诉的适用程序,当事人只能选择其中一种救济程序,2份裁判文书的内容相互矛盾。而且,一审、二审法院对本案未进行实体审理存在不当。据此,王某宾依据《民事诉讼法》第200条第4项、第6项的规定申请再审。

【案件争点】

王某宾在提起执行异议之后能否另行提起第三人撤销之诉。

【裁判要旨】

最高人民法院经审理认为,《民事诉讼法司法解释》第303条第2款(参见2022年《民事诉讼法司法解释》第301条第2款)规定:"案外人对人民法院驳回其执行异议裁定不服,认为原判决、裁定、调解书内容错误损害其合法权益的,应当根据民事诉讼法第二百二十七条规定申请再审,提起第三人撤销之诉的,人民法院不予受理。"《民事诉讼法》第227条规定:"执行过程中,案外人对执行标的提出书面异议的,人民法院应当自收到书面异议之日起十五日内审查,理由成立的,裁定中止对该标的的执行;理由不成立的,裁定驳回。案外人、当事人对裁定不服,认为原

判决、裁定错误的，依照审判监督程序办理；与原判决、裁定无关的，可以自裁定送达之日起十五日内向人民法院提起诉讼。”上述规定明确了案外人提出的执行异议被裁定驳回后的申请再审与第三人撤销之诉两种程序的关系，即当事人只能选择一种相应的救济程序，不能同时启动两种程序，一旦选定就不能变更。先启动执行异议程序的，对驳回其执行异议裁定不服的，按照《民事诉讼法》第227条的规定通过审判监督程序救济，亦即案外人可以对原判决、裁定申请再审。先启动第三人撤销之诉程序的，即使第三人又在执行程序中提出执行异议，第三人撤销之诉继续进行，第三人不能再按照《民事诉讼法》第227条的规定申请再审，以提高诉讼效率，也便于当事人诉讼和法院审理案件。本案中，王某宾曾以案外人的身份对吉林省白城市洮北区人民法院(2013)白洮平民初字第158号民事判决及吉林省白城市中级人民法院(2014)白民三终字第81号民事判决提出执行异议，吉林省白城市中级人民法院作出(2015)白洮执异字第7号民事裁定，驳回了王某宾的异议申请。据此，王某宾先启动了执行异议程序，若其认为原判决内容损害其合法权益，应根据《民事诉讼法》第227条的规定对吉林省白城市中级人民法院(2014)白民三终字第81号民事判决申请再审，而不应提起第三人撤销之诉。本案一审、二审法院对王某宾提起的本案诉讼依法不予受理，并无不当。未经人民法院依法受理的案件人民法院不能进行实体审理，故本案一审、二审法院对王某宾提起的本案诉讼未进行实体审理并无不当。

对于王某宾所提另案吉林省白城市中级人民法院(2015)白民三终字第272号民事裁定与本案一审民事裁定吉林省白城市中级人民法院(2016)吉08民撤2号民事裁定矛盾的问题，法院认为，吉林省白城市中级人民法院(2015)白民三终字第272号民事裁定是王某宾提起的执行异议之诉案件的生效民事裁定，若王某宾认为该民事裁定存在错误，其可依据《民事诉讼法》的规定对吉林省白城市中级人民法院(2015)白民三终字第272号民事裁定申请再审。

例案二 | 交通银行股份有限公司广西壮族自治区分行、广西越洋房地产开发有限公司、福建省闽鑫建设工程有限公司第三人撤销之诉案

【法院】

最高人民法院

【案号】

(2016)最高法民终193号

【当事人】

上诉人(一审原告):交通银行股份有限公司广西壮族自治区分行

被上诉人(一审被告):广西越洋房地产开发有限公司

被上诉人(一审被告):福建省闽鑫建设工程有限公司

【基本案情】

2010年1月24日,福建省闽鑫建设工程有限公司(以下简称闽鑫公司)向交通银行股份有限公司广西壮族自治区分行(以下简称交行广西分行)作出《承诺函》,内容为:"海景一号工程项目由我公司承建,鉴于广西越洋房地产开发有限公司拟以该工程作为抵押向贵行申请贷款,贵行应确保贷款资金用于本公司承包的海景一号工程专款专用。为确保贵行贷款到期得以安全、顺利收回,本公司在此不可撤销承诺:一、越洋公司未拖欠我公司任何工程价款;二、我公司自愿放弃《合同法》第286条赋予我公司的以折价、拍卖海景一号工程项目住宅及所有商铺所得优先偿还所拖欠我公司工程承包金的权利。若越洋公司所借贵行贷款不能履约偿还,贵行须行使抵押权时,贵行有权以拍卖上述工程项目所得款项优先受偿。"

之后,闽鑫公司诉广西越洋房地产开发有限公司(以下简称越洋公司)建设工程施工合同纠纷一案,广西壮族自治区钦州市中级人民法院(以下简称钦州中院)作出(2013)钦民一初字第2号民事判决,越洋公司不服,提出上诉。广西壮族自治区高级人民法院(以下简称广西高院)于2014年3月10日作出(2013)桂民一终字第50号民事调解书,该调解书的调解协议第6项包含以下内容:"福建省闽鑫建设工程有限公司仍对其承建的'海景一号'地下室、1#、2#、3#楼房的折价或拍卖的价款享有优先受偿权利。"该调解书于2014年3月10日送达越洋公司与闽鑫公司,已经发生法律效力。

交行广西分行向钦州中院提交落款日期为2015年5月4日的《执行异议申请书》,称对钦州中院查封并执行海景一号112套商品房的强制执行行为提出异议,请求该院依法保障该行对上述房屋的抵押权。理由为其中两套房屋该行已经办理了在建工程抵押登记,其余110套虽未办理抵押登记,但根据《物权法》第182条(参见《民法典》第397条)的相关规定,应当受建设项目所占用的土地抵押权的效力所及,闽鑫公司已经向该行表示放弃工程款优先受偿权。钦州中院于2015年11月25日作出(2015)钦执异字第2号执行裁定书。裁定书中载明的相关事实为:钦州中院于2015年5月5日作出(2014)钦民执字第14-5号执行裁定，将被执行人越洋公司“海景一号”楼盘1#、2#、3#楼共计110套房屋作价13,605,632元，交付给闽鑫公司，抵偿16,802,862.88元债务。闽鑫公司可据此办理产权过户手续。裁定结果为驳回异议，理由为：该院依据生效民事调解书，依照法定程序执行，符合法律规定。异议人提出的对本案所执行的110套房屋享有优先受偿权、申请执行人放弃工程款优先受偿权的确认问题，不是本案执行异议程序的审查范围。异议人(案外人)认为原判决、裁定错误，或者生效判决裁定损害其合法权益，可依照审判监督程序办理。因此，异议人交行广西分行提出的异议理由不成立。裁定引用的法律依据为《民事诉讼法》第225条和第227条，并告知如不服该裁定，可在送达之日起10日内向广西高院申请复议。

交行广西分行于2015年9月10日向广西高院起诉称：越洋公司与闽鑫公司建设工程施工合同纠纷一案，广西高院于2014年3月10日作出(2013)桂民一终字第50号民事调解书，确认闽鑫公司对其承建的“海景一号”地下室、1#、2#、3#楼房的折价或拍卖的价款享有优先受偿权利。2015年8月，在该案执行异议听证中，闽鑫公司出示该调解书给交行广西分行质证时，交行广西分行才知悉上述调解书内容。因“海景一号”已抵押给交行广西分行，且闽鑫公司已放弃工程款优先受偿权，交行广西分行对“海景一号”地下室、1#、2#、3#楼房的折价或拍卖的价款享有优先受偿权利。(2013)桂民一终字第50号民事调解书是闽鑫公司、越洋公司明知工程款优先受偿权已放弃，恶意串通的结果，损害了交行广西分行的合法权益。根据《民事诉讼法》第56条第3款之规定，交行广西分行特提起本案诉讼，请求撤销(2013)桂民一终字第50号民事调解书中调解协议第6条关于“福建省闽鑫建设工程有限公司对其承建的‘海景一号’地下室、1#、2#、3#楼房的折价或拍卖的价款享有优先受偿权利”的内容。

【案件争点】

1.第三人撤销之诉的法定要件是否具备，其中涉及闽鑫公司主张的关于交行广西分行无资格提出第三人撤销之诉和超过起诉期限这两个争议问题。

2.本案交行广西分行作为抵押权人在提出执行异议后是否不能再提起第三人撤销之诉。

【裁判要旨】

广西高院经审理认为，交行广西分行的起诉不符合第三人撤销之诉的立案受理条件，于2015年10月28日作出(2015)桂立民撤字第2号民事裁定，对交行广西分行提起的第三人撤销之诉不予受理。裁定理由为:案外人认为人民法院生效的判决、裁定、调解书内容错误、侵害其合法权益的,可以通过《民事诉讼法》第56条第3款规定的第三人撤销之诉或者第227条规定的案外人执行异议程序获得救济。《民事诉讼法司法解释》第303条第2款规定:"案外人对人民法院驳回其执行异议裁定不服,认为原判决、裁定、调解书内容错误损害其合法权益的,应当根据民事诉讼法第二百二十七条规定申请再审,提起第三人撤销之诉的,人民法院不予受理。"故两种救济途径按照启动程序的先后,当事人只能选择一种相应的救济程序,不能同时启动两种程序,一旦选定则不允许变更。先启动执行异议程序的,对驳回其执行异议裁定不服的,按照《民事诉讼法》第227条规定通过审判监督程序救济。交行广西分行以该调解书认定闽鑫公司享有工程价款优先受偿权的内容错误,损害其抵押权优先受偿权为由,提起第三人撤销之诉。但在提起第三人撤销之诉前,已提起执行异议,且钦州中院已于2015年7月9日作出(2015)钦执异字第2号受理执行案件通知书,受理了交行广西分行的执行异议。也就是说,交行广西分行已先启动了执行异议程序,依法不能再提起第三人撤销之诉。据此,广西高院作出(2015)桂立民撤字第2号民事裁定,裁定不予受理。交行广西分行不服,向最高人民法院提起上诉。

最高人民法院经审理认为:

1.关于第三人撤销之诉的法定要件是否具备

根据《民事诉讼法》第56条第3款的规定,第三人因不能归责于本人的事由未参加诉讼,但有证据证明发生法律效力的判决、裁定、调解书的部分或者全部内容错误,损害其民事权益的,可以自知道或者应当知道其民事权益受到损害之日起6个月内,向作出该判决、裁定、调解书的人民法院提起诉讼。《民事诉讼法司法解释》第292条规定:"第三人对已经发生法律效力的判决、裁定、调解书提起撤销之诉的,应当自知道或者应当知道其民事权益受到损害之日起六个月内,向作出生效判决、裁定、调解书的人民法院提出,并应当提供存在下列情形的证据材料:(一)因不能归责于本人的事由未参加诉讼;(二)发生法律效力的判决、裁定、调解书的全部或者部分内容错误;(三)发生法律效力的判决、裁定、调解书内容错误损害其民事权益。"

因工程款优先受偿权与抵押权之间的顺位是法定的,工程款优先受偿权一旦确定,则当然优先于抵押权,从而使抵押权人的权益在法律上受到影响,因此抵押权人对于工程款债权人与债务人之前确认工程款优先受偿权的诉讼,具有法律上的利害关系,属于《民事诉讼法》第56条所规定的第三人。本案交行广西分行作为抵押权人，对于闽鑫公司与越洋公司之间确认闽鑫公司具有工程款优先受偿权的诉讼，具有法律上的利害关系，可以以第三人的身份参加诉讼。因其可以信赖闽鑫公司向其出具的放弃优先受偿权的《承诺函》，故其未参加闽鑫公司与越洋公司之间的诉讼，不应属于阻却第三人撤销之诉的可归责于本人的事由。

交行广西分行提供的闽鑫公司表示放弃工程款优先受偿权的《承诺函》，已经初步表明生效调解书确定闽鑫公司仍享有优先受偿权的内容，极有可能存在错误并损害交行广西分行的抵押权。闽鑫公司提出交行广西分行不具有第三人撤销之诉的主体资格，但其所提理由是认为其工程款优先受偿权属于法定的权利，抵押权人无权对抗。对于确定无疑的工程款优先受偿权，此观点无疑是正确的。但其工程款债权是否符合取得优先受偿权的法定条件并非不可争议，同时因本案还涉及闽鑫公司曾向交行广西分行承诺放弃该项权利，而目前并无法律、法规和司法解释规定工程款债权人放弃优先受偿权无效，故不能在案件受理审查阶段即当然排除抵押权人通过诉讼对工程款优先受偿权的存在与否提出对抗的主张。闽鑫公司该放弃优先受偿权的承诺行为是否有效及其是否能达到使交行广西分行的抵押权取得优先地位的效果，应当经审理根据案件具体情况作出最终认定。

闽鑫公司主张，交行广西分行的前后行为足以表明其在2014年就已经知道(2013)桂民一终字第50号民事调解书的内容，故其提起第三人撤销之诉，已经超过6个月的起诉期限。该推断缺乏依据。闽鑫公司于2012年7月提起诉讼并申请查封了越洋公司“海景一号”尚未销售的112套商品房，当时交行广西分行如提出异议，只能表明其知道抵押物被查封这一事实，不存在当时即知道了后来调解书确认闽鑫公司工程款优先权这一裁判结果的问题。交行广西分行于2015年5月4日提出异议，即使以此作为其知道生效调解书的日期，其于2015年9月10日提起第三人撤销之诉，也并未过法定的6个月期限。同时，交行广西分行在《执行异议申请书》中，并未提到上述调解书的问题，故此并不足以表明其当时已经知道执行依据的调解书中确定闽鑫公司工程款优先受偿权。其主张于2015年8月3日执行异议听证期间知道该调解书内容，具有合理性，应予采信。故交行广西分行提起第三人撤销之诉没有超过法定的起诉期限。

综上所述，本案交行广西分行提起第三人撤销之诉符合《民事诉讼法》及其司法解释中规定的第三人撤销之诉应具备的条件。

2. 本案抵押权人提出执行异议后是否不能再提起第三人撤销之诉

本案广西高院裁定不予受理的核心理由是案外人选择执行异议途径后就不能

再选择第三人撤销之诉。单纯从案外人申请再审和第三人撤销之诉两种救济途径区分的角度看,该理由无疑是正确的。《民事诉讼法司法解释》第303条第2款中确定的原则是案外人申请再审与第三人撤销之诉不得并行,只能择一途径行使权利,提出案外人执行异议即属于进入了案外人执行异议救济途径,无论是驳回执行异议裁定作出前还是作出后,均应受所选择的救济途径的约束。对此,上诉人交行广西分行的争辩理由不能成立。但该条规定适用的前提是,相关异议属于《民事诉讼法》第227条规定的案外人异议。在第三人提出的异议不应归属于该条规定的案外人异议的情况下,《民事诉讼法司法解释》第303条规定的途径限制即失去意义。这是本案也是执行异议领域的一个基础的案外人异议识别问题,即抵押权人主张优先受偿权的异议是否属于《民事诉讼法》第227条规定的案外人异议,对此一审裁定中并未予以考虑。

《民事诉讼法》第227条规定的案外人异议,与其字面所显示的意思有一定差别,并非案件当事人以外的人提出的涉及实体权利的异议都属于该条规定的异议。《民事诉讼法司法解释》第465条(参见2022年《民事诉讼法司法解释》第463条)的规定表明,《民事诉讼法》第227条规定的案外人异议适用于"案外人对执行标的享有足以排除强制执行的权益"的情况。《民事诉讼法执行程序若干问题的解释》第15条(参见此解释2020年修正后第14条)则更明确解释为:案外人异议是指其"对执行标的主张所有权或者有其他足以阻止执行标的转让、交付的实体权利"的情况。按照上述司法解释的规定,抵押权人对执行标的物的权利,虽然属于实体权利,但该权利是就标的物变价款优先受偿的权利,并不能阻止标的物的转让或者向受让人交付。抵押权人请求保护其优先受偿权,因未得到保护而提出执行异议的,不属于阻止或排除强制执行的异议。尽管对于抵押权人异议究竟按照第225条还是第227条的规定处理仍不无进一步研究的余地,但如将其归属于案外人异议,则需要扩大目前司法解释对案外人异议界定的范围。在有明确司法解释要求按照《民事诉讼法》第227条审查处理抵押权的异议之前,仍应按照现行司法解释理解为通过第225条处理(当然在参与分配情况下可以通过分配方案异议程序解决)。一般情况下,通过《民事诉讼法》第225条的异议复议程序,也可以解决抵押权与工程款优先受偿权之间的法定优先顺位问题,只是因为本案涉及工程款债权人向抵押权人作出放弃优先受偿权的承诺问题,致使执行异议和复议程序难以承载对生效裁判确定工程款优先受偿权的内容正确与否进行审查的功能,而需要第三人撤销之诉提供更充分的程序保障。本案上诉人提出的《执行异议申请书》中只是请求依法保护其优先受偿权，并未要求法院不得强制转让或交付执行标的物，更未明确选择《民事诉讼法》第227条的程序。钦州中院作出的(2015)钦执异字第2号执行裁定并未对该异议性质作出定论。该裁定虽然指引当事人就据以执行的调解书确定的工程款优先受偿权问题通过审判监督程序解决，但同时告知不服该裁定可以向广西高院申请复议，而复议是《民事诉讼法》第225条规定的程序。故可以认为该院实质上仍是按照第225条的规定进行的异议审查。既然该异议不应当归属于《民事诉讼法》第227条的案外人异议，从而抵押权人也不能依据该条进入审判监督程序，故不能限制其提起第三人撤销之诉。

例案三 | 郜某华、郜某全、王某、陈某荣第三人撤销之诉案

【法院】

河南省驻马店市中级人民法院

【案号】

(2019)豫17民终1640号

【当事人】

上诉人(一审原告)：郜某华

被上诉人(一审被告)：郜某全

被上诉人(一审被告)：王某

被上诉人(一审被告)：陈某荣

【基本案情】

陈某荣与郜某全、王某民间借贷一案，驻马店市驿城区人民法院于2017年2月13日作出(2017)豫1702民初1261号民事调解书，已发生法律效力并强制执行。2018年8月14日郜某华认为该调解书错误，向该院申请再审，请求对该调解书进行再审并改判驳回陈某荣的全部诉讼请求。该院经审查认为，郜某华未提供其在该案执行中提出执行异议的申请书及被驳回执行异议的裁定书，其不符合案外人申请再审的法律规定，于2018年9月20日作出(2018)豫1702民申28号民事裁定书，裁定驳回郜某华的再审申请。之后，郜某华未向人民检察院申请检察建议或抗诉，于2018年11月6日向该院提起本案第三人撤销之诉。另外，郜某华在(2017)豫1702民初1261号民事案件执行过程中未提出执行异议。

武汉海事法院拍卖郜某全所有的“南海锦绣”轮，买受人以最高应价7,120,000

元拍得该轮,2018 年 5 月 2 日,将该轮移交给新的买家,对船载剩余燃油处置得款 5000 元,合计执行到位 7,125,000 元。武汉海事法院在执行债权人武汉宝通江船运有限公司与被执行人郜某权船舶建造合同纠纷一案中,因被执行财产不足以清偿全部债务,债权人中国农业银行新蔡县支行、郜某华、陈某荣、王某军等七债权人申请参与分配。武汉海事法院于 2018 年 7 月 2 日召开债权人会议,听取了债权人对财产分配的意见,于 2018 年 8 月 8 日作出(2017)鄂 72 执 394 号执行财产分配方案。

【案件争点】

1. 本案是否构成重复起诉。

2. 郜某华提起本案诉讼是否超期,是否符合第三人撤销之诉的起诉条件。

【裁判要旨】

驻马店市驿城区人民法院经审理认为,郜某华作为(2017)豫 1702 民初 1261 号民事调解书之外的第三人,其认为该调解书所涉及的内容影响其权益,其依照《民事诉讼法》第 203 条、第 204 条(分别参见 2023 年《民事诉讼法》第 214 条、第 215 条)的规定申请了再审,经过审理,一审法院作出(2018)豫 1702 民申 28 号民事裁定书,驳回了郜某华的再审申请,之后郜某华未向检察机关申请检察建议或抗诉。郜某华现又以同样事实和请求提起第三人撤销之诉,系重复诉讼,其申请应予驳回。据此,裁定:驳回郜某华的起诉。郜某华不服,提起上诉。

河南省驻马店市中级人民法院经审理认为,关于第一个争议焦点,《民事诉讼法司法解释》第 247 条明确规定了构成重复起诉的要件,其中要件之一是"当事人就已经提起诉讼的事项在诉讼过程中或裁判生效后再次起诉"。因郜某华不符合案外人提起再审的法定条件,其对(2017)豫 1702 民初 1261 号案件的再审申请被驳回,一审法院也未对郜某华要求撤销该案调解书的再审请求进行实质审查,郜某华申请再审的行为相对于本案并非"前诉",故郜某华提起本案第三人撤销之诉,并不构成重复起诉。同时,《民事诉讼法司法解释》第 383 条第 1 款第 1 项(参见 2022 年《民事诉讼法司法解释》第 381 条第 1 款第 1 项)规定,当事人的再审申请被驳回后再次提出再审申请的,人民法院不予受理。本案中,郜某华提起的是第三人撤销之诉,并非再次提出再审申请,故一审法院适用该条规定驳回郜某华的起诉,属适用法律错误,予以纠正。

关于第二个争议焦点,《民事诉讼法》第 56 条规定的第三人撤销之诉和第 227 条规定的案外人申请再审,都是对案外第三人权利受损时的救济途径。《民事诉讼法司法解释》第 303 条规定:"第三人提起撤销之诉后,未中止生效判决、裁定、调解书执行的，执行法院对第三人依照民事诉讼法第二百二十七条规定提出的执行异议，应予审查。第三人不服驳回执行异议裁定，申请对原判决、裁定、调解书再审的，人民法院不予受理。案外人对人民法院驳回其执行异议裁定不服，认为原判决、裁定、调解书内容错误损害其合法权益的，应当根据民事诉讼法第二百二十七条规定申请再审，提起第三人撤销之诉的，人民法院不予受理。”按此规定，案外人如果同时符合申请再审和第三人撤销之诉的条件，由当事人按照启动程序的先后，选择一种相应的救济程序，不能同时启动该两种程序。本案中，虽然郜某华申请了再审，但因郜某华并未在(2017)豫1702民初1261号案件的执行中提出执行异议，而《民事诉讼法司法解释》第423条(参见2022年《民事诉讼法司法解释》第421条)规定，案外人申请再审必须以案外人提出执行异议为前置条件，故从救济程序上讲，郜某华依法不能申请再审(一审法院也是以此理由驳回其再审申请)，只有提起第三人撤销之诉这一种救济途径。关于本案起诉是否超期的问题，武汉海事法院针对拍卖款分配召开债权人会议的时间是2018年7月2日，作出执行财产分配方案的时间是同年8月8日，郜某华提起本案诉讼的时间是2018年11月6日，并未超出《民事诉讼法》第56条第3款规定的6个月期限。同时，郜某华提交的证据材料，符合《民事诉讼法》及《民事诉讼法司法解释》规定的案外人提起第三人撤销之诉的起诉条件，故一审法院应予受理。

三、裁判规则提要

(一)案外人对生效裁判文书错误救济程序的选择受到启动顺序限制

在案外人的权利救济上，我国目前构筑了第三人撤销之诉、执行异议之诉、案外人申请再审三大救济途径。三大救济途径既有联系又有区别。在这三大救济途径当中，与另外两种程序相比，执行异议之诉针对的救济情形是当事人对执行标的享有足以排除执行的权益，并不涉及对生效裁判文书的评价。相较而言，第三人撤销之诉和案外人申请再审在联系上更为紧密，具有功能上的相近性，都是针对案外人认为生效裁判文书的内容存在错误的情形。由于这一功能上的近似性，《民事诉讼法司法解释》第301条(参见2022年《民事诉讼法司法解释》第229条)更规定了再审启动后再审程序对第三人撤销之诉的吸收。

对比第三人撤销之诉与案外人申请再审，可以发现两者具有明显的相似性，但也具有一定的差别。在提起主体方面，第三人撤销之诉中可以提起的是未参加原审诉讼权益受到侵害的第三人，该第三人限制于《民事诉讼法》第56条前两款规定的因不可归责于自身事由未参加原审诉讼的第三人;案外人申请再审由对法院驳回其执行异议的裁定不服,认为原判决、裁定、调解书内容损害其民事权益的案外人提出。相较而言,案外人申请再审的主体范围更为广泛,提起主体除普通案外人外还包含必要共同诉讼当事人。在管辖法院方面,第三人撤销之诉、案外人申请再审都是由作出生效判决、裁定、调解书的人民法院管辖。在提出时间上,两者的时限均为6个月,但是起算点不同,第三人撤销之诉自第三人知道或者应当知道其民事权益受到损害之日起起算;案外人申请再审应自执行异议裁定送达之日起起算。在是否受到前置程序限制上,如果案件尚未进入执行程序,第三人仅能提起第三人撤销之诉,不存在申请再审的适用空间。只有在案件进入执行程序后,才会产生案外人选择何种程序的问题出现。在是否中止执行上,提起第三人撤销之诉并不必然中止执行,如果第三人提供相应担保,请求中止执行的,人民法院可以准许中止执行;在申请再审期间,并不会中止执行,而只有人民法院决定提起再审后才会中止执行。

虽然第三人撤销之诉和案外人申请再审在程序上具有一定差别,但是从实质功能上,都是对于因裁判文书内容错误受到损害的案外人的救济,而且针对的对象都是同一生效裁判文书,如果允许当事人启动两种程序,无疑会增加诉累,使生效裁判文书长期处于不确定状态。比如,在案件未进入执行程序时,案外人依据《民事诉讼法》第56条第3款提起第三人撤销之诉,其诉讼请求被驳回后,在案件进入执行程序阶段,其又依据同一事实和理由依据《民事诉讼法》第227条提出执行异议,并在被裁定驳回后申请再审,此种情形无疑是滥用权益救济的表现。此外,这也不利于保障法律适用的统一,虽然第三人撤销之诉和案外人申请再审都是由作出生效判决、裁定、调解书的人民法院管辖,但是第三人撤销之诉是一种新诉,申请再审是审判监督程序,在司法实践中可能由不同庭室审理,可能出现不同评价结果。故《民事诉讼法司法解释》第303条明确对案外人救济程序选择权进行限制。此后《九民会议纪要》第122条再次予以细化,强调案外人的选择权具有终局性,一旦启动就不能够反转,只能按照启动程序的先后选择相应的救济程序。即案外人先启动执行异议程序的,对执行异议裁定不服,认为原裁判内容错误损害其合法权益的,只能向作出原裁判的人民法院申请再审,而不能提起第三人撤销之诉;案外人先启动了第三人撤销之诉,即便在执行程序中又提出执行异议,也只能继续进行第三人撤销之诉,而不能依据《民事诉讼法》第227条申请再审。

(二)准确把握执行行为异议与执行标的异议

《民事诉讼法》在第225条和第227条对执行异议分为执行标的异议和执行行

为异议。执行行为异议是当事人、利害关系人认为人民法院的执行行为违法，请求执行法院审查的制度。[①] 执行行为异议是针对执行过程中相关行为的异议，不涉及实体权益，指向的对象是人民法院的执行措施、事实执行措施的方式、方法、期间、顺序等纯粹程序性事项，并不涉及对生效裁判文书本身内容的异议。在可以提出具体执行行为异议的情形上，《执行异议和复议案件若干规定》第5条列举了以下五种情形：一是执行行为违法，妨碍其轮候查封、扣押、冻结的债权受偿；二是认为拍卖措施违法，妨碍其参与公平竞价的；三是认为拍卖、变卖或者以物抵债措施违法，损害其对执行标的优先购买权；四是认为人民法院要求协助执行的事项超出其协助范围或者违反法律规定；五是其他情形。而执行标的异议则是实体权益的异议，针对的是生效裁判文书执行过程中指向的标的。两者虽然在名称上都称为执行异议，但是实际上针对的对象和救济的程序完全不同。针对执行行为异议，其救济途径是异议—复议；针对执行标的异议，其救济途径是异议—诉讼。

准确把握执行行为异议和执行标的异议的意义在于，案外人的救济程序受到启动前后限制的依据是《民事诉讼法》第227条提起的执行标的异议与第三人撤销之诉之间的程序选择限制。如果案外人最初提出的执行异议依据的是《民事诉讼法》第225条提起的执行行为异议，则当事人实际上尚未就受到限制的救济程序作出选择，此时不能以案外人曾经提起过执行异议而驳回案外人的第三人撤销之诉。正如例案二所展示的，假设法院是依据《民事诉讼法》第225条对案外人的异议进行驳回，此时后续赋予案外人的救济是复议程序，如果认为案外人此时已经受到程序救济启动先后的限制，则案外人即无法申请再审，亦无法提起第三人撤销之诉，处于权益救济的真空状态。

在司法实践中，由于执行行为异议和执行标的异议都有阻却或者纠正执行的作用，诉讼当事人往往忽略、混淆或者不区分两者的差异，整体以异议之名提出，这一诉讼策略一旦行使不当，则往往会对后续自身权利的救济产生不利影响，导致在不了解程序利益的情形下即不自知地完成程序选择。事实上，考量到案外人的法律知识、诉讼能力，《执行异议和复议案件若干规定》第8条规定，案外人如果是基于实体权利同时对执行行为和执行标的提出异议的，法院应当依照《民事诉讼法》第227条审查，如果案外人既基于实体权利对执行标的提出排除执行异议，又作为

① 江必新、刘贵祥主编：《最高人民法院关于人民法院办理执行异议和复议案件若干问题规定理解与适用》，人民法院出版社2015年版，第212页。

利害关系人提出与实体权利无关的执行行为异议的,则要按照《民事诉讼法》第227条和第225条分别审查。

(三)第三人直接申请再审不阻碍其提起第三人撤销之诉

从权利救济的途径看,作为普通案外人,第三人申请再审是受到前置要求限制的,根据《民事诉讼法司法解释》第423条的规定,可以看出第三人申请再审需满足以下三个前置条件,一是案件已经进入执行程序,如果案件未进入执行程序,第三人只能通过第三人撤销之诉予以救济;二是案件进入执行程序后,第三人曾经依据《民事诉讼法》第227条提出过执行异议;三是第三人依据《民事诉讼法》第227条提出的执行异议被裁定驳回。

准确认识这三个前置条件的意义在于,在第三人撤销之诉与案外人申请再审受到限制的程序选择中,对于案外人申请再审的把握是受到这三个条件的前提限制的。即如果案件并未进入执行程序,当事人直接申请再审,或者虽然案件进入执行程序,但是案外人并未依据《民事诉讼法》第227条提出执行异议,而是直接提起申请再审,此时案外人申请再审的申请应不符合申请再审的程序性要求,法院是应当裁定不予受理,如果已经受理的,应当裁定驳回申请。在这一情形下,对于案外人的申请再审并未进行实质审查,只是由于不符合受理的程序条件而予以驳回。如果此时认为案外人已经完成第三人撤销之诉和申请再审的程序启动的选择,无疑是不公平的。故正如例案三所展示的,在这两种情形下,应当认为当事人尚未就救济程序进行选择,对于当事人提起的第三人撤销之诉应当予以受理。同理,如果案外人曾经提起过执行异议,但是在裁定作出前撤回异议的,此时应当理解为案外人尚未对第三人撤销之诉和执行异议后的申请再审进行程序选择,案外人仍然可以提起第三人撤销之诉。

四、辅助信息

高频词条:

《民事诉讼法》

第59条 对当事人双方的诉讼标的,第三人认为有独立请求权的,有权提起诉讼。

对当事人双方的诉讼标的,第三人虽然没有独立请求权,但案件处理结果同他有法律上的利害关系的,可以申请参加诉讼,或者由人民法院通知他参加诉讼。人民法院判决承担民事责任的第三人，有当事人的诉讼权利义务。

前两款规定的第三人，因不能归责于本人的事由未参加诉讼，但有证据证明发生法律效力的判决、裁定、调解书的部分或者全部内容错误，损害其民事权益的，可以自知道或者应当知道其民事权益受到损害之日起六个月内，向作出该判决、裁定、调解书的人民法院提起诉讼。人民法院经审理，诉讼请求成立的，应当改变或者撤销原判决、裁定、调解书；诉讼请求不成立的，驳回诉讼请求。

第122条 起诉必须符合下列条件：

（一）原告是与本案有直接利害关系的公民、法人和其他组织；

（二）有明确的被告；

（三）有具体的诉讼请求和事实、理由；

（四）属于人民法院受理民事诉讼的范围和受诉人民法院管辖。

第157条 裁定适用于下列范围：

（一）不予受理；

（二）对管辖权有异议的；

（三）驳回起诉；

（四）保全和先予执行；

（五）准许或者不准许撤诉；

（六）中止或者终结诉讼；

（七）补正判决书中的笔误；

（八）中止或者终结执行；

（九）撤销或者不予执行仲裁裁决；

（十）不予执行公证机关赋予强制执行效力的债权文书；

（十一）其他需要裁定解决的事项。

对前款第一项至第三项裁定，可以上诉。

裁定书应当写明裁定结果和作出该裁定的理由。裁定书由审判人员、书记员署名，加盖人民法院印章。口头裁定的，记入笔录。

第236条 当事人、利害关系人认为执行行为违反法律规定的，可以向负责执行的人民法院提出书面异议。当事人、利害关系人提出书面异议的，人民法院应当自收到书面异议之日起十五日内审查，理由成立的，裁定撤销或者改正；理由不成立的，裁定驳回。当事人、利害关系人对裁定不服的，可以自裁定送达之日起十日内向上一级人民法院申请复议。

第238条 执行过程中,案外人对执行标的提出书面异议的,人民法院应当自收到书面异议之日起十五日内审查,理由成立的,裁定中止对该标的的执行;理由不成立的,裁定驳回。案外人、当事人对裁定不服,认为原判决、裁定错误的,依照审判监督程序办理;与原判决、裁定无关的,可以自裁定送达之日起十五日内向人民法院提起诉讼。

《民事诉讼法司法解释》

第299条 第三人撤销之诉案件审理期间,人民法院对生效判决、裁定、调解书裁定再审的,受理第三人撤销之诉的人民法院应当裁定将第三人的诉讼请求并入再审程序。但有证据证明原审当事人之间恶意串通损害第三人合法权益的,人民法院应当先行审理第三人撤销之诉案件,裁定中止再审诉讼。

第301条 第三人提起撤销之诉后,未中止生效判决、裁定、调解书执行的,执行法院对第三人依照民事诉讼法第二百二十四条规定提出的执行异议,应予审查。第三人不服驳回执行异议裁定,申请对原判决、裁定、调解书再审的,人民法院不予受理。

案外人对人民法院驳回其执行异议裁定不服,认为原判决、裁定、调解书内容错误损害其合法权益的,应当根据民事诉讼法第二百二十四条规定申请再审,提起第三人撤销之诉的,人民法院不予受理。

第421条 根据民事诉讼法第二百二十四条规定,案外人对驳回其执行异议的裁定不服,认为原判决、裁定、调解书内容错误损害其民事权益的,可以自执行异议裁定送达之日起六个月内,向作出原判决、裁定、调解书的人民法院申请再审。

《执行异议和复议案件若干规定》

第8条 案外人基于实体权利既对执行标的提出排除执行异议又作为利害关系人提出执行行为异议的,人民法院应当依照民事诉讼法第二百二十七条规定进行审查。

案外人既基于实体权利对执行标的提出排除执行异议又作为利害关系人提出与实体权利无关的执行行为异议的,人民法院应当分别依照民事诉讼法第二百二十七条和第二百二十五条规定进行审查。

《九民会议纪要》

122.【程序启动后案外人不享有程序选择权】案外人申请再审与第三人撤销之诉功能上近似,如果案外人既有申请再审的权利,又符合第三人撤销之诉的条件,对于案外人是否可以行使选择权,民事诉讼法司法解释采取了限制的司法态度,即依据民事诉讼法司法解释第 303 条的规定，按照启动程序的先后，案外人只能选择相应的救济程序：案外人先启动执行异议程序的，对执行异议裁定不服，认为原裁判内容错误损害其合法权益的，只能向作出原裁判的人民法院申请再审，而不能提起第三人撤销之诉；案外人先启动了第三人撤销之诉，即便在执行程序中又提出执行异议，也只能继续进行第三人撤销之诉，而不能依《民事诉讼法》第 227 条申请再审。

第三人撤销之诉案件裁判规则第17条：必要共同诉讼当事人不得提起第三人撤销之诉

〔**规则描述**〕：当事人一方或者双方为二人以上，其诉讼标的是共同的，为必要共同诉讼。必要共同诉讼当事人对同一诉讼标的的利益是同一的，其诉讼地位为狭义的当事人。必要共同诉讼当事人不属于《民事诉讼法》第56条第1款、第2款规定的有独立请求权的第三人或者具有利害关系的无独立请求权的第三人，故即使其因不能归责于本人的事由未参加诉讼，且有证据证明发生法律效力的判决、裁定、调解书的部分或者全部内容错误，损害其民事权益的，亦不能提起第三人撤销之诉，需通过审判监督程序寻求救济。

一、类案检索大数据报告

时间：2020年5月31日之前，案例来源：Alpha案例库，案件数量：77件。以法院认为包含“必要共同诉讼当事人”，案件概述包含“第三人撤销之诉”为关键词搜索，本次检索获取2020年5月31日前共77篇文书。在77件案件中，通过人工检索的方式，共发现27件案件完全符合条件。如图17-1所示，在这27件完全符合条件案件的裁判文书中，共有81.48%的案件认定必要共同诉讼当事人不是第三人撤销之诉的适格原告，不能提起第三人撤销之诉；18.52%的案件认定必要共同诉讼当事人是适格原告，可以提起第三人撤销之诉。

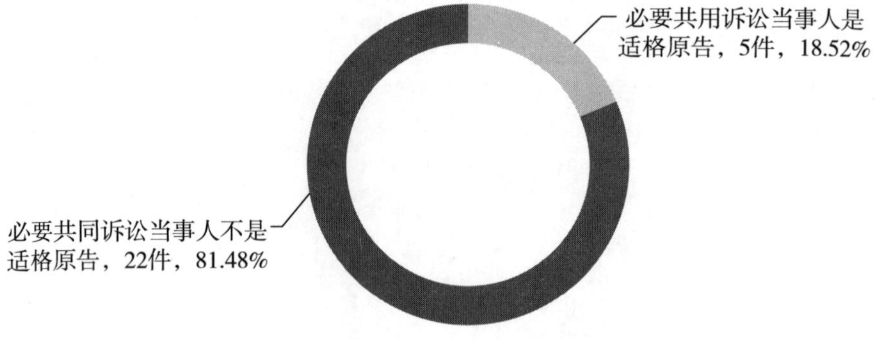

图17-1 必要共同诉讼当事人是不是第三人撤销之诉的适格原告

二、可供参考的例案

例案一 王某胜、哈某、锡林郭勒盟万亿鑫房地产开发有限责任公司第三人撤销之诉案

【法院】

内蒙古自治区高级人民法院

【案号】

(2016)内民申 1023 号

【当事人】

再审申请人(一审原告、二审上诉人):王某胜

再审申请人(一审原告、二审上诉人):哈某

再审被申请人(一审被告、二审被上诉人):锡林郭勒盟万亿鑫房地产开发有限责任公司

【基本案情】

王某胜申请再审称,申请人未参加哈某诉锡林郭勒盟万亿鑫房地产开发有限责任公司房屋拆迁安置补偿合同诉讼,一审法院未通知申请人参加诉讼,责任在于法院;调解书无申请人签字,且申请人未同意调解内容,故调解不合法,剥夺了申请人的权利。请求:(1)撤销(2015)锡民一初字 1517 号民事裁定及(2016)内 25 民终字 102 号民事裁定;(2)撤销(2014)锡民二初字第 286 号民事调解书和(2014)锡民二初字第 450 号民事调解书,依法保护申请人的合法权益。

哈某申请再审称,调解时遗漏了必要的共同诉讼当事人王某胜;调解内容遗漏了要求支付安置费、搬家费和交付合格房屋且调解违反自愿原则,故调解书应予撤销;裁定以王某胜与哈某为夫妻,对调解事宜知晓为由驳回王某胜起诉不当。请求撤销(2015)锡民一初字 1517 号民事裁定及(2016)内 25 民终字 102 号民事裁定,将该案发回重审。

【案件争点】

王某胜是否为对调解书提起第三人之诉的适格原告。

【裁判要旨】

内蒙古自治区高级人民法院经审理认为,《民事诉讼法》第 56 条规定了第三人撤销之诉。依据该条规定,提起第三人撤销之诉的主体仅限于第三人,包括有独立

请求权第三人和无独立请求权第三人。而王某胜与妻子哈某属争议房屋的共有人,其应当作为案件的必要共同诉讼当事人参加诉讼,即与哈某作为案件的共同原告起诉被告锡林郭勒盟万亿鑫房地产开发有限责任公司,在哈某单独作为原告起诉的情况下,依照《民事诉讼法司法解释》第 74 条的规定,人民法院应当通知王某胜作为共同原告参加诉讼,通知后,明确表示放弃实体权利的,可不予追加;既不愿意参加诉讼,又不放弃实体权利的,仍应追加为共同原告,其不参加诉讼,不影响人民法院的审理和依法作出判决。王某胜与哈某对争议房屋有共同的请求权,故王某胜既不是有独立请求权第三人,也不是无独立请求权第三人,而应当是必要共同诉讼原告,其提起第三人撤销之诉,主体不适格,不符合《民事诉讼法》第 56 条第 1 款、第 2 款规定的条件,应当驳回其起诉,原审裁定驳回王某胜起诉正确。但原审以王某胜未提交证据证明因不能归责于本人的事由未参加诉讼,应当承担举证不能的后果而裁定驳回起诉的理由不当,应予纠正。王某胜应当依照《民事诉讼法》第 200 条(参见 2023 年《民事诉讼法》第 211 条)的规定,以遗漏必要共同诉讼当事人为由向检察机关申诉。哈某如对调解书不服,可向锡林郭勒盟中级人民法院申请再审。其对第三人撤销之诉裁定不服申请再审,因该第三人撤销之诉原告王某胜主体不适格,对王某胜的起诉应当驳回,原审裁定驳回王某胜起诉,属从程序上作出处理,并未涉及实体权利义务。故其再审申请请求缺乏法律依据,依法应予驳回。

例案二 | 徐某诗、王某、张某利、孙某力、红阳村委会第三人撤销之诉案

【法院】

黑龙江省大庆市中级人民法院

【案号】

(2019)黑 06 民终 115 号

【当事人】

上诉人(一审被告):徐某诗

被上诉人(一审原告):王某

被上诉人(一审原告):张某利

一审被告:孙某力

一审被告:红阳村委会

【基本案情】

2003年红阳村委会将1420亩土地经营权发包给案外人于某水,2006年案外人于某水将1420亩土地经营权转让给案外人于某江后,案外人于某江将其中的750亩土地经营权退还红阳村委会。该750亩土地位于南至双阳河大坝、北至依安界、东至高某国、西至孙某善。红阳村委会将上述750亩土地经营权发包给案外人吴某章后,案外人吴某章将该750亩土地转包给王某、孙某力、案外人谢某。2009年12月25日,王某、孙某力、案外人谢某与红阳村委会签订了土地承包(流转)合同书,双方确认了案外人吴某章土地转包的过程、该750亩土地承包年限、地块位置以及承包费已由案外人吴某章付清的事实。2012年2月15日,孙某力、徐某诗签订土地转让协议书1份,双方约定孙某力将案涉750亩土地转让给徐某诗。同日,红阳村委会与徐某诗、案外人于某江签订土地转包合同1份(该合同落款时间提前至2008年10月16日),合同约定案涉的750亩土地由徐某诗经营管理。孙某力在庭审中称其在2012年3月退出与王某、案外人谢某的合伙关系。2014年12月30日,案外人谢某将其在该案涉750亩土地的经营权转让给张某利。2016年12月30日,徐某诗以"孙某力收取承包费后并没有将土地立即交付""徐某诗承包的土地又被发包给其他人耕种"为由,诉讼至林甸县人民法院,其诉讼请求为:(1)要求确认750亩土地转包合同合法有效;(2)要求继续履行孙某力将750亩土地转包给徐某诗的土地承包经营权转包合同;(3)返还土地并赔偿2012年至今的损失,以评估为准;(4)红阳村委会承担连带责任;(5)由孙某力承担本案的诉讼费用。林甸县人民法院于2018年2月22日作出(2017)黑0623民初286号民事判决书,判决:(1)被告孙某力将位于林甸县750亩草原熟化地(南至双阳河大坝,北至依安界,冬至高某国,西至孙某善)转包给徐某诗的土地转包合同合法有效,应当继续履行,徐某诗享有该750亩土地的经营权;(2)被告孙某力于本判决生效之日将位于林甸县750亩草原熟化地(南至双阳河大坝,北至依安界,冬至高某国,西至孙某善)返还原告徐某诗,并赔偿原告徐某诗750亩土地2013年至2016年的损失600,000元;(3)驳回原告徐某诗的其他诉讼请求。判决作出后,双方当事人均未上诉。2018年4月23日,王某、张某利以"对三被告的诉讼活动从来不知情""(2017)黑0623民初286号民事判决是在没有查明案件事实的基础上作出的,严重侵害了王某、张某利的根本利益"为由,诉讼至林甸县人民法院,请求撤销林甸县人民法院作出的(2017)黑0623民初286号民事判决书。

【案件争点】

徐某诗是否具有提起第三人撤销之诉的主体资格。

【裁判要旨】

黑龙江省大庆市中级人民法院经审理认为,《最高人民法院关于贯彻执行〈中华人民共和国民法通则〉若干问题的意见(试行)》第45条第2款规定,未起字号的个人合伙,合伙人在民事诉讼中为共同诉讼人。本案中,王某以与孙某力曾系合伙关系为由,认为孙某力在未征得其同意的情况下将案涉土地转包给徐某诗的行为系无权处分行为,该转包合同应系无效合同。因此,在徐某诗与孙某力、红阳村委会土地承包经营权转包合同纠纷一案中,王某属于必须共同进行诉讼的当事人,虽然在该案中王某被遗漏没有参与诉讼,但其诉讼地位仍是该案中的当事人,而不是第三人。王某虽主张孙某力现已退伙,但因孙某力向徐某诗转包案涉土地时间发生在王某主张的合伙关系存续期间,故在徐某诗与孙某力、红阳村委会土地承包经营权转包合同纠纷一案中,王某的诉讼地位仍应是该案中的当事人,而不是第三人。王某可依据《民事诉讼法司法解释》第422条的规定依法申请再审。关于张某利的主体资格,根据张某利提交的《土地承包(流转)合同书》,案外人谢某将其合伙经营的土地使用权和经营权一次性转卖给张某利,谢某退出土地经营的约定,该合同性质应为土地转让合同,根据《农村土地承包纠纷案件司法解释》第13条的规定:"承包方未经发包方同意,采取转让方式流转其土地承包经营权的,转让合同无效。但发包方无法定理由不同意或者拖延表态的除外。"本案中,张某利并未提交证据证明曾征得发包方红阳村委会的同意,故该转让合同无效,张某利并未取得案涉土地承包经营权,不具备第三人撤销之诉的原告主体资格。综上,根据《民事诉讼法》第56条及《民事诉讼法司法解释》第292条的规定,第三人提起撤销之诉的起诉主体应当是原审中的第三人,包括有独立请求权的第三人和无独立请求权的第三人,故王某、张某利提起第三人撤销之诉主体不适格。

例案三 | 于某1、郭某1、郭某2、郭某3、郭某4、于某2、郭某5、郭某6、郭某7第三人撤销之诉案

【法院】

河南省许昌市中级人民法院

【案号】

(2017)豫10民撤4号

【当事人】

原告：于某1

被告：郭某1

被告：郭某2

被告：郭某3

被告：郭某4

被告：于某2

被告：郭某5

被告：郭某6

被告：郭某7

【基本案情】

于某法与温某荣系夫妻，于1980年结婚，二人均系再婚。再婚后未生育子女。婚前于某法有子女五人，分别为：于某君、于某2、于某君2、于某萍、于某1。温某荣有子女七人，分别为：郭某4、郭某3、郭某2、郭某5、郭某6、郭某7、郭某1。2013年7月22日，郭某2为原告，以郭某4、郭某3、于某2为被告向许昌市魏都区人民法院提起继承纠纷诉讼。魏都区人民法院受理后依法追加郭某5、郭某6、郭某7、郭某1为原告开庭进行了审理。许昌市魏都区人民法院作出(2013)魏北民初字第221号民事判决后，郭某4、郭某3、于某2不服，向许昌市中级人民法院提起上诉，其中于某2上诉称，本案法定继承人为12人，许昌中院以于某2拒绝提供其他继承人信息为由，驳回上诉，维持原审判决。于某1向法院提出诉讼请求：(1)撤销河南省许昌市(2015)许民终字第394号民事判决对原审继承份额的认定；(2)要求于某1对温某荣财产享有继承权；(3)请求对于某法的私产重新认定；(4)本案诉讼费由被告承担。

【案件争点】

1.(2015)许民终字第394号民事判决是否遗漏当事人。

2.于某1是不是第三人撤销之诉的适格原告。

【裁判要旨】

河南省许昌市中级人民法院经审理认为，依照《继承法若干问题的意见》第60条之规定，继承诉讼开始后，如继承人、受遗赠人中既有不愿参加诉讼，又不表示放弃实体权利的，应追加为共同原告；已明确表示放弃继承的，不再列为当事人。依照该规定，作为继承诉讼中的继承人，其诉讼标的即遗产是共同的，各继承人除明确表示放弃继承的，均为继承案件纠纷中的当事人，其必须参加人民法院受理的继承诉讼。而《民事诉讼法》第132条（参见2023年《民事诉讼法》第135条）进一步规定：必须共同进行诉讼的当事人没有参加诉讼的，人民法院应当通知其参加诉讼。本案中，于某法与温某荣于1980年结婚，原告于某1于1964年出生，于某法与温某荣1980年结婚时于某1刚16岁，系未成年人。其在于某法与温某荣抚养下成人、就业、结婚。在本案的遗产继承纠纷开始后，在于某1没有明确表示放弃继承的情况下，对于于某1作为本案继承人的法律地位，法院予以确认。经对魏都区人民法院（2013）魏北民初字第221号民事判决以及许昌市中级人民法院（2015）许民终字第394号民事判决审查，均不显示于某1的继承人身份及资格，亦未显示人民法院穷尽送达手段通知于某1参加诉讼，故判决存在遗漏当事人。

于某1作为必须参加诉讼的当事人，对魏都区人民法院（2013）魏北民初字第221号民事判决以及许昌市中级人民法院（2015）许民终字第394号民事判决予以遗漏，作为当事人能否提起第三人撤销之诉。法院认为，遗产继承纠纷案件系典型的必要共同诉讼，必要共同诉讼当事人的诉讼地位只能是当事人，而不能是第三人，即使其未参加原诉讼，不符合《民事诉讼法》第56条规定的第三人的范畴。作为诉讼中的当事人，应当参加诉讼因不能归责于本人或者其他诉讼代理人的事由未参加诉讼的，可通过其他民事诉讼程序救济自己的权利。故法院认为，于某1以第三人的身份提起第三人撤销之诉，其诉讼主体不适格。

三、裁判规则提要

（一）必要共同诉讼当事人不是第三人撤销之诉的适格原告

从前述案例大数据检索报告可以看出，对于必要共同诉讼当事人是否能够作为第三人撤销之诉的适格原告的认识，实践中并不统一。事实上，在第三人撤销之诉最初出现时，亦有权威观点认为第三人撤销之诉的撤销事由包括原诉遗漏了必要共同诉讼当事人损害其利益的情形，[①]致使司法实践存在不同认识。

从解释方法角度分析，必要共同诉讼当事人是否能够作为第三人撤销之诉的适格原告涉及对第三人撤销之诉中“第三人”范围的理解。从法律文义解释的角度

---

① 王胜明主编：《中华人民共和国民事诉讼法释义》，法律出版社2012年版，第122页。

来看,《民事诉讼法》第 56 条第 3 款规定的第三人撤销之诉的“第三人”指的是该条前两款规定的有独立请求权的第三人和虽无独立请求权但有利害关系的第三人。从诉讼参与的角度,有独立请求权的第三人有权提起诉讼,而无独立请求权的第三人是可以参加诉讼,在第三人的情形中,人民法院并不必然要通知第三人参加诉讼。但是,对于必要共同诉讼当事人而言,其必与一方当事人对同一诉讼标的享有共同的权利或者承担共同的义务。根据《民事诉讼法》第 132 条的规定,必须共同进行诉讼的当事人没有参加诉讼的,人民法院应当通知其参加诉讼,即其法律地位是狭义的当事人,并不属于“第三人”的范畴,故不能作为第三人撤销之诉的适格原告。而从体系解释的角度看,《民事诉讼法》第 200 条第 8 项规定,当事人因不能归责于本人或者其诉讼代理人的事由,未参加诉讼的,人民法院应当再审,意味着作为必要共同诉讼的当事人如果未能参加诉讼,其应当通过申请再审的途径寻求救济。

(二)必要共同诉讼当事人的认定

随着对第三人撤销之诉制度功能认识的深入,必要共同诉讼当事人不能作为第三人撤销之诉的适格原告已逐渐成为通说,在适用这一规则时,核心之一就是判定提起第三人撤销之诉的原告是否属于必要共同诉讼当事人。但是,这一判断并非一目了然,《民事诉讼法》和《民事诉讼法司法解释》中规定的各种共同诉讼人情形并非均指必要共同诉讼当事人。[①]

从理论上看,以共同诉讼人之间对诉讼标的的关系为标准,可分为必要共同诉讼和普通共同诉讼,争议的诉讼标的同一的共同诉讼,是必要共同诉讼。必要共同诉讼之所以必要,是因为共同诉讼人之间诉讼标的的共同性。共同诉讼人在实体法律关系中享有共同的权利或者承担共同的义务。[②] 除了诉讼标的同一的要件外,共同诉讼人之间还需要具有不可替代或者分割的法律关系。如果当事人之间系各自独立承担全部责任,则不属于必要共同诉讼当事人。此外,从学理上看,必要共同诉讼可以分为固有的必要共同诉讼和类似的必要共同诉讼。《民事诉讼法》第 132 条指明的必须共同进行诉讼的当事人只指固有的必要共同诉讼当事人,而对于类似的必要共同诉讼当事人,由于并不要求必须一同起诉或者应诉,故并不属于

---

① 参见最高人民法院研究室编:《最高人民法院民事诉讼法司法解释理解与适用(下)》,人民法院出版社 2015 年版,第 783 页。

② 参见张卫平:《民事诉讼法》,高等教育出版社 2011 年版,第 88 ~ 94 页。

该类范围，比如《民事诉讼法司法解释》第 54 条规定的挂靠人和被挂靠人，则为类似的必要共同诉讼，是否列挂靠人和被挂靠人为共同诉讼人，取决于当事人的选择。①

由于必要共同诉讼当事人之所以对诉讼标的具有共同性系由实体法律关系决定的，是否构成必要的共同诉讼当事人是由实体的法律权利义务关系决定，故对其认定需要结合实体法律关系来确定。从实践中看，常见的必要共同诉讼当事人主要包括以下情形：一是如例案一显示的共同共有财产的共有人，必须注意的是如果共有财产人之间系按份共有，亦不属于必要共同诉讼当事人；二是如例案二显示的个人合伙的全体合伙人；三是如例案三显示的继承遗产诉讼中的全部遗产继承人；四是企业分立的，因分立前的民事诉讼发生纠纷的，以分立后的企业为必要共同诉讼当事人。

（三）必要共同诉讼当事人的救济途径

虽然由于必要共同诉讼当事人并非第三人撤销之诉的适格原告，不能适用第三人撤销之诉予以救济，但是这并不意味着必要共同诉讼当事人如果因不能归责于自身的事由未能参加诉讼就无救济之途径。事实上，对于必要共同诉讼当事人，如果因漏列当事人而权益受到侵害，可以通过申请再审的方式得到救济。

从类型上看，《民事诉讼法司法解释》以案件是否进入执行程序为标准对必要共同诉讼中原审诉讼漏列的当事人申请再审规定了两种不同的程序。在案件未进入执行程序时，未参加原审诉讼的必要共同诉讼当事人可以依据《民事诉讼法司法解释》第 422 条的规定，按照《民事诉讼法》第 200 条第 8 项的规定，自知道或者应当知道原诉生效裁判之日起申请再审；在案件进入执行程序后，未参加原审诉讼的必要共同诉讼当事人则应当依据《民事诉讼法司法解释》第 423 条的规定，按照《民事诉讼法》第 227 条的规定，先行提起执行异议，并在驳回执行异议裁定送达之日起 6 个月内申请再审。两种救济途径存在三大差异点：一是申请再审的法院不同，在进入执行程序后，系向原审人民法院申请再审，而在进入执行程序前，一般是向上一级人民法院申请再审，但当事人一方人数众多或者当事人双方为公民的案件，也可以向原审人民法院申请再审。二是申请再审的起算点不同，在进入执行程

---

① 参见最高人民法院研究室编：《最高人民法院民事诉讼法司法解释理解与适用（下）》，人民法院出版社 2015 年版，第 230～232 页。

序前,当事人是从知道或者应当知道生效裁判文书之日起算 6 个月;在进入执行程序后,是从执行异议裁定送达之日起算 6 个月。三是是否有前置程序不同,进入执行程序后,必须以提出执行异议并被驳回为前提。①

四、辅助信息

高频词条:

《民事诉讼法》

第 59 条 对当事人双方的诉讼标的,第三人认为有独立请求权的,有权提起诉讼。

对当事人双方的诉讼标的,第三人虽然没有独立请求权,但案件处理结果同他有法律上的利害关系的,可以申请参加诉讼,或者由人民法院通知他参加诉讼。人民法院判决承担民事责任的第三人,有当事人的诉讼权利义务。

前两款规定的第三人,因不能归责于本人的事由未参加诉讼,但有证据证明发生法律效力的判决、裁定、调解书的部分或者全部内容错误,损害其民事权益的,可以自知道或者应当知道其民事权益受到损害之日起六个月内,向作出该判决、裁定、调解书的人民法院提起诉讼。人民法院经审理,诉讼请求成立的,应当改变或者撤销原判决、裁定、调解书;诉讼请求不成立的,驳回诉讼请求。

第 122 条 起诉必须符合下列条件:

(一)原告是与本案有直接利害关系的公民、法人和其他组织;

(二)有明确的被告;

(三)有具体的诉讼请求和事实、理由;

(四)属于人民法院受理民事诉讼的范围和受诉人民法院管辖。

第 135 条 必须共同进行诉讼的当事人没有参加诉讼的,人民法院应当通知其参加诉讼。

第 157 条 裁定适用于下列范围:

(一)不予受理;

(二)对管辖权有异议的;

(三)驳回起诉;

---

① 参见最高人民法院民事审判第二庭编著:《全国法院民商事审判工作会议纪要理解与适用》,人民法院出版社 2019 年版,第 615 页。

(四)保全和先予执行;

(五)准许或者不准许撤诉;

(六)中止或者终结诉讼;

(七)补正判决书中的笔误;

(八)中止或者终结执行;

(九)撤销或者不予执行仲裁裁决;

(十)不予执行公证机关赋予强制执行效力的债权文书;

(十一)其他需要裁定解决的事项。

对前款第一项至第三项裁定,可以上诉。

裁定书应当写明裁定结果和作出该裁定的理由。裁定书由审判人员、书记员署名,加盖人民法院印章。口头裁定的,记入笔录。

第211条 当事人的申请符合下列情形之一的,人民法院应当再审:

(一)有新的证据,足以推翻原判决、裁定的;

(二)原判决、裁定认定的基本事实缺乏证据证明的;

(三)原判决、裁定认定事实的主要证据是伪造的;

(四)原判决、裁定认定事实的主要证据未经质证的;

(五)对审理案件需要的主要证据,当事人因客观原因不能自行收集,书面申请人民法院调查收集,人民法院未调查收集的;

(六)原判决、裁定适用法律确有错误的;

(七)审判组织的组成不合法或者依法应当回避的审判人员没有回避的;

(八)无诉讼行为能力人未经法定代理人代为诉讼或者应当参加诉讼的当事人,因不能归责于本人或者其诉讼代理人的事由,未参加诉讼的;

(九)违反法律规定,剥夺当事人辩论权利的;

(十)未经传票传唤,缺席判决的;

(十一)原判决、裁定遗漏或者超出诉讼请求的;

(十二)据以作出原判决、裁定的法律文书被撤销或者变更的;

(十三)审判人员审理该案件时有贪污受贿,徇私舞弊,枉法裁判行为的。

第238条 执行过程中,案外人对执行标的提出书面异议的,人民法院应当自收到书面异议之日起十五日内审查,理由成立的,裁定中止对该标的的执行;理由不成立的,裁定驳回。案外人、当事人对裁定不服,认为原判决、裁定错误的,依照审判监督程序办理;与原判决、裁定无关的,可以自裁定送达之日起十五日内向人民法院提起诉讼。

《民事诉讼法司法解释》

第 54 条 以挂靠形式从事民事活动，当事人请求由挂靠人和被挂靠人依法承担民事责任的，该挂靠人和被挂靠人为共同诉讼人。

第 60 条 在诉讼中，未依法登记领取营业执照的个人合伙的全体合伙人为共同诉讼人。个人合伙有依法核准登记的字号的，应在法律文书中注明登记的字号。全体合伙人可以推选代表人；被推选的代表人，应由全体合伙人出具推选书。

第 63 条 企业法人合并的，因合并前的民事活动发生的纠纷，以合并后的企业为当事人；企业法人分立的，因分立前的民事活动发生的纠纷，以分立后的企业为共同诉讼人。

第 65 条 借用业务介绍信、合同专用章、盖章的空白合同书或者银行账户的，出借单位和借用人为共同诉讼人。

第 70 条 在继承遗产的诉讼中，部分继承人起诉的，人民法院应通知其他继承人作为共同原告参加诉讼；被通知的继承人不愿意参加诉讼又未明确表示放弃实体权利的，人民法院仍应将其列为共同原告。

第 74 条 人民法院追加共同诉讼的当事人时，应当通知其他当事人。应当追加的原告，已明确表示放弃实体权利的，可不予追加；既不愿意参加诉讼，又不放弃实体权利的，仍应追加为共同原告，其不参加诉讼，不影响人民法院对案件的审理和依法作出判决。

第 290 条 第三人对已经发生法律效力的判决、裁定、调解书提起撤销之诉的，应当自知道或者应当知道其民事权益受到损害之日起六个月内，向作出生效判决、裁定、调解书的人民法院提出，并应当提供存在下列情形的证据材料：

（一）因不能归责于本人的事由未参加诉讼；

（二）发生法律效力的判决、裁定、调解书的全部或者部分内容错误；

（三）发生法律效力的判决、裁定、调解书内容错误损害其民事权益。

第 420 条 必须共同进行诉讼的当事人因不能归责于本人或者其诉讼代理人的事由未参加诉讼的，可以根据民事诉讼法第二百零七条第八项规定，自知道或者应当知道之日起六个月内申请再审，但符合本解释第四百二十一条规定情形的除外。

人民法院因前款规定的当事人申请而裁定再审，按照第一审程序再审的，应当追加其为当事人，作出新的判决、裁定；按照第二审程序再审，经调解不能达成协议的，应当撤销原判决、裁定，发回重审，重审时应追加其为当事人。

第421条 根据民事诉讼法第二百二十四条规定,案外人对驳回其执行异议的裁定不服,认为原判决、裁定、调解书内容错误损害其民事权益的,可以自执行异议裁定送达之日起六个月内,向作出原判决、裁定、调解书的人民法院申请再审。

第三人撤销之诉案件裁判规则第18条：

作为委托诉讼代理人参与过原审诉讼的，一般不得再行提起第三人撤销之诉

〔**规则描述**〕：因不能归责于本人的事由未参加原审诉讼是第三人撤销之诉的程序性要件。在审查该程序性要件过程中，应当着重从三个方面进行审查判断：一是第三人不属于原审诉讼中列明的当事人，二是第三人未参加原诉讼程序，三是第三人未参加原审诉讼自身没有明显的过错。如果第三人曾经作为原审诉讼当事人的委托诉讼代理人参与过原审诉讼的，除非其曾经在该原审诉讼中申请作为第三人参加诉讼但未获准许，否则其不构成因不能归责于本人的事由未参加原审诉讼的情形，不具备第三人撤销之诉的程序性要件，对于其提起第三人撤销之诉的，法院应当驳回起诉。

一、类案检索大数据报告

时间：2020年6月21日之前，案例来源：Alpha案例库，案件数量：188件。以法院认为包含"委托代理人""参加"，案件概述包含"第三人撤销之诉"为关键词搜索，本次检索获取2020年6月21日前共188篇文书。在188件案件中，通过人工检索的方式，共发现42件案件完全符合条件。如图18－1所示，在这42件完全符合条件案件的裁判文书中，共有71.43%的案件认定案外人作为委托诉讼代理人曾经参与过原审诉讼的案件，不符合第三人撤销之诉的程序条件，不是第三人撤销之诉的适格原告；有21.43%的案件认定作为委托诉讼代理人参加过原审诉讼的，可以提起第三人撤销之诉，但应以其参加诉讼之日作为其知晓权益受侵害之日，起算第三人撤销之诉除斥期间，因其提起超过6个月驳回起诉；另有7.14%的案件认定该情形下，案外人可以提起第三人撤销之诉，且由于案外人提起诉讼在知晓权益受侵害6个月的期间内，故对其进行实体审查并据此作出相应判决。

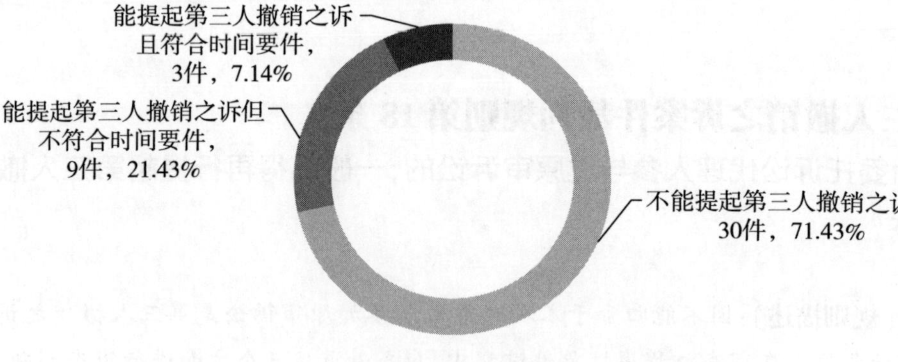

图 18-1　作为委托诉讼代理人参与过原诉审理能否提起第三人撤销之诉

二、可供参考的例案

例案一　韩某洪、长江师范学院、重庆兴达实业(集团)有限公司第三人撤销之诉案

【法院】

最高人民法院

【案号】

(2015)民申字第3627号

【当事人】

再审申请人(一审原告、二审上诉人):韩某洪

再审被申请人(一审被告、二审被上诉人):长江师范学院

再审被申请人(一审被告、二审被上诉人):重庆兴达实业(集团)有限公司

【基本案情】

韩某洪申请再审称,(1)关于重庆兴达实业(集团)有限公司(以下简称兴达实业公司)与长江师范学院建设工程施工合同结算纠纷一案,重庆市第三中级人民法院(2009)渝三中法民初字第47号民事判决、重庆市高级人民法院(2010)渝高法民终字第168号民事判决、最高人民法院(2010)民申字第1717号民事裁定,内容全部错误。重庆方郡工程造价咨询有限公司出具的审计报告没有任何证明力,上述判决、裁定却错误地予以采信,并作为定案依据。法院应当采信兴达实业公司提交的《涪陵师范学院学生宿舍一标段5、6号楼结算书》《催告支付工程款函》《重庆

建设工程竣工验收意见书》等证据。(2)在重庆市第三中级人民法院(2009)渝三中法民初字第47号、重庆市高级人民法院(2010)渝高法民终字第168号案件中，韩某洪不是当事人，而是作为兴达实业公司的代理人出庭参加诉讼的。重庆市第三中级人民法院和重庆市高级人民法院知道韩某洪是实际施工人，且已向法院提交了《长江师范学院新校区北苑食府、北部运动场等建设工程工程款捆绑支付协议》，但法院没有告知韩某洪可以当事人身份参加诉讼。韩某洪当时诉讼能力及法律知识不够高，不知道可以作为第三人参加诉讼，其自身没有明显过错。韩某洪符合《民事诉讼法》第56条第3款规定的“因不能归责于本人的事由未参加诉讼”的情形。

【案件争点】

韩某洪是否具备提起第三人撤销之诉的程序要件。

【裁判要旨】

最高人民法院经审理认为，在兴达实业公司与长江师范学院建设工程施工合同结算纠纷一案中，韩某洪以兴达实业公司特别授权委托代理人的身份参加了该案的一审和二审诉讼。特别是在一审程序中，韩某洪不仅出庭参加了庭审，还与对方当事人开展了充分的证据质证和法庭辩论。另据韩某洪提交的《长江师范学院新校区北苑食府、北部运动场等建设工程工程款捆绑支付协议》载明，工程款由发包方长江师范学院直接支付给韩某洪，兴达实业公司不直接与长江师范学院发生债权债务关系。可见，韩某洪不仅明知该案诉讼的存在，并且明知该案与其存在利害关系。但直至重庆市高级人民法院作出该案终审判决，韩某洪亦未申请以第三人身份参加诉讼。

基于以上事实可以认定，韩某洪系因其自身主观原因，未以当事人身份参加兴达实业公司与长江师范学院建设工程施工合同结算纠纷之诉。韩某洪申请再审称其当时诉讼能力及法律知识不够高，不知道可以作为第三人参加诉讼，其自身没有过错，理由不能成立。本案不属于《民事诉讼法》第56条第3款规定的“因不能归责于本人的事由未参加诉讼”的情形，不符合提起第三人撤销之诉的程序要件，一审、二审法院据此对韩某洪提起的第三人撤销之诉裁定不予受理，不存在适用法律错误。在本案不符合提起第三人撤销之诉的程序要件的情况下，本院对于韩某洪提出的“兴达实业公司与长江师范学院建设工程施工合同结算纠纷案裁判内容错误”的申请再审理由，不予审查。

例案二 田某立、山东齐源环保工程有限公司、山东金羚置业有限公司第三人撤销之诉案

【法院】

山东省高级人民法院

【案号】

(2019)鲁民撤5号

【当事人】

原告:田某立

被告:山东齐源环保工程有限公司

被告:山东金羚置业有限公司

【基本案情】

2016年9月5日,山东齐源环保工程有限公司(以下简称齐源公司)以山东金羚置业有限公司(以下简称金羚公司)为被告诉至济南市历下区人民法院,请求法院判令:(1)解除齐源公司、金羚公司签订的《施工合同》;(2)金羚公司支付齐源公司违约金15万元;(3)金羚公司赔偿齐源公司经济损失2.78万元;(4)金羚公司承担本案所有诉讼费用。济南市历下区人民法院经审理查明:2015年7月7日,齐源公司与金羚公司签订《施工合同》,合同约定:金羚公司将开发的位于济南市历下区燕子山西路50号的开元府花园中水处理工程交给齐源公司进行图纸优化,并负责中水站水箱制作安排、设备安排及工程调试、验收等,合同总价款50万元。合同第3条第3款约定:如任何一方单方面解除合同,过错方向对方支付合同总价款30%的违约金并赔偿给对方造成的全部损失。合同签订后,齐源公司委托山东扬帆环保有限公司设计了中水工程施工图纸,并与案外人颜某峰签订了加工、安装合同,并支付颜某峰5万元用于配电位的壳体、元器件、电线电缆等材料。齐源公司仅提供收据一张,金羚公司对此不予认可。涉案工程开元府花园中水处理工程是开元府住宅项目工程的配套工程,是开元府住宅项目的一部分。济南市历下区人民法院认为,涉案中水处理工程为开元府住宅项目的配套工程,依法应当属于招标工程,齐源公司、金羚公司签订的合同没有经过招投标的程序,违反法律强制性规定,属于无效合同。齐源公司、金羚公司双方对涉案合同的签订均存在过错,应当各自承担相应的损失。齐源公司主张的经济损失未有相应的证据证实,鉴于齐源公司实际施工支出的损失大于金羚公司,酌定金羚公司补偿齐源公司经济损失3

万元。2017 年 4 月 5 日，济南市历下区人民法院作出（2016）鲁 0102 民初5795 号民事判决，判决金羚公司于判决生效之日起 10 日内支付齐源公司经济损失 3 万元，并驳回齐源公司的其他诉讼请求。齐源公司不服，向山东省济南市中级人民法院提起上诉。山东省济南市中级人民法院于 2017 年 8 月 7 日作出（2017）鲁 01 民终 4975 号民事判决，驳回齐源公司的上诉请求。齐源公司不服，向山东省高级人民法院申请再审。山东省高级人民法院于 2019 年 2 月 25 日作出（2019）鲁民再 11 号民事判决，维持山东省济南市中级人民法院（2017）鲁 01 民终 4975 号民事判决。在原诉讼一审、二审及再审期间，田某立均以齐源公司工作人员的身份作为齐源公司诉讼代理人出庭参加诉讼。

田某立认为齐源公司诉金羚公司建设工程施工合同纠纷案一审、二审及再审期间，田某立是齐源公司的兼职员工，涉案工程系田某立与齐源公司采取合作方式实施，作为具有合同关系的共同整体，田玉立在原诉讼中均是以齐源公司工作人员身份参与，具有不能以个人身份参与诉讼的客观原因。而且，原诉讼一审、二审及再审判决认定事实错误、适用法律错误。故田某立向法院提出诉讼请求：（1）撤销山东省济南市历下区人民法院（2016）鲁 0102 民初 5795 号民事判决、山东省济南市中级人民法院（2017）鲁 01 民终 4975 号民事判决以及山东省高级人民法院（2019）鲁民再 11 号民事判决；（2）判令金羚公司支付田某立违约金 15 万元；（3）判令金羚公司赔偿田某立经济损失 4.8 万元；（4）本案诉讼费用由齐源公司、金羚公司负担。

【案件争点】

田某立是否具有第三人撤销之诉起诉资格。

【裁判要旨】

山东省高级人民法院经审理认为，根据《民事诉讼法司法解释》第 292 条规定："第三人对已经发生法律效力的判决、裁定、调解书提起撤销之诉的，应当自知道或者应当知道其民事权益受到损害之日起六个月内，向作出生效判决、裁定、调解书的人民法院提出，并应当提供存在下列情形的证据材料：（一）因不能归责于本人的事由未参加诉讼；（二）发生法律效力的判决、裁定、调解书的全部或者部分内容错误；（三）发生法律效力的判决、裁定、调解书内容错误损害其民事权益。"首先，本案中，原诉讼一审、二审到再审期间，田某立均以齐源公司工作人员的身份参与诉讼，其对于原诉讼明确知悉且实际参与，但其皆未以自己名义申请参加诉讼。因此，田某立不符合上述规定中"因不能归责于本人的事由未参加诉讼"的情形。其次,“第三人”应为与原诉讼判决结果具有法律上利害关系的第三人。法律上的利害关系是指原诉审理的事实或者结果为第三人设定了权利或义务,这种影响和联系是直接而明确的。本案中,涉案《施工合同》的签订主体为齐源公司和金羚公司,田某立并非涉案《施工合同》约束的合同主体,原诉判决金羚公司补偿齐源公司经济损失3万元,亦未判决田某立承担相应的民事责任。田某立提交的《协议书》系其与齐源公司的内部约定,且约定内容系田某立作为齐源公司的委托代理人继续负责本案诉讼,以及双方就原诉讼结果的利益分配等,与本案的法律关系不同,亦无法就此证明其与原诉讼结果有直接法律上的利害关系。因此,田某立与原诉讼判决结果不具备法律上的利害关系。综上,田某立提起第三人撤销之诉,不符合法律规定的起诉条件。

例案三 | 康某、王某1、王某2、王某3、王某4第三人撤销之诉案

【法院】

北京市高级人民法院

【案号】

(2016)京民终551号

【当事人】

上诉人(一审原告):康某

被上诉人(一审被告):王某1

被上诉人(一审被告):王某2

被上诉人(一审被告):王某3

被上诉人(一审被告):王某4

【基本案情】

王某3于2014年5月作为原告起诉王某1、王某4、王某2法定继承纠纷[(2014)平民初字第03742号民事案件],该案查明以下事实:王某1与王某兰系夫妻关系,二人育有王某4、王某2、王某3三名子女。2001年5月,王某兰和王某1以交纳首付的形式购买坐落于北京市朝阳区祁家豁子甲8号A号楼B号的楼房(以下简称B号房屋)。此房屋登记在王某4名下。2001年6月15日,中国工商银行北京市新街口支行出具的住房信贷借款凭证45万元。2002年4月3日,中国工商银行个人查询表载明:王某4提前偿还本息241,297.62元。2003年4月12

日，北京天地房地产开发有限公司出具B号房屋房款发票530,666元。2003年7月3日，原北京市朝阳区国土资源和房屋管理局向王某4颁发《房屋所有权证》，所有权证载明B号房屋为王某4一人所有。2004年1月13日，北京市朝阳区国土资源和房屋管理局在该房屋所有权证设定他项权利摘要及附记载明：抵押人王某4已将B号房屋全部抵押给抵押权人中国工商银行北京市新街口支行，贷款金额人民币45万元整，抵押期限自2004年1月13日至2021年6月15日，已在我局办理房产抵押。2006年6月至2007年12月31日，B号房由王某2向外出租，后由王某4将B号房屋向外出租至今。2014年2月25日，王某兰去世。2014年5月，王某3与王某1、王某4、王某2因法定继承纠纷诉至平谷法院。2014年6月26日，王某4与康某登记结婚。2014年12月25日，王某4和康某共同申请办理B号房屋所有权转移登记，当日康某领取了B号房屋的《房屋所有权证》。2015年1月5日，王某4与康某登记离婚。2015年3月27日，平谷法院经审理作出(2014)平民初字第03742号民事判决书，认定B号房屋虽然登记在王某4名下，但不是王某4的个人财产，而系王某兰、王某1、王某4、王某2共有。法院依法分割共有物，确定B号房屋由王某1享有1/2的份额、王某4享有1/4的份额、王某2享有3/20的份额、王某3享有1/10的份额。王某4不服上诉至二审法院。2015年9月10日，二审法院经审理作出(2015)三中民终字第8000号民事判决书，认定虽然B号房屋登记在王某4名下，但王某4对其交纳房屋首付款及提前偿还贷款利息的资金来源均未提交有效证据予以证明，故平谷法院综合全案证据，认定B号房屋是以王某4的名义购买，王某兰、王某1、王某4、王某2参与出资或者还款，由此确定B号房屋应由王某兰、王某1、王某4、王某2共有并无不当，在份额分割上，亦无不妥。王某4的上诉意见依据不足，法院不予支持，判决：驳回上诉，维持原判。2015年11月30日，王某3申请B号房屋的异议登记，不动产登记部门受理了王某3的异议登记申请，将异议事项记载于登记簿。王某4向北京市高级人民法院申请再审。2016年5月20日，北京市高级人民法院作出(2016)京民申514号民事裁定书，认定一审法院根据村委会和当事人陈述、购房发票、证人证言等证据，认定涉案C号房屋和D号房屋为王某振和和王某兰的夫妻共同财产，且涉案B号房屋由王某兰、王某1、王某4、王某2共有并无不当，一审法院对涉案三套房屋析产、继承后确定的当事人享有的份额亦无不当；王某4的再审申请无事实和法律依据，法院不予支持；结论：裁定驳回王某4的再审申请。2015年12月10日，王某1、王某2、王某3在朝阳法院提起(2015)朝行初字第875号行政诉讼，请求确认B号房屋变更登记在康某名下的行为无效，撤销该登记；2016年2月26日，康某收到该起诉状。2016年6月21日，朝阳法院(2015)朝行初字第875号行政判决书撤销北京市住房和城乡建设委员会于2014年12月25日将B号房屋由王某4转移登记为康某的行政行为，同时撤销为康某颁发的《房屋所有权证》。王某4、康某提出上诉，2016年10月28日，一审法院作出(2016)京03行终482号行政判决书，判决驳回上诉，维持一审判决。2016年8月23日，康某向一审法院提起第三人撤销之诉，请求撤销(2015)三中民终字第8000号民事判决书。在(2014)平民初字第3742号民事案件的审理过程中，康某以王某4丈夫的身份，作为王某4的委托代理人参加诉讼。

一审法院经审理认为，第一，案件已超过诉讼时效期间。康某没有作为第三人参加(2014)平民初字第3742号案件及(2015)三中民终字第8000号案件的审理，其本身存在过错。根据《民事诉讼法司法解释》第292条之规定，第三人对已经发生法律效力的判决、裁定、调解书提起撤销之诉的，应当自知道或者应当知道其民事权益受到损害之日起6个月内，向作出生效判决、裁定、调解书的人民法院提出，并应当提交不能归责于本人的事由未参加诉讼的证据材料。王某3在2014年5月提起(2014)平民初字第3742号法定继承案，康某作为王某4的委托代理人参加诉讼，康某参与了该案一审审理的全过程，且在诉讼期间，康某与王某4办理了房屋产权转移手续并离婚，康某对平谷法院一审判决确认B号房屋的份额亦是知晓的。康某如果认为其合法权益受到侵害，应当作为第三人参加该案的审理。但现有证据不能证明康某向法院如实说明了上述情况，并要求参加诉讼。故法院认为，康某在法院审理案件期间没有提出其应当作为第三人参加诉讼的请求，根据《民事诉讼法司法解释》第295条之规定，《民事诉讼法》第56条第3款规定的因不能归责于本人的事由未参加诉讼，是指没有被列为生效判决、裁定、调解书当事人且无过错或无明显过错的情形。包括：不知道诉讼而未参加的；申请参加未获准许的；知道诉讼，但因客观原因无法参加的；因其他不能归责于本人的事由未参加诉讼的。显然，康某知悉诉讼，而且未申请参加，故其本身存在过错。故自康某知道或应当知道其民事权益受到侵害之日起已超过6个月的诉讼时效期间。第二，康某不当持有B号房屋的产权。在平谷法院审理(2014)平民初字第3742号案件的过程中，王某4和康某以夫妻关系的身份于2014年12月25日共同申请办理B号房屋所有权转移登记，并在当日康某领取了B号房屋的《房屋所有权证》。2015年1月5日，王某4与康某登记离婚。康某作为王某4的丈夫在法院诉讼期间办理房屋产权的转移登记，遂又办理离婚手续，约定B号房屋归康某所有，在康某对诉讼明知的情况下，康某与王某 4 的行为涉嫌转移诉讼财产，康某拥有 B 房屋存在不当。第三，康某作为第三人持有 B 房屋事实已被生效的（2016）京 03 行终 482 号行政判决书所撤销。该判决撤销北京市住房和城乡建设委员会于 2014 年 12 月 25 日将 B 号房屋由王某 4 转移登记为康某的行政行为，同时撤销为康某颁发的《房屋所有权证》。由于 B 号房屋已经（2014）平民初字第 3742 号、（2015）三中民终字第 8000 号及（2016）京民申 514 号民事裁定书确认属于王某振和王某兰的夫妻共同财产，法院依法析产并无不当。故法院依法撤销了康某与王某 4 之间的房产转移过户的行为，且撤销了康某持有的房产证，在此情况下，康某作为第三人提起本案之诉，其亦不能证明生效的判决损害了其合法权益。判决：驳回康某的全部诉讼请求。康某不服，提起上诉，要求撤销一审判决，支持康某的全部诉讼请求。

【案件争点】

康某是否符合第三人撤销之诉的主体资格。

【裁判要旨】

北京市高级人民法院经审理认为，综观本案相关事实，王某 3 与王某 1、王某 4、王某 2 因法定继承纠纷诉至法院，王某 3 等人对登记在王某 4 名下的 B 号房屋的权属存在争议，在该案诉讼过程中，康某与王某 4 登记结婚并作为王某 4 的诉讼委托代理人参加了该案审理的全过程，可见康某对于 B 号房屋的权属争议状况是知晓的。但在此期间，康某却与王某 4 办理离婚并约定 B 号房屋归康某所有，将 B 号房屋的所有权证书登记在康某名下，由此可见，康某明知 B 号房屋系法院正在审理的继承案件中的诉讼争议标的物，却与王某 4 私自进行产权转移，其取得 B 号房屋产权登记存在不当。已生效的继承案件的判决依法对 B 号房屋进行析产处理，未损害康某的民事权益，康某不符合第三人撤销之诉的主体资格。另外，康某称，其曾申请参加继承案件的诉讼而未获准许，但对此并未提供证据予以证明。综上所述，康某不符合第三人撤销之诉的起诉条件，依法应驳回其起诉。依照《民事诉讼法司法解释》第 330 条的规定，裁定：（1）撤销北京市第三中级人民法院（2016）京 03 民撤 28 号民事判决；（2）驳回康某的起诉。

三、裁判规则提要

（一）因不能归责于本人的事由未参加诉讼的一般审查标准

第三人撤销之诉作为 2012 年《民事诉讼法》新规定的诉讼类型，是出于保护受错误生效裁判损害的未参加原审诉讼的第三人的权益而设立的。由于第三人撤销之诉的处理涉及对原审诉讼生效裁判文书的评价,在一定程度上可能会损害已生效裁判文书的既判力,故在保障第三人权益与维护原审诉讼生效裁判文书既判力之间亦需要一定的平衡。在此种利益的衡量下,法律基于保护案外人的现实需求,将第三人撤销之诉作为一种新诉予以设置,给予受到利益损害的未参加原审诉讼的第三人以充分保护,同时对既判力予以一定保障,对第三人撤销之诉的要件进行了一定的限定。

从法律构成要件看,第三人撤销之诉应当符合以下五个要件:一是主体要件,即提起第三人撤销之诉的原告需属于《民事诉讼法》第 56 条前两款规定的第三人;二是程序要件,即第三人须因不能归责于本人的原因未参加诉讼;三是实体要件,即有证据证明发生法律效力的判决、裁定、调解书的部分或者全部内容错误;四是结果要件,即原审诉讼生效裁判文书应当损害第三人的利益;五是时间要件,即"自知道或者应当知道其民事权益受到侵害之日起六个月"提起诉讼。在上述要件中,前两个要件是门槛要件,如果第三人不具备此两个要件,实质上是不具备起诉条件,在立案阶段应当不予受理,已经受理的,应当依法驳回起诉。

正如前述,第三人撤销之诉是对未参加原审诉讼的第三人在民事权益受到侵害情况下的保护,故在五个要件中程序性要件是核心要件之一。对于程序性要件,从司法适用的角度,一般要从以下三个方面进行实体审查判断:一是第三人不属于原审诉讼中列明的第三人。如果法院已经明确将第三人列为第三人,第三人是否实质参加诉讼均不具备第三人撤销之诉的原告资格。二是第三人未参加原诉讼程序。对于未参加诉讼程序而言,通常需要从宽掌握,即使在诉讼过程中法院曾依职权或者当事人曾申请追加第三人,但只要法院最终未予以准许的,均应当认定为未参加原审诉讼程序。三是第三人未参加原审诉讼自身没有明显的过错。

在这一过程中,没有明显的过错不等于没有过错,在这一前提下,如果第三人仅为轻微过失的,原则上不限制其提起第三人撤销之诉。但是,这一判断并非特别明晰,应当结合具体情形予以判断。从判断的参考因素上看,应当考虑第三人的基本情况,包括第三人的法律知识、诉讼能力以及相关经验等。

在这三个实体审查判断标准的指引下,《民事诉讼法》第 295 条规定了因不能归责于本人的事由未参加诉讼的第三人的四种情形:一是不知道诉讼而未参加的;二是申请参加未获准许的;三是知道诉讼,但因客观原因无法参加的;四是因其他不能归责于本人的事由未参加诉讼的。其中,第四种情形实际是兜底情形,是要应对现实万千变化的实际情况,以当事人是否有明显的过错进行衡量。事实上,该兜底条款与前三项情形来看，并非完全并列关系，该兜底条款实质包括了其他第三人有一般过失的情形下未参加诉讼的情形。[①] 故对于第三人撤销之诉这一程序性要件的审查上，要以三个标准为核心、以四种情形为坐标进行具体对照。

(二)作为原审诉讼当事人的委托诉讼代理人参加诉讼使第三人未以第三人身份参加诉讼一般具有可归责性

第三人撤销之诉是赋予案外人对错误生效裁判的自我救济程序。[②] 但是，这一救济程序限于第三人非因可归责于自身的原因未参加原审诉讼，目的是避免案外人利用第三人撤销之诉使生效裁判文书的效力始终处于不稳定的状态，随时可能因案外人的主张而受到质疑，法律关系存于不稳定状态。

在第三人作为原审诉讼当事人的委托诉讼代理人参加原审诉讼时，以“前述因不能归责于本人的事由未参加诉讼”的四种情形为坐标，可以发现在这一情形下，第三人明显是知悉诉讼的存在，其必然不符合《民事诉讼法》第295条规定的第一种情形；而如果其曾经申请作为第三人参加诉讼但未获准许，则属于因不可归责于自身的原因未参加原审诉讼，就此种情形亦无须特别赘述。更为值得探讨的情形在于，如果第三人作为原审诉讼当事人的委托诉讼代理人参加诉讼，但是没有申请作为第三人参加诉讼的情形时，此时该第三人是否系因不可归责于自身的原因未参加诉讼。

从前述大数据案例可以看出，对于此种情形，大部分案例是认定此时第三人未参加诉讼具有可归责性，不属于不可归责于自身的原因未参加原审诉讼，而部分案例虽然没有直接以此为理由裁定驳回当事人的起诉，但却以原审裁判文书生效之日为起算点计算6个月的除斥期间，并以此为由驳回第三人的起诉。从理论上分析，一般情形下，第三人在此种情形下具有可归责性。其一，一般而言作为原审诉讼当事人的委托诉讼代理人参加诉讼，委托诉讼代理人是需要对案件的审理发表事实意见和法律意见，意味着第三人对诉讼的具体案情、案件的诉讼标的等是知晓且深入了解的，此时，第三人对于自身是否对诉讼标的享有独立的请求权或者虽无独立的请求权但具有利害关系应当是明知的。而《民事诉讼法》和《民事诉讼法司法解释》对第三人申请参加诉讼的时间并无限制，其在诉讼进行过程中的任何阶段

---

① 参见最高人民法院研究室编：《最高人民法院民事诉讼法司法解释理解与适用(下)》，人民法院出版社2015年版，第791页。

② 参见最高人民法院研究室编：《最高人民法院民事诉讼法司法解释理解与适用(下)》，人民法院出版社2015年版，第775页。

均有权申请参加,在此种情形下,第三人如果没有向法院申请作为第三人参加诉讼,难言正当。其二,从第三人未参加诉讼是否具有明显的过错这一实质要件而言,要适用这一要件,需要结合第三人的法律知识、诉讼能力、社会经验的角度来衡量,如果缺乏相应的知识和经验,可以认定为不具有明显的过错。但是,一般而言,作为委托诉讼代理人参加诉讼的人员,一般是当事人认为具有较为专业的法律知识或者具有较高的诉讼能力或者对案件事实了解较为清楚的人员,在这种情形下,能够作为委托诉讼代理人参加诉讼的第三人却主张自身缺乏相应能力,对于不能参加原审诉讼缺乏可归责性,不能成立。

(三)作为原审诉讼的委托诉讼代理人参加诉讼的第三人具有可归责性的例外

如前所述,第三人在已经作为原审诉讼当事人的委托诉讼代理人参加诉讼的情形下,除其已经申请作为第三人参加诉讼但是未获法院准许外,一般情形下,此时第三人未参加原审诉讼是具有可归责性的。但是,由于这一标准是按照“第三人未参加原审诉讼是否具有明显的过错”这一审查标准对应第三人撤销之诉程序性要件兜底情形确立的规则,则其按照实质的审查标准衡量,亦存在相应的例外。

在司法实践中,此种情形下的例外通常包括两类情形:一是第三人曾经作为原审诉讼的委托诉讼代理人,但是在原审诉讼审理过程中被撤销代理权限的,此种情形下,第三人实际上对原审诉讼的案件情况并未完全掌握,对于诉讼的进程以及其自身是否可以作为第三人并不明悉,其过错程度明显较低。二是第三人在特定类型诉讼中作为委托诉讼代理人参加诉讼,比如,在婚姻关系类纠纷中通常不会有第三人,如果委托诉讼代理人系以近亲属的身份作为委托诉讼代理人的,不一定具有较高的诉讼能力,此时直接将其未作为第三人参加诉讼归责于第三人,难言妥当。在这两种情形之外,在具体案件的审理中,如果第三人能够提供充分证据证明其虽然作为原审诉讼的当事人的委托诉讼代理人参加诉讼,但是不具有明显的过错的,仍然应当个案进行衡量。

四、辅助信息

高频词条:

《民事诉讼法》

第 59 条 对当事人双方的诉讼标的,第三人认为有独立请求权的,有权提起诉讼。

对当事人双方的诉讼标的，第三人虽然没有独立请求权，但案件处理结果同他有法律上的利害关系的，可以申请参加诉讼，或者由人民法院通知他参加诉讼。人民法院判决承担民事责任的第三人，有当事人的诉讼权利义务。

前两款规定的第三人，因不能归责于本人的事由未参加诉讼，但有证据证明发生法律效力的判决、裁定、调解书的部分或者全部内容错误，损害其民事权益的，可以自知道或者应当知道其民事权益受到损害之日起六个月内，向作出该判决、裁定、调解书的人民法院提起诉讼。人民法院经审理，诉讼请求成立的，应当改变或者撤销原判决、裁定、调解书；诉讼请求不成立的，驳回诉讼请求。

第122条 起诉必须符合下列条件：

(一)原告是与本案有直接利害关系的公民、法人和其他组织；

(二)有明确的被告；

(三)有具体的诉讼请求和事实、理由；

(四)属于人民法院受理民事诉讼的范围和受诉人民法院管辖。

第157条 裁定适用于下列范围：

(一)不予受理；

(二)对管辖权有异议的；

(三)驳回起诉；

(四)保全和先予执行；

(五)准许或者不准许撤诉；

(六)中止或者终结诉讼；

(七)补正判决书中的笔误；

(八)中止或者终结执行；

(九)撤销或者不予执行仲裁裁决；

(十)不予执行公证机关赋予强制执行效力的债权文书；

(十一)其他需要裁定解决的事项。

对前款第一项至第三项裁定，可以上诉。

裁定书应当写明裁定结果和作出该裁定的理由。裁定书由审判人员、书记员署名，加盖人民法院印章。口头裁定的，记入笔录。

《民事诉讼法司法解释》

第81条 根据民事诉讼法第五十九条的规定，有独立请求权的第三人有权向人民法院提出诉讼请求和事实、理由，成为当事人；无独立请求权的第三人，可以申请或者由人民法院通知参加诉讼。

第一审程序中未参加诉讼的第三人，申请参加第二审程序的，人民法院可以准许。

第290条 第三人对已经发生法律效力的判决、裁定、调解书提起撤销之诉的，应当自知道或者应当知道其民事权益受到损害之日起六个月内，向作出生效判决、裁定、调解书的人民法院提出，并应当提供存在下列情形的证据材料：

（一）因不能归责于本人的事由未参加诉讼；

（二）发生法律效力的判决、裁定、调解书的全部或者部分内容错误；

（三）发生法律效力的判决、裁定、调解书内容错误损害其民事权益。

第293条 民事诉讼法第五十九条第三款规定的因不能归责于本人的事由未参加诉讼，是指没有被列为生效判决、裁定、调解书当事人，且无过错或者无明显过错的情形。包括：

（一）不知道诉讼而未参加的；

（二）申请参加未获准许的；

（三）知道诉讼，但因客观原因无法参加的；

（四）因其他不能归责于本人的事由未参加诉讼的。

第三人撤销之诉案件裁判规则第19条：

第三人撤销之诉的对象不包含执行裁定书

〔**规则描述**〕：民事执行程序是人民法院运用国家强制力强制民事义务人履行所负义务的程序，是实现生效裁判确定的民事权利、督促民事义务履行的程序。从性质上看，民事执行程序不属于狭义的民事诉讼程序，即民事审判程序。在民事执行程序中，人民法院在实施执行措施、审查执行事项时会出具相应的执行裁定书，对民事执行的程序、实体等事项进行判定。但是，由于执行裁定书指向的第三人并不属于《民事诉讼法》第56条第1款、第2款参加诉讼程序的第三人，第三人撤销之诉是原审生效裁判错误的一种救济程序，而非针对执行程序的救济程序。故第三人撤销之诉指向的对象不包含执行裁定书。

一、类案检索大数据报告

时间：2020年5月31日之前，案例来源：Alpha案例库，案件数量：21件。以全文包含"撤销对象"，法院认为包含"执行裁定"，案件概述包含"第三人撤销之诉"为关键词搜索，本次检索获取2020年5月31日前共21篇文书。在21件案件中，通过人工检索的方式，共发现15件案件完全符合条件。如图19－1所示，在这15件完全符合条件案件的裁判文书中，共有80%的案件认定执行裁定书不属于第三人撤销之诉的指向对象；另有20%的案件认定执行裁定书属于第三人撤销之诉的对象，并要求或者直接对执行裁定书是否损害第三人利益进行具体审理。

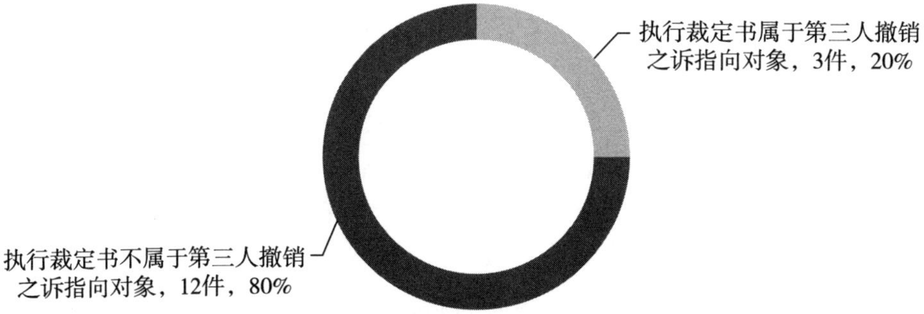

图19－1　执行裁定书是否属于第三人撤销之诉对象的认定

如图19－2所示，从地域分布来看，当前案件主要集中在河南省、湖北省、重庆市，分别占比20%。

图19－2　案件主要地域分布情况

二、可供参考的例案

例案一　浙江中成建工集团有限公司、潍坊鑫世纪置业有限公司、潍坊百货大楼股份有限公司第三人撤销之诉案

【法院】

最高人民法院

【案号】

（2019）最高法民申3512号

【当事人】

再审申请人（一审原告、二审上诉人）：浙江中成建工集团有限公司

再审被申请人（一审被告、二审被上诉人）：潍坊鑫世纪置业有限公司

再审被申请人（一审被告、二审被上诉人）：潍坊百货大楼股份有限公司

【基本案情】

浙江中成建工集团有限公司（以下简称中成公司）申请再审称，（1）一审、二审法院不予受理的裁定明显违反了《民事诉讼法司法解释》第297条第1项、《执行和解若干问题的规定》第6条的规定，也与最高人民法院以往判例明显相悖。①《民事诉讼法司法解释》第297条第1项规定：对适用特别程序、督促程序、公示催告程序、破产程序等非讼程序处理的案件提起第三人撤销之诉的，人民法院不予受理。一审、二审法院错误地认为执行程序属于该条规定中“等”字列举未尽的非讼程序。从体例看该条规定的非讼程序仅指特别程序、督促程序、公示催告程序和破产程序，而以物抵债裁定属于执行程序中作出的裁定，不属于该条司法解释规定

的非讼程序。②《执行和解若干问题的规定》第6条规定：当事人达成以物抵债执行和解协议的，人民法院不得依据该协议作出以物抵债裁定。潍坊市中级人民法院以物抵债裁定明显违反了上述规定，中成公司作为有利害关系的第三人提出第三人撤销之诉予以救济，一审、二审法院不予受理明显错误。③最高人民法院的判例说明人民法院在执行过程中作出的以物抵债裁定属于可以提出第三人撤销之诉的范围，如最高人民法院（2016）最高法执监85号案，最高人民法院（2010）执复字第12号案。（2）以物抵债裁定明显损害了中成公司的利益。①潍坊鑫世纪置业有限公司（以下简称鑫世纪公司）和潍坊百货大楼股份有限公司（以下简称百货大楼）明知鑫世纪公司对中成公司负有巨额债务，且以物抵债裁定作出前中成公司已起诉并申请了财产保全。以物抵债之物之外，鑫世纪公司无其他财产，该以物抵债裁定损害了中成公司的利益。②B19号土地评估基准日为2016年12月，至以物抵债裁定的2018年9月3日，市场行情已经发生巨大变化，地价大幅度上涨明显背离市场公允价值。③根据工商登记信息，鑫世纪公司和百货大楼之间存在明显的关联关系，公司高管交叉任职。因此，二者之间以物抵债、将鑫世纪公司的资产低价、分拆私相授受损害了中成公司和其他利害关系人的利益，并且破坏了诚实信用的法律原则和市场环境。综上，请求撤销一审、二审民事裁定，指令山东省潍坊市中级人民法院立案受理本案。

【案件争点】

执行裁定是否属于《民事诉讼法》第56条第3款规定的第三人撤销之诉的对象。

【裁判要旨】

最高人民法院经审理认为，《民事诉讼法》第56条第3款规定，前两款规定的第三人，因不能归责于本人的事由未参加诉讼，但有证据证明发生法律效力的判决、裁定、调解书的部分或者全部内容错误，损害其民事权益的，可以自知道或者应当知道其民事权益受到损害之日起六个月内，向作出该判决、裁定、调解书的人民法院提起诉讼。《民事诉讼法司法解释》第292条、第295条规定，第三人对已经发生法律效力的判决、裁定、调解书提起撤销之诉的，应当提供存在下列情形的证据材料：（1）因不能归责于本人的事由未参加诉讼；（2）发生法律效力的判决、裁定、调解书的全部或者部分内容错误；（3）发生法律效力的判决、裁定、调解书内容错误损害其民事权益。因不能归责于本人的事由未参加诉讼是指没有被列为生效判决、裁定、调解书当事人，且无过错或者无明显过错的情形。包括：（1）不知道诉讼而未参加的;(2)申请参加未获准许的;(3)知道诉讼,但因客观原因无法参加的;(4)因其他不能归责于本人的事由未参加诉讼的。

根据上述法律规定及司法解释的内容,第三人撤销之诉的对象为诉讼程序中作出的“发生法律效力的判决、裁定、调解书”,执行程序中作出的裁定不属于第三人撤销之诉的对象。第一,从条文字义看,虽然《民事诉讼法》第56条对于“发生法律效力的判决、裁定、调解书”中的“裁定”是否包含执行中的裁定,没有限定,但结合该条款全文理解,该条款明确将“前两款规定的第三人”限定为“因不能归责于本人的事由未参加诉讼”,而非参加执行程序的“第三人”。可见,第三人撤销之诉的对象范围应为在诉讼程序中作出的发生法律效力的判决、裁定、调解书,执行程序中作出的裁定不属于第三人撤销之诉的撤销对象。第二,从立法目的、条文体例上看,设立第三人撤销之诉的目的在于保护因客观原因未参加前诉讼程序而受生效裁判损害的第三人的民事权益,属于针对原审生效裁判错误的一种救济程序,而非针对执行程序的救济程序。故而《民事诉讼法司法解释》将第三人撤销之诉安排在一审普通程序之后作为单独一章,与执行程序中执行异议之诉、审判监督程序中案外人申请再审等救济程序相区别。第三,执行程序是在诉讼程序结束后对生效裁判的执行,非处于诉讼阶段,执行裁定不属于诉讼程序中的裁定。按照《民事诉讼法司法解释》第297条第1项规定,对适用特别程序、督促程序、公示催告程序、破产程序等非讼程序处理的案件提起第三人撤销之诉的,人民法院不予受理。故此,执行程序中的执行裁定亦不能作为第三人撤销之诉的对象。第四,针对错误执行裁定的救济途径,法律规定了执行异议、执行异议之诉以及执行监督程序。中成公司申请再审所提交的最高人民法院相关案例,均是通过执行纠错救济程序作出的相关裁定,而非通过第三人撤销之诉的救济程序。综上,在诉讼程序中作出的发生法律效力的判决、裁定和调解书的部分或者全部内容错误,损害该第三人民事权益,才符合第三人撤销之诉启动的实体条件,非以民事诉讼程序作出的判决、裁定和调解书不属于第三人撤销之诉的对象。本案中成公司要求撤销潍坊市中级人民法院(2018)鲁07执恢34号民事裁定,系在执行程序中作出的裁定,不属于法律规定的第三人撤销之诉的对象。原审法院裁定不予受理,适用法律并无不当。中成公司的申请再审理由不成立,不予支持,如认为该执行裁定损害其民事权益,可通过执行监督程序予以救济。

例案二 | 滕某汉、李某行第三人撤销之诉案

【法院】

湖北省高级人民法院

【案号】

(2017)鄂民终3106号

【当事人】

上诉人(一审原告):滕某汉

被上诉人(一审被告):李某行

【基本案情】

滕某汉称,(1)湖北宜昌固耐尔科技有限公司(以下简称固耐尔公司)民间借贷纠纷一案已进入执行程序,2017年6月湖北省宜昌市中级人民法院召开了债权人会议,并未通知债权人。开会以后滕某汉得知固耐尔公司的债务由1600万元升至2600万元,滕某汉对此表示怀疑,要求湖北省宜昌市中级人民法院给债权人具体的执行赔偿分配方案。(2)2014年年初,固耐尔公司面临破产,该公司分别于2014年8月30日、同年的10月9日、12月17日、12月26日召开了四次债权人会议,确定了债权人名单及金额,并确定债权1600万元。但从宜昌市了解到,固耐尔公司股东童某喜和律师到宜昌市申请仲裁,裁定该公司向鲜某华、李某行二人共计借款400万元。借款分别于2014年7月31日、9月25日,2014年2月初打入该公司。从时间节点来看,鲜某华、李某行打入400万元巨款不符合逻辑。同时,该公司股东童某喜入股固耐尔公司本金200万元是向该公司另一债权人曹某海的投资公司所借,故应系童某喜伙同鲜某华、李某行恶意串通、虚假仲裁的情况,达到股权转债目的。(3)由于仲裁程序缺乏诉讼程序的透明和公开性,一裁定局,童某喜、鲜某华、李某行等人利用仲裁制度,侵害其他债权人权益。明知是虚假仲裁,而滕某汉不具备第三人撤销之诉所撤销对象的权利,滕某汉面临仲裁、法院不负责任的情形,滕某汉的合法权益无人保护。综上所述,滕某汉申请司法救助,请求法院借鉴《合同法》第74条关于债权人申请撤销裁决权的规定或者是其他的补救方式,从而保障债权人的合法权益;请求司法机关查清1600万元以外的债务以及鲜某华、李某行400万元债款的银行流水、打入谁的账户、资金去向用途等,还原事实真相,保证诉讼的公平公正;请求湖北省宜昌市中级人民法院按照相关法律规定,给所有债权人一个公平公正的执行赔偿分配方案。综上,滕某汉上诉请求:(1)撤销(2015)

鄂宜昌中执字第00149号申请执行人鲜某华的执行裁定书;(2)撤销(2015)鄂宜昌中执字第00146－1号申请执行人李某行的执行裁定书;(3)撤销1600万元以外的虚假债务的执行。

【案件争点】

执行裁定是否属于第三人撤销之诉可以指向的对象。

【裁判要旨】

湖北省高级人民法院经审理认为,第三人撤销之诉是赋予案外人对错误生效裁判的自我救济程序,该程序设立的意义在于通过案外人的起诉行为纠正错误的生效裁判,从而达到保护案外人合法权益之目的。根据《民事诉讼法》第56条第3款关于"前两款规定的第三人,因不能归责于本人的事由未参加诉讼,但有证据证明发生法律效力的判决、裁定、调解书的部分或者全部内容错误,损害其民事权益的,可以自知道或者应当知道其民事权益受到损害之日起六个月内,向作出该判决、裁定、调解书的人民法院提起诉讼……"的规定,以及《民事诉讼法司法解释》第292条关于"第三人对已经发生法律效力的判决、裁定、调解书提起撤销之诉的,应当自知道或者应当知道其民事权益受到损害之日起六个月内,向作出生效判决、裁定、调解书的人民法院提出……"的规定,第三人撤销之诉撤销的对象,应当是已经发生法律效力的判决、裁定和调解书。李某行在宜昌市作出仲裁裁决生效后,向湖北省宜昌市中级人民法院申请执行。湖北省宜昌市中级人民法院在对上述生效裁判文书进行执行过程中所作出的(2015)鄂宜昌中执字第00146－1号执行裁定,系针对生效裁判进行的具体执行行为,并非上述法律规定的第三人撤销之诉中"已经发生法律效力的判决、裁定、调解书"。因此,滕某汉以案外人提起第三人撤销之诉,要求撤销湖北省宜昌市中级人民法院作出的(2015)鄂宜昌中执字第00146－1号执行裁定,不符合法律规定的起诉条件。原审法院对滕某汉提起的第三人撤销之诉不予受理并无不当,法院予以确认。

例案三 | 陈某亮、李某峰、李某志、李某旺第三人撤销之诉案

【法院】

河北省唐山市中级人民法院

【案号】

(2019)冀02民撤2号

【当事人】

原告：陈某亮

原告：李某峰

被告：李某志

被告：李某旺

【基本案情】

2017 年 9 月 14 日，河北省滦南县人民法院作出（2017）冀 0224 民初 2648 号民事调解书，该案原告李某旺与被告滦南县中泰纺纱厂自愿达成如下调解协议：（1）被告滦南县中泰纺纱厂于 2017 年 9 月 25 日之前偿还原告李某旺借款本金 204,000 元及利息 111,788.60 元；（2）如果按上述约定期限偿还本息，则剩余利息原告不再主张，如逾期未偿还，除给付上述本息 315,788.60 元外，被告滦南县中泰纺纱厂按借款本金 204,000 元以年利率 12% 计算，支付自 2017 年 8 月 1 日起至偿还之日止的利息。调解协议生效后，被告滦南县中泰纺纱厂未履行，原告李某旺 2017 年 10 月 25 日向法院申请执行，执行过程中，双方达成执行和解协议，将被执行人滦南县中泰纺纱厂所有的坐落某府院落占地 12.36 亩土地及地上附着物的使用权、经营权、厂房所有权（2018 年 2 月 5 日至 2030 年 12 月 18 日）作价 315,788.60元抵偿给申请人李某旺经营；该土地及地上附着物的使用权、经营权、厂房所有权自本裁定送达申请执行人李某旺时起转移。2018 年 12 月 18 日，原告陈某亮、李某峰以滦南县原中泰纺纱厂登记的为独资企业，但实际为李某志、陈某亮、李某峰、李某政四人合伙的企业为由向法院起诉，请求撤销（2017）冀 02 执 19002 号裁定的执行和解协议，并承担本案的诉讼费用。

【案件争点】

陈某亮、李某峰是否具有起诉资格。

【裁判要旨】

河北省唐山市中级人民法院经审理认为，本案系原告陈某亮、李某峰依照《民事诉讼法》第 56 条提起的第三人撤诉之诉，因此首先应当根据该条法律规定对原告陈某亮、李某峰的起诉资格进行审查。《民事诉讼法》第 56 条规定：“对当事人双方的诉讼标的，第三人认为有独立请求权的，有权提起诉讼。对当事人双方的诉讼标的，第三人虽然没有独立请求权，但案件处理结果同他有法律上的利害关系的，可以申请参加诉讼，或者由人民法院通知他参加诉讼。人民法院判决承担民事责任的第三人，有当事人的诉讼权利义务。前两款规定的第三人，因不能归责于本人的事由未参加诉讼,但有证据证明发生法律效力的判决、裁定、调解书的部分或者全部内容错误,损害其民事权益的,可以自知道或者应当知道其民事权益受到损害之日起六个月内,向作出该判决、裁定、调解书的人民法院提起诉讼……”本案原告陈某亮、李某峰诉请要求撤销的是执行程序中针对执行和解协议所作出的(2017)冀02执19002号执行裁定,但执行程序并非实体审理,不存在有独立请求权的第三人或无独立请求权的第三人,因此执行裁定不属于撤销对象。为此,原告陈某亮、李某峰不具备第三人诉讼主体资格,对执行程序中的裁定主张权利,应提起执行异议,而并非第三人撤销之诉。

三、裁判规则提要

(一)民事执行程序不属于第三人撤销之诉的救济范围

民事诉讼程序分为广义的民事诉讼程序和狭义的民事诉讼程序,广义的民事诉讼程序不仅包括民事审判程序,还包括民事执行程序,而狭义的民事诉讼程序仅指民事审判程序。在我国,民事审判程序和民事执行程序均统一规定于《民事诉讼法》,两者作为单独的两编予以规定。两者虽然构成民事权益保护的程序整体,但是两者存在以下三点差别:一是两者的目标不同,民事审判程序的核心是实现对当事人权利义务的定分止争,审判程序最终作出的裁判主文内容具有既判力;而民事执行程序的目标是保障实现生效裁判确定的权利义务,是将裁判主文结果化为现实。二是两者的权力核心不同,民事审判程序是围绕审判权的运行建立,而民事执行程序时围绕执行权的实施建立。三是两者的适用范围不同,民事审判程序完结后不必然经过民事执行程序,而民事执行程序针对的对象亦不仅仅限制于民事审判程序产生的生效裁判,亦可能包括仲裁生效裁决、国外生效裁判文书等。[①]

从文义解释角度来看,《民事诉讼法》第56条第3款规定的可撤销对象是部分或者全部内容错误的发生法律效力的判决、裁定、调解书,《民事诉讼法司法解释》第297条同时列明了不属于第三人撤销之诉可撤销的对象范围,包括:(1)适用特别程序、督促程序、公示催告程序、破产程序等非讼程序处理的案件;(2)婚姻无效、撤销或者解除婚姻关系等判决、裁定、调解书中涉及身份关系的内容;(3)《民事诉讼法》第54条规定的未参加登记的权利人对代表人诉讼案件的生效裁判;(4)《民事诉讼法》第55条规定的损害社会公共利益行为的受害人对公益诉讼案件的生效

---

① 参见张卫平:《民事诉讼法》,高等教育出版社2011年版,第319页。

裁判。上述规定无法直接得出第三人撤销之诉针对的对象是否包括民事执行中作出的执行裁定书的结论，故正如类案检索所示，个别案例是认为执行裁定书可以作为第三人撤销之诉的对象进行审理。

然而，这一解读是对第三人撤销之诉的误解。从体系解释的角度来看，第三人撤销之诉是 2012 年修订的《民事诉讼法》增加的规定，该规定是作为《民事诉讼法》第 5 章第 1 节当事人中第三人条款的第 3 款，相应地要结合该条文前两款的规定来理解。《民事诉讼法》第 56 条第 1 款、第 2 款规定的是对当事人双方的诉讼标的有“独立请求权”的第三人或者“无独立请求权但有法律上利害关系”的第三人，同时根据《民事诉讼法》第 56 条第 3 款自身的规定，该第三人该必须是前两款中因不能归责于本人的事由不能参加诉讼的第三人。然而，在执行程序中，并不存在狭义的诉讼程序的概念，亦不存在需要参加诉讼的第三人，故执行裁定书并非属于第三人撤销之诉可撤销的对象范围，这也是《民事诉讼法司法解释》将第三人撤销之诉安排在一审普通程序之后作为单独一章，与执行程序中执行异议之诉、审判监督程序中案外人申请再审等救济程序相区别的原因。

（二）第三人撤销之诉针对的是实体内容有误的裁判文书

第三人撤销之诉是赋予案外人对错误生效裁判的自我救济程序。[①] 其核心是对生效裁判的纠正，从理论上看，裁判的既判力是指裁判主文的内容，裁判文书中事实部分的认定根据《证据若干规定》第 10 条的规定，是作为当事人无须证明的事实，但是当事人有相反证据足以推翻的除外，不具有既判力；而裁判文书中说理部分的认定效力原则上限于诉讼当事人之间，不能约束案外人。故《民事诉讼法司法解释》第 296 条将“民事诉讼法第五十六条第三款规定的判决、裁定、调解书的部分或者全部内容”限缩为“判决、裁定的主文，调解书中处理当事人民事权利义务的结果”。

而从执行裁定的内容上看，执行裁定是人民法院在民事执行实施过程中就采取强制措施或者其他事项进行的判定或者在执行审查中进行的判定。从类型上看，主要包括三类：一是执行措施裁定，比如采取解除、撤销执行措施的裁定；二是程序问题的裁定，比如驳回执行申请、不予执行、中止执行、终结执行、执行回转等

---

① 参见最高人民法院研究室编：《最高人民法院民事诉讼法司法解释理解与适用（下）》，人民法院出版社 2015 年版，第 775 页。

裁定;三是实体问题的裁定,比如执行异议、变更或者追加执行人的裁定。前两种裁定并不直接对当事人的实体权益进行法律判定,故不是第三人撤销之诉救济的对象;而后一种裁定由于直接与执行异议之诉相衔接,亦无须采用第三人撤销之诉。故从救济制度的体系安排上看,执行裁定书不属于第三人撤销之诉的救济对象。

(三)执行裁定有误的救济途径

虽然由于民事执行程序并非第三人撤销之诉针对的救济对象,不能适用第三人撤销之诉予以救济,但是这并不意味着案外人如果因执行裁定错误遭受损失就无救济之路。就案外人救济的渠道而言,案外人如果认为执行裁定有误,且损害了自身的权益,其可以通过法律规定的执行异议、执行异议之诉以及执行监督程序寻求救济。

从类型上看,如果案外人认为执行裁定指向的执行行为本身错误,案外人可以根据《民事诉讼法》第 225 条规定向负责执行的人民法院提出书面异议。人民法院会在收到书面异议之日起 15 日内审查,理由成立的,裁定撤销或者改正;理由不成立的,裁定驳回。如果案外人对裁定不服的,可以自裁定送达之日起 10 日内向上一级人民法院申请复议。如果是案外人认为执行裁定指向的执行标的错误,则案外人可以《民事诉讼法》第 227 条的规定提出执行异议,人民法院应当自收到书面异议之日起 15 日内审查,理由成立的,裁定中止对该标的的执行;理由不成立的,裁定驳回。如果案外人对裁定不服,认为原判决、裁定错误的,依照审判监督程序办理;与原判决、裁定无关的,可以自裁定送达之日起 15 日内向人民法院提起诉讼。如果案外人认为是变更、追加被执行人等特定类型的执行裁定书错误,则亦应当通过执行异议之诉程序予以解决。

四、辅助信息

高频词条:

《民事诉讼法》

第 59 条 对当事人双方的诉讼标的,第三人认为有独立请求权的,有权提起诉讼。

对当事人双方的诉讼标的,第三人虽然没有独立请求权,但案件处理结果同他有法律上的利害关系的,可以申请参加诉讼,或者由人民法院通知他参加诉讼。人民法院判决承担民事责任的第三人，有当事人的诉讼权利义务。

前两款规定的第三人，因不能归责于本人的事由未参加诉讼，但有证据证明发生法律效力的判决、裁定、调解书的部分或者全部内容错误，损害其民事权益的，可以自知道或者应当知道其民事权益受到损害之日起六个月内，向作出该判决、裁定、调解书的人民法院提起诉讼。人民法院经审理，诉讼请求成立的，应当改变或者撤销原判决、裁定、调解书；诉讼请求不成立的，驳回诉讼请求。

第 122 条 起诉必须符合下列条件：

（一）原告是与本案有直接利害关系的公民、法人和其他组织；

（二）有明确的被告；

（三）有具体的诉讼请求和事实、理由；

（四）属于人民法院受理民事诉讼的范围和受诉人民法院管辖。

第 157 条 裁定适用于下列范围：

（一）不予受理；

（二）对管辖权有异议的；

（三）驳回起诉；

（四）保全和先予执行；

（五）准许或者不准许撤诉；

（六）中止或者终结诉讼；

（七）补正判决书中的笔误；

（八）中止或者终结执行；

（九）撤销或者不予执行仲裁裁决；

（十）不予执行公证机关赋予强制执行效力的债权文书；

（十一）其他需要裁定解决的事项。

对前款第一项至第三项裁定，可以上诉。

裁定书应当写明裁定结果和作出该裁定的理由。裁定书由审判人员、书记员署名，加盖人民法院印章。口头裁定的，记入笔录。

第 236 条 当事人、利害关系人认为执行行为违反法律规定的，可以向负责执行的人民法院提出书面异议。当事人、利害关系人提出书面异议的，人民法院应当自收到书面异议之日起十五日内审查，理由成立的，裁定撤销或者改正；理由不成立的，裁定驳回。当事人、利害关系人对裁定不服的，可以自裁定送达之日起十日内向上一级人民法院申请复议。

第238条 执行过程中，案外人对执行标的提出书面异议的，人民法院应当自收到书面异议之日起十五日内审查，理由成立的，裁定中止对该标的的执行；理由不成立的，裁定驳回。案外人、当事人对裁定不服，认为原判决、裁定错误的，依照审判监督程序办理；与原判决、裁定无关的，可以自裁定送达之日起十五日内向人民法院提起诉讼。

《民事诉讼法司法解释》

第290条 第三人对已经发生法律效力的判决、裁定、调解书提起撤销之诉的，应当自知道或者应当知道其民事权益受到损害之日起六个月内，向作出生效判决、裁定、调解书的人民法院提出，并应当提供存在下列情形的证据材料：

(一)因不能归责于本人的事由未参加诉讼；

(二)发生法律效力的判决、裁定、调解书的全部或者部分内容错误；

(三)发生法律效力的判决、裁定、调解书内容错误损害其民事权益。

第293条 民事诉讼法第五十九条第三款规定的因不能归责于本人的事由未参加诉讼，是指没有被列为生效判决、裁定、调解书当事人，且无过错或者无明显过错的情形。包括：

(一)不知道诉讼而未参加的；

(二)申请参加未获准许的；

(三)知道诉讼，但因客观原因无法参加的；

(四)因其他不能归责于本人的事由未参加诉讼的。

第294条 民事诉讼法第五十九条第三款规定的判决、裁定、调解书的部分或者全部内容，是指判决、裁定的主文，调解书中处理当事人民事权利义务的结果。

第295条 对下列情形提起第三人撤销之诉的，人民法院不予受理：

(一)适用特别程序、督促程序、公示催告程序、破产程序等非讼程序处理的案件；

(二)婚姻无效、撤销或者解除婚姻关系等判决、裁定、调解书中涉及身份关系的内容；

(三)民事诉讼法第五十七条规定的未参加登记的权利人对代表人诉讼案件的生效裁判；

(四)民事诉讼法第五十八条规定的损害社会公共利益行为的受害人对公益诉讼案件的生效裁判。

《执行和解若干问题的规定》

第 6 条 当事人达成以物抵债执行和解协议的，人民法院不得依据该协议作出以物抵债裁定。

图书在版编目(CIP)数据

第三人撤销之诉案件裁判规则 / 王毓莹主编. -- 北京 : 法律出版社, 2021(2024.2 重印)
ISBN 978-7-5197-5428-0

Ⅰ. ①第… Ⅱ. ①王… Ⅲ. ①民事诉讼法－研究－中国 Ⅳ. ①D925.104

中国版本图书馆 CIP 数据核字(2021)第 044378 号

第三人撤销之诉案件裁判规则
DISANREN CHEXIAO ZHI SU ANJIAN CAIPAN GUIZE

王毓莹 主编

责任编辑 朱轶佳
装帧设计 李 瞻

出版发行 法律出版社
编辑统筹 司法实务出版分社
责任校对 王晓萍 王语童
责任印制 胡晓雅
经　　销 新华书店

开本 710 毫米×1000 毫米 1/16
印张 18　**字数** 313 千
版本 2021 年 7 月第 1 版
印次 2024 年 2 月第 2 次印刷
印刷 唐山玺诚印务有限公司

地址:北京市丰台区莲花池西里 7 号(100073)
网址:www.lawpress.com.cn
投稿邮箱:info@lawpress.com.cn
举报盗版邮箱:jbwq@lawpress.com.cn
销售电话:010-83938349
客服电话:010-83938350
咨询电话:010-63939796

书号:ISBN 978-7-5197-5428-0
定价:55.00 元

凡购买本社图书,如有印装错误,我社负责退换。电话:010-83938349

